Proteção Jurídica do Salário do Empregado

Proteção Jurídica do Salário do Empregado

2022

Martha Diverio Kruse

ALMEDINA

PROTEÇÃO JURÍDICA DO SALÁRIO DO EMPREGADO

AUTOR: Martha Diverio Kruse

DIRETOR ALMEDINA BRASIL: Rodrigo Mentz
EDITORA JURÍDICA: Manuella Santos de Castro
EDITOR DE DESENVOLVIMENTO: Aurélio Cesar Nogueira
ASSISTENTES EDITORIAIS: Isabela Leite e Larissa Nogueira
ESTAGIÁRIA DE PRODUÇÃO: Laura Roberti

DIAGRAMAÇÃO: Almedina
DESIGN DE CAPA: Roberta Bassanetto

ISBN: 9786556276441
Setembro, 2022

Dados Internacionais de Catalogação na Publicação (CIP)
(Câmara Brasileira do Livro, SP, Brasil)

Kruse, Martha Diverio
Proteção jurídica do salário do empregado / MarthaDiverio Kruse. – São Paulo, SP: Almedina, 2022.

Bibliografia.
ISBN 978-65-5627-644-1

1. Dignidade (Direito) – Brasil 2. Direito do trabalho – Aspectos sociais – Brasil 3. Direito do trabalho – Jurisprudência 4. Salários – Leis e legislação – Brasil 5. Sindicatos 6. Tutela coletiva I. Título.

22-116652 CDU-34:331.2

Índices para catálogo sistemático:

1. Salários: Direitos do trabalho 34:331.2

Eliete Marques da Silva – Bibliotecária – CRB-8/9380

Este livro segue as regras do novo Acordo Ortográfico da Língua Portuguesa (1990).

EDITORA: Almedina Brasil
Rua José Maria Lisboa, 860, Conj.131 e 132, Jardim Paulista | 01423-001 São Paulo | Brasil
editora@almedina.com.br
www.almedina.com.br

SALÁRIO

Ó que lance extraordinário:
aumentou o meu salário
e o custo de vida, vário,
muito acima do ordinário,
por milagre monetário
deu um salto planetário.
Não entendo o noticiário.
Sou um simples operário,
escravo de ponto e horário,
sou caxias voluntário
de rendimento precário,
nível de vida sumário,
para não dizer primário,
e cerzido vestuário.
Não sou nada perdulário,
muito menos salafrário,
é limpo meu prontuário,
jamais avancei no Erário,
não festejo aniversário
e em meu sufoco diário
de emudecido canário,
navegante solitário,
sob o peso tributário,
me falta vocabulário
para um triste comentário.
Mas que lance extraordinário:
com o aumento de salário,
aumentou o meu calvário!

(Carlos Drummond de Andrade, 28/05/1983)

Para Arthur e Miguel, filhos queridos que iluminam e preenchem a minha existência, e motivam a busca pelo melhor, sempre.

AGRADECIMENTOS

Aos meus pais, Jussara e Mário, pelo incentivo ao aprimoramento pessoal e acadêmico, desde sempre.

Aos meus filhos, Arthur e Miguel, pela compreensão e torcida.

A todos os colegas do Ministério Público do Trabalho que se tornaram não só colegas de Mestrado, mas também amigos, e, em especial, à colega Fernanda Britto Pereira, pela amizade, pela companhia e pela troca de ideias.

À minha orientadora, Professora Dra. Ana Lúcia, pelas lições, pelos acolhimentos e pela disponibilidade.

Aos Membros da Banca de Qualificação, composta pela Orientadora, pelo Dr. Edilson Vitorelli e pelo Dr. Ricardo José Macedo de Britto Pereira, pela ajuda na construção e organização da presente pesquisa.

À Escola Superior do Ministério Público da União, ao Ministério Público do Trabalho e à Universidade Católica de Brasília, pela oportunidade de retornar ao universo acadêmico.

Ao Setor de Biblioteca da Procuradoria Regional do Trabalho da 4ª Região, em nome da Sra. Sachi Brasileira Makino, pelo atendimento primoroso às demandas de acesso a artigos e livros durante o difícil período em que foi escrita essa pesquisa, com as bibliotecas físicas fechadas.

A todos e todas que contribuíram direta ou indiretamente para a realização desse projeto.

PREFÁCIO

Direitos Fundamentais Sociais: Limites a Maiorias Substantivas

Séculos de disputas e lutas sociais resultaram no que Fabio Konder Comparato viria a chamar de "afirmação histórica dos direitos humanos". A afirmação histórica dos direitos humanos é fruto de conquistas sociais alcançadas em diferentes tempo e espaço, e merecem ser sempre relembradas. Dentre essas conquistas inserem-se os direitos fundamentais sociais, cuja nota de fundamentalidade assumiu um reforço de positividade, no constitucionalismo brasileiro, a partir da Constituição Federal de 1988.

A efetividade de direitos fundamentais sociais permite dar voz a indivíduos que, por outras vias, não encontrariam meios para se fazerem ouvir em espaços públicos de tomada de decisão. Fala-se, aqui, do processo político de produção de leis, das sentenças normativas, das audiências públicas. É que os direitos fundamentais sociais, a exemplo de saúde, educação, moradia, alimentação e lazer, são vias para a satisfação de necessidades humanas fundamentais. E o indivíduo que não tem suas necessidades fundamentais atendidas enfrenta limitações privativas do exercício de liberdades essenciais e, por consequência, do desenvolvimento seu [1] e da comunidade em que se insere.

Os bens juridicamente tutelados por direitos fundamentais sociais resultam de escolhas próprias de cada comunidade política, e variam localmente. No caso brasileiro, dentre esses direitos se insere o direito funda-

[1] SEN, Amartya. *Development as freedom.* New York: Anchor Books, 2000. Também, do mesmo autor: *The Idea of Justice.* Cambridge: The Belknap Press of Harvard University Press, 2009.

mental ao trabalho digno, que somente pode ser assim considerado se a ele correspondente uma adequada e tempestiva contraprestação. Trata-se de transcender a ideia de assistência social – privada e, também, estatal –, tendo em mira o desenvolvimento dos indivíduos, da comunidade política em que se inserem e da sociedade global. Como bem observado por Martha Kruse no estudo ora prefaciado, "Embora os direitos sociais sejam direitos que envolvem atividades prestacionais pelo Estado (Pereira, A. L., 2014), o Estado também tem o dever de possibilitar que a satisfação desses direitos seja alcançada com autonomia (Sarmento, 2016) pelos cidadãos, de maneira livre e protegida, por meio do trabalho (Brito Filho, 2014) e de seu elemento mais importante do ponto de vista social, a contraprestação pecuniária. Em paralelo, a Constituição Federal estabelece o valor social do trabalho como fundamento da República Federativa do Brasil (art. 1º) e prevê o trabalho como direito social (artigo 6º) [...]"

Embora a proteção jurídica da contraprestação pecuniária ao trabalho sob a forma de salário já se encontre amplamente disciplinada normativamente, dados estatísticos trazidos pela Autora com base em informações do DIEESE, relativas ao período de 2016 a 2019, demonstram que "mais de 50% (cinquenta por cento) das greves envolveram reivindicações relacionadas ao atraso de salários, dado ressaltado pelo DIEESE na ponderação sobre os números apresentados (Dieese, 2017, 2018, 2019, 2020)." Nesses números se insere o atraso contumaz de salários, explicado, embora jamais justificado, sobre inúmeras razões. Sobre o ponto, Martha pontua acertadamente que "a crise econômica não é aceita como justificativa válida para a inadimplência reiterada de tributos, ou inadimplemento de obrigações decorrentes de contratos de outra natureza, o que torna palpável que a utilização desse argumento para escusar o atraso salarial somente ganha força pela vulnerabilidade em que se encontra o trabalhador/credor (Carvalho, 2016; Alemão, 1997)." De modo totalmente original, a Autora enfrenta a temática, inclusive, no corrente contexto dos efeitos da pandemia da Covid-19 sobre as relações de trabalho.

Conclusivamente, temos que um regime jurídico-constitucional de direitos fundamentais sociais que prevê em seu universo protetivo posições jusfundamentais no âmbito das relações de trabalho, como é o caso brasileiro, pressupõe que o trabalhador assalariado exerce papel determinante para o bom/mau funcionamento de órgãos, instituições políticas, empresas e diferentes entidades da sociedade civil. Cite-se, como exemplo, o direito fundamental social à participação nos lucros, previsto no art. 7º, XI, da Constituição Federal e absolutamente negligenciado por muitas, senão pela maioria das empresas em funcionamento no País. É certo que o contingente de trabalhadores é gigantesco, comparativamente ao quantitativo de empregadores. Nessa medida, cumpre chamar a atenção para o fato de que a observância de direitos dos trabalhadores, para além de uma questão de cumprimento do direito objetivado, consiste em uma questão de valoração (valorização) de demandas oriundas de grupos sociais numerosos e de relevância primordial. Trata-se de perceber que trabalhadores assalariados são maiorias objetivas muitas vezes achatadas por maiorias substantivas. Em outras palavras, são grupos subrepresentados. Como afirmamos em outra oportunidade, "Atribuir a uma parcela da sociedade a denominação de minorias ou grupos subrepresentados denota menor ou maior empoderamento dessas parcialidades. *Minoria* remete a números; *subrepresentação*, a valores. Os valores impregnados em uma dada comunidade política é que determinarão se parcelas da sociedade terão voz no espaço público ou não. Por esses motivos, concorde-se que grupos subrepresentados não configuram, exatamente, minorias: é bem possível que componham maiorias (em número) sem que tenham voz em processos públicos de deliberação." [2]

Surge aqui a importância desta dissertação de mestrado: um estudo que demonstra, de modo extremamente didático, profundo e com a amplitude necessária, o valor social do salário e os mecanismos existentes para que se tenha assegurada a sua proteção. Os mais efusivos cumprimentos à Autora e à Editora pela primorosa publicação.

Brasília, julho de 2022.

ANA LUCIA PRETTO PEREIRA
Mestre e Doutora em Direito Constitucional (UFPR)
Professora no PPGD e na Graduação em Direito da
Universidade Católica de Brasília

[2] Pereira, Ana Lucia Pretto. *Atividade política judicial: ensaio de fundamentação.* Brasília: Ed. Universidade de Brasília, prelo (2023).

SUMÁRIO

INTRODUÇÃO

O trabalho versa sobre o atraso contumaz de salários na relação de emprego, com a consideração acerca de suas consequências na vida do trabalhador, na perspectiva da dignidade da pessoa humana. Perquirem--se, também, os efeitos da mora salarial para o empregador, e as alternativas de cobrança do crédito salarial à disposição do empregado, com base na análise do ordenamento jurídico, com especial enfoque na possibilidade de tutela coletiva.

A experiência da autora no Ministério Público do Trabalho, com o recebimento de diversas notícias de fato relatando atrasos salariais pautou a escolha do tema. A alta incidência do problema pode ser verificada em consulta à Jurisprudência dos Tribunais do Trabalho. No Tribunal Regional do Trabalho da 4ª Região, *exempli gratia,* a pesquisa pelo termo "atraso de salários" retornou 7814 (sete mil oitocentos e quatorze) resultados. Motivou a escolha do tema, ainda, a percepção empírica de que o atraso de salários gera, no trabalhador, um sentimento de extrema vulnerabilidade.

Objetiva-se, portanto, com a presente pesquisa, averiguar a eficácia dos instrumentos de garantia da intangibilidade salarial disponibilizados ao trabalhador para que ele possa, na prática, gozar da proteção salarial elevada à direito fundamental social pelo inciso X do artigo 7º da Constituição da República.

A relevância da pesquisa está alicerçada na repercussão social e econômica do problema do atraso contumaz de salários e pela potencialidade de violação de direitos fundamentais sociais em decorrência da ausência de pagamento tempestivo dos salários. Outrossim, importa reconhecer a necessidade de se estudar e garantir os direitos trabalhistas, em especial o salário, obrigação principal do empregador no contrato de trabalho e satisfator de necessidades fundamentais, durante o curso do contrato de trabalho, e não apenas após seu término.

Para tanto, parte-se da premissa geral, de garantia da dignidade da pessoa humana, e intenta-se depurar os elementos dessa dignidade, passando, necessariamente pelo valor social do trabalho, que igualmente tem *status* de fundamento do Estado Democrático de Direito, pela letra dos incisos III e IV do artigo 1º da Carta Magna, e pelas necessidades humanas e seus satisfatores.

Nessa perspectiva, analisam-se as demais disposições normativas atinentes ao salário, em especial o artigo 459, *caput* e §1º, da Consolidação das Leis do Trabalho, que estabelece o prazo máximo para o pagamento, qual seja, o quinto dia útil do mês subsequente ao da prestação de serviços, de modo a verificar a efetividade da proteção do direito material do trabalhador que deixa de receber seus salários nesse prazo, tornando-se credor.

Como marco teórico, dialogam no presente trabalho a dignidade da pessoa humana e o direito fundamental ao trabalho digno por meio de sua regulamentação. Contribuem, para tanto, as lições de Ingo Sarlet, Gabriela Neves Delgado, Aharom Barak, Neomi Rao, entre outros. A partir do reconhecimento da interdependência e complementariedade entre dignidade e valor social do trabalho, analisa-se a centralidade de tais valores na Constituição da República, com o auxílio das relevantes lições de Ana Paula de Barcellos e Maurício Godinho Delgado. No que tange às necessidades humanas e seus satisfatores, utiliza-se a matriz desenhada por Manfred Max-Neef.

Na análise do ordenamento jurídico com objetivo de aferir a efetividade dos instrumentos de garantia do crédito salarial, são ponderados não só os dispositivos legais, mas também as condições socioeconômicas subjacentes à relação de emprego, em especial a hipossuficiência do trabalhador, como ensinam Maurício Godinho Delgado, Márcio Túlio Viana e Victor Hugo Fonseca Carvalho. Procura-se investigar se ocorre a aplicação prática do princípio da proteção, amparo preferencial ao trabalhador, nas palavras de Américo Plá Rodriguez, e do princípio da não mercantilização do trabalho, insculpido na Declaração da Filadélfia, documento chave da Organização Internacional do Trabalho.

Verifica-se que o principal meio à disposição do trabalhador para solucionar individualmente a questão do atraso de salários é a rescisão indireta. Esse instituto exige dele a abdicação do contrato de trabalho, e, portanto, de sua principal fonte de sustento. A hipótese cogitada é que a rescisão indireta não reflete suficientemente a proteção determinada pela Constituição e defendida pela doutrina justrabalhista.

Na sequência, como alternativas viáveis para efetivar a proteção ao trabalhador, investiga-se a atuação das Entidades Sindicais e do Ministério Público do Trabalho na garantia do direito ao percebimento tempestivo dos salários em uma abordagem coletiva, com base nas lições de Ricardo Britto Pereira, Raimundo Simão de Melo e Ronaldo Lima dos Santos, *inter alia*. Intenta-se traçar um panorama das possibilidades que o Sindicato detém para defender o direito ao recebimento tempestivo do salário, analisando alguns pontos relativos ao exercício, na prática, da prerrogativa sindical de representação da categoria.

Por derradeiro, analisa-se a atuação do Ministério Público do Trabalho na prevenção e repressão do atraso contumaz de salários, nas esferas administrativa, judicial e interinstitucional. Buscam-se os conceitos e fundamentos de cada vertente de atuação na doutrina e na legislação, trazendo-se alguns exemplos práticos representativos.

Quanto à metodologia, adota-se a revisão bibliográfica teórica e a revisão da legislação e da jurisprudência, além de levantamento de dados consolidados em sistemas de acesso público e, também, no sistema próprio do Ministério Público do Trabalho. Utiliza-se uma abordagem dedutiva e privilegiam-se métodos sistemáticos de interpretação.

CAPÍTULO 1
O SALÁRIO COMO MEIO DE GARANTIA DA DIGNIDADE

Inicialmente, pretende-se demonstrar as bases da afirmação do salário como meio de garantia da dignidade da pessoa humana. Para tanto, buscar-se-á, em um primeiro momento, analisar o conceito e conteúdo da dignidade da pessoa humana, e a sua relação com a satisfação das necessidades humanas fundamentais, adentrando, mais adiante, na definição de necessidades e seus satisfatores. Com esses conceitos definidos, passa-se a focar no objetivo específico do capítulo, qual seja, verificar se é viável a caracterização do salário como satisfator das necessidades humanas fundamentais, e, por consequência, como garantidor da dignidade da pessoa humana.

1.1 Conteúdo da dignidade da pessoa humana

A dignidade da pessoa humana tem tanta relevância no nosso ordenamento jurídico que constitui fundamento do Estado Democrático de Direito, como destacado no inciso III do primeiro artigo da Constituição da República. Quanto à legislação ordinária, o Código de Processo Civil estabelece como norma fundamental do Processo resguardar e promover a dignidade da pessoa humana.

A conceituação da dignidade, entretanto, não foi, até o presente momento, objeto de legislação, sendo tema de diversas produções doutrinárias. Conquanto haja vasto material sobre o tema, Sidney Guerra e Lilian Márcia Balmant Emerique (2006) destacam o elevado grau de indeterminação do conceito de dignidade da pessoa humana, referindo que, apesar dele, a dignidade enseja o reconhecimento de direitos fundamentais atípicos, possibilitando a afirmação das prestações essenciais à vida humana como direitos fundamentais.

Aharom Barak (2015) refere que é natural que o espectro de aplicação da dignidade humana seja amplo, pois é um valor compreensivo, que cerca todos os direitos constitucionais e deve dar guarida à humanidade de todo e qualquer indivíduo. Também McCrudden (2008) argumenta que essa indefinição do vocábulo tornou mais efetiva a adjudicação de direitos humanos sob o espectro da dignidade, permitindo que ela fosse utilizada como fundamento maleável, e, portanto, moldável a cada jurisdição.

A necessidade de contextualização da dignidade também foi destacada por Somek (2014), e demonstra que a amplitude conceitual não é necessariamente um defeito, mas, talvez, uma característica que tenha facilitado a ampla adjudicação de direitos, muito embora tenha, sim, alguns efeitos colaterais, muito bem pontuados por Neomi Rao (2011).

Rao (2011) distingue três acepções de dignidade: inerente, substantiva e como reconhecimento, afirmando que as três abordagens são incompatíveis entre si, pois refletem diferentes visões políticas. Rao critica o uso indistinto das três acepções, advogando que a dignidade não pode criar uma síntese de bens que essencialmente representam coisas, metas, valores e concepções de vida diferentes.

Tendo em mente essa classificação crítica proposta por Rao (2011), bem como a necessidade de contextualização do conceito (Somek, 2014), busca-se analisar os conceitos trazidos na doutrina, investigando se há um denominador comum, um núcleo essencial, sem a pretensão de redefinição do conceito de dignidade da pessoa humana.

A dignidade é a característica dos seres racionais de se constituírem em um fim em si mesmo, não podendo ser consideradas como meios para o exercício de arbítrio de outrem, tendo como fundamento central a autonomia (Kant, 2002). Esse conceito de Kant é classificado por Neomi Rao como sendo "dignidade inerente ou intrínseca", bem como vinculado às denominadas liberdades negativas.

Rao opõe a dignidade inerente às concepções substantivas de dignidade da pessoa humana, argumentando que ambas são incompatíveis entre si. Por outro lado, Aharom Barak (2015) refere-se à dignidade como um direito-mãe, do qual surgem direitos-filhos, e sustenta que o conflito entre todos esses direitos não significa patologia, mas é consequência da rica fisiologia constitucional. Sugere, ainda, que os conflitos sejam resolvidos em um campo infraconstitucional, pela aplicação do princípio da proporcionalidade.

Outrossim, a dignidade é apontada como alicerce fundamental de amparo e legitimação da República e da organização política, servindo de barreira contra totalitarismos (políticos, sociais, religiosos) e contra situações historicamente já conhecidas que negavam a dignidade da pessoa humana, exemplificando, entre outros, com a escravatura e o nazismo (Canotilho, 2007). O ilustre autor português destaca três dimensões da dignidade: a dimensão intrínseca do ser humano, a dimensão aberta e carecedora de prestações, e expressão do reconhecimento intersubjetivo, enfatizando que essas prestações podem ser públicas ou privadas, podendo se referir a necessidades físicas ou espirituais das pessoas.

Sublinha-se que a dignidade da pessoa humana é vista como uma barreira contra abusos tanto de governos totalitários quanto decorrentes da exploração da situação de miséria de alguns, pois impõe deveres públicos e comunitários de defesa da vida, impedindo, por exemplo, a venda forçada pelo vendedor pobre de órgãos do corpo a favor do comprador rico (Canotilho, 2007).

Esse exemplo é de extrema relevância, pois demonstra que a dignidade da pessoa humana se impõe não só ao Estado como aos particulares[3], que estejam em alguma situação de vantagem, seja política, econômica ou social, em relação a outro ser humano, vedando-se a arbitrariedade e a utilização de seres humanos como meios para o alcance de seus objetivos, pelo simples fato de se encontrarem em situação de vulnerabilidade.

Prosseguindo-se, Ingo Wolfgand Sarlet (2001, p. 61) conceitua a dignidade como:

> qualidade intrínseca e distintiva de cada ser humano que o faz merecedor do mesmo respeito e consideração por parte do Estado e da comunidade, implicando, neste sentido, um complexo de direitos e deveres fundamentais que assegurem a pessoa tanto contra todo e qualquer ato de cunho degradante e desumano, como venham a lhe garantir as condições existentes mínimas para uma vida saudável, além de propiciar e promover sua participação ativa

[3] Sobre o tema, indica-se, entre outras obras, a de Ingo Wolfgang Sarlet, **Eficácia dos Direitos Fundamentais**, 2018.

e co-responsável nos destinos da própria existência e da vida em comunhão com os demais seres humanos.

Sarlet, portanto, traz para o conceito de dignidade da pessoa humana as condições mínimas para uma vida saudável, aproximando-se da dimensão aberta e carecedora de prestações mencionadas por Canotilho. Muito embora Sarlet fale em qualidade intrínseca, harmonizada com a abordagem inerente mencionada por Neomi Rao, ele traz também alguns elementos da concepção substantiva de dignidade, tais como as condições existentes mínimas para uma vida saudável. Por outro lado, a expressão "merecedor do mesmo respeito e consideração por parte do Estado e da Comunidade" assemelha-se à dignidade como reconhecimento. Interessante notar que embora Rao aponte incompatibilidade das três acepções de dignidade, ela também menciona que não há impermeabilidade entre os conceitos, podendo haver sobreposições em alguns momentos, que é o que parece ocorrer no ordenamento jurídico brasileiro.

Adotando mais explicitamente uma concepção subjetiva de dignidade (RAO, 2011), Ana Paula de Barcellos (2011, p. 243) aponta a existência de:

> [...] um núcleo de condições materiais que compõe a noção de dignidade de maneira tão fundamental que sua existência impõe-se como regra, um comando biunívoco, e não como um princípio. Ou seja: se tais condições não existirem, não há o que ponderar o otimizar, ao modo dos princípios; a dignidade terá sido violada, da mesma forma como as regras o são.

Acrescenta Barcellos (2011, p. 368), que:

> Esse núcleo, no tocante aos elementos materiais da dignidade, é composto pelo mínimo existencial, que consiste em um conjunto de prestações materiais mínimas sem as quais se poderá afirmar que o indivíduo se encontra em situação de indignidade.

Nesse diapasão, tem-se que a dignidade da pessoa humana está vinculada à proteção contra as necessidades materiais, sendo direitos sociais direitos fundamentais em sua vertente prestacional, pois "têm por objetivo assegurar ao trabalhador proteção contra as necessidades de ordem material, além de uma existência digna" (ROMITA, 2014, p. 31). No mesmo sentido, Aharom Barak (2015, p. 128-129) expõe: *"it is not possible to achieve all the aspects of this self-realization if the individual does not have basic living conditions that allow his dignified human subsistence"*.[4]

No direito constitucional brasileiro, quatro elementos fundamentais compõem o conteúdo do princípio da dignidade da pessoa humana: valor intrínseco da pessoa, autonomia, mínimo existencial e reconhecimento intersubjetivo (SARMENTO, 2016). Sarmento (2016, p. 239) explana:

> O princípio da dignidade da pessoa humana compreende o direito de acesso às necessidades materiais básicas de vida – o direito ao mínimo existencial –, que, na nossa ordem constitucional, constitui um piso para a justiça social, mas não um teto para a atuação estatal voltada à promoção da igualdade material e dos direitos sociais.

Ademais, a dignidade da pessoa humana não é instituto exclusivo do ordenamento jurídico brasileiro, sendo mencionada, por exemplo, pelas Nações Unidas (1997), na Declaração sobre o Genoma Humana e os Direitos Humanos, de 1997, tanto no preâmbulo como em diversos dispositivos, mas também sem trazer a definição respectiva. Ainda no âmbito das Nações Unidas, a Declaração Universal dos Direitos Humanos, em seu artigo XXIII, não só menciona a dignidade da pessoa humana como a relaciona especificamente com o direito à remuneração que garanta uma existência digna:

> Todo ser humano que trabalha tem direito a uma remuneração justa e satisfatória, que lhe assegure, assim como à sua família, uma existência compatível com a dignidade humana e a que se acrescentarão, se necessário, outros meios de proteção social.

A internacionalidade do conceito é muito bem retratada por Aharom Barak (2015), que apresenta um estudo comparativo da inserção da dignidade da pessoa humana nas Constituições, apontando para um expres-

[4] Em tradução livre: "Não é possível alcançar todos os aspectos da autorrealização se o indivíduo não tem condições básicas de vida que permitam sua subsistência digna".

sivo crescimento da tendência de inclusão expressa do valor como norma constitucional após a Segunda Guerra Mundial. Menciona, *inter alia*, as Constituições do Canadá, da Alemanha, da África do Sul, da Nicarágua e de Israel.

A Carta dos Direitos Fundamentais da União Europeia (Convenção Europeia, 2000) dedica um título à dignidade, destaca, desde o artigo 1º, a sua inviolabilidade, segue com artigos sobre as variadas dimensões de direitos e liberdades e em seu artigo 15, especifica condições de trabalho como integrantes do núcleo da dignidade:

> *Article 15 – Freedom to choose an occupation and right to engage in work*
> 1. *Everyone has the right to engage in work and to pursue a freely chosen or accepted occupation.*
> 2. *Every citizen of the Union has the freedom to seek employment, to work, to exercise the right of establishment and to provide services in any Member State*
> 3. *Nationals of third countries who are authorised to work in the territories of the Member States are entitled to working conditions equivalent to those of citizens of the Union.*

Neomi Rao (2013) critica o uso da concepção de dignidade como reconhecimento, frisando ser incompatível com os princípios fundadores do Direito nos Estados Unidos da América, mas admite que esse conceito é utilizado pela Corte Europeia de Direitos Humanos (ECHR), e que os Estados Unidos são a exceção, caminhando em direção contrária a outros países, que se aproximam das visões mais comunitárias e mais amplas da dignidade. A dignidade como reconhecimento pode ser identificada, ainda, no artigo 11 da Convenção Americana de Direitos Humanos (1969).

Desde outra perspectiva, percebe-se que: "É de mais fácil identificação o que macula a dignidade do que o seu próprio conceito" (Brito Filho, 2004, p. 43). Um exemplo bastante recorrente de violação da dignidade é o trabalho escravo, pois a dignidade se associa à liberdade e à capacidade de ser titular de direitos (Weber, 2004). A caracterização do trabalho escravo como grande exemplo de afronta à dignidade demonstra a importância da proteção ao trabalhador para a efetivação da dignidade (Brito Filho, 2004). A mácula à dignidade de pessoa reduzida à condição análoga à de escravo pode ocorrer tanto na concepção substantiva quanto na visão da dignidade como reconhecimento (Rao, 2011), uma vez que lhe faltam tanto as condições mínimas de vida quanto o *status* de reconhecimento social. Igualmente, Canotilho (2007) apontou como exemplo de experiência histórica negadora da dignidade da pessoa humana a escravidão, demonstrando vinculação forte entre o trabalho livre e protegido e a dignidade da pessoa humana.

Esse elo entre o trabalho e a dignidade é enfatizado por Maurício Godinho Delgado (2004), que refere que a primeira menção ao termo no Brasil foi na Constituição de 1946[5]; na Constituição de 1967 a valorização do trabalho passou a ser condição da dignidade humana, o que se manteve na Constituição de 1988, que, conquanto tenha elevado a dignidade ao núcleo fundamental de todo o sistema político, não deixou de lado a vinculação com o trabalho, conforme se vê da redação do artigo 170.[6]

Destarte, a dignidade é identificada com a afirmação social do ser humano, sendo maculada no caso da completa privação de elementos mínimos de participação na vida social (Delgado, M., 2004). Verifica-se, então, que o trabalho em condições decentes é elemento central na promoção da dignidade da pessoa humana. Os direitos sociais e as condições mínimas de existência são pressupostos à efetivação da dignidade, pois "não se pode falar em dignidade da pessoa humana se isso não se materializa em suas próprias condições de vida". (Brito Filho, 2004).

Também correlacionando a dignidade ao trabalho e aos direitos dele decorrentes, recorre-se novamente aos ensinamentos de Sarlet (2016, p. 61):

> Afinal, o direito a um trabalho digno e o conjunto de direitos que lhe são correlatos não poderá ficar, ao menos não no sistema da CF, ao alvedrio descontrolado das maiorias contigenciais, mas sim, ser preservado como

[5] Em seu artigo 145, parágrafo único, preconizava: "a todos é assegurado trabalho que possibilite a existência digna"

[6] A ordem econômica, fundada na valorização do trabalho humano e da livre iniciativa, tem por fim assegurar a todos existência digna, conforme os ditames da justiça social [...].

sendo, na acepção do constituinte originário, parte da própria identidade constitucional.

Gabriela Neves Delgado demonstra especial preocupação com as condições mínimas materiais para a garantia da dignidade da pessoa humana, em especial, no que toca especialmente ao objetivo desta pesquisa, a contraprestação ao trabalho.

> Onde o direito ao trabalho não for minimamente assegurado (por exemplo, com o respeito à integridade física e moral do trabalhador, **o direito à contraprestação pecuniária mínima**), não haverá dignidade humana que sobreviva (grifo nosso) (Delgado, G., 2006).

Em síntese, a dignidade da pessoa humana pressupõe a autonomia, a capacidade de afirmação social, e a capacidade de prover e satisfazer as necessidades básicas do ser humano, para evitar que lhe sejam impostas arbitrariedades decorrentes de vantagens econômicas, políticas ou sociais, para impedir que o ser humano seja usado como meio ou objeto, e não como fim em sim mesmo.

Embora a dignidade intrínseca (RAO, 2011) tenha vinculação com a liberdade, com a autonomia, e com as liberdades negativas, essas não parecem suficientes. Em uma realidade como a brasileira, para que a liberdade seja efetivamente exercida, em especial dentro de uma relação tão desigual quanto a relação de emprego, é preciso que se observe a dignidade da pessoa humana em seu conteúdo mais amplo. Assim ensina Aharom Barak (2015, p. 101): "*human dignity, then, cannot be limited to preventing humiliation and degradation*".

Tem-se que as condições materiais mínimas fazem parte do núcleo conceitual da dignidade da pessoa humana (abordada em uma acepção substantiva), no contexto do Direito Brasileiro e do Direito do Trabalho, e que o trabalho livre e protegido é uma das formas previstas para que se alcance a satisfação das necessidades mínimas, o que enseja um vínculo forte entre a dignidade e o trabalho (Brito Filho, 2004; Barcellos, 2011; Canotilho, 2007; Delgado, M., 2004).

A análise do trabalho e da respectiva contraprestação como forma de satisfazer as necessidades humanas, entretanto, prescinde de um aprofundamento acerca de quais são essas necessidades humanas fundamentais.

1.2 Necessidades humanas fundamentais e seus satisfatores

O acesso a determinados bens materiais que satisfaçam as necessidades humanas fundamentais é *conditio sine qua non* para o alcance e efetivo gozo da dignidade (Delgado, G., 2015; Sarmento, 2016; Sen, 2010). É o trabalho, no mais das vezes, a chave de acesso a esses bens, que estão intrinsecamente ligados à satisfação das necessidades, como se passa a analisar.

Interessante verificar quais são essas necessidades. Essa era uma das preocupações de Marx (1967), que exemplificava:

> As próprias necessidades naturais, como alimentação, roupa, aquecimento, moradia, etc., são diferentes de acordo com o clima e outras peculiaridades naturais de um país. Por outro lado, o âmbito das assim chamadas necessidades básicas, assim como o modo de sua satisfação, é ele mesmo um produto histórico e depende, por isso, grandemente do nível cultural de um país.

Os itens exemplificados por Marx, e destacados por Thereza Calvet de Magalhães (1985) são muito próximos aos direitos sociais previstos no artigo 6º da Constituição da República.[7] Similarmente, Kant (2001, p. 37) preocupa-se com a satisfação das necessidades:

> O homem sente em si mesmo um forte contrapeso contra todos os mandamentos do dever que a razão lhe representa como tão dignos de respeito: são suas necessidades e inclinações, cuja total satisfação ele resume sob o nome de felicidade.

Doyal e Gough (1984) teorizam sobre as necessidades humanas, colocando como principais o atendimento à saúde e à autonomia. Sem acesso ao mínimo, como alimentação e moradia, torna-se inviável buscar o exercício dos demais direitos da cidadania, bem como o acesso ao judiciário para tentar a efetivação dos seus direitos.

[7] Art. 6º São direitos sociais a educação, a saúde, a alimentação, o trabalho, a moradia, o transporte, o lazer, a segurança, a previdência social, a proteção à maternidade e à infância, a assistência aos desamparados, na forma desta Constituição.

Paralelamente, Amartya Sen (2010, p. 55), em "Desenvolvimento como Liberdade" aponta a satisfação das necessidades como realização das liberdades substantivas:

> As liberdades substantivas incluem capacidades elementares como por exemplo ter condições de evitar privações como a fome, a subnutrição, a morbidez evitável e a morte prematura, bem como as liberdades associadas a saber ler e fazer cálculos aritméticos, ter participação política e liberdade de expressão etc. Nessa perspectiva constitutiva, o desenvolvimento envolve a expansão dessas e de outras liberdades básicas: é o processo de expansão das liberdades humanas, e sua avaliação tem de basear-se nessa consideração.

Nota-se que Sen (2010, p. 17) entende que sem a satisfação de determinadas necessidades básicas, não se pode falar em liberdades substantivas, como evidenciado na seguinte afirmação: "a pobreza econômica rouba das pessoas a liberdade de saciar a fome, de obter uma nutrição satisfatória ou remédios para doenças tratáveis [...]". Portanto, a par das liberdades formais integrantes do conceito de dignidade da pessoa humana, figuram as *liberdades substantivas* (na expressão do autor), ou seja, a materialização da satisfação das necessidades básicas de modo a ensejar o exercício das demais liberdades efetivamente.

Nessa senda, Paulette Dieterlen (2001) sublinha a relação entre a questão econômica e a dignidade, afirmando que quem padece de falta de recursos materiais carece do indispensável para exercer um grau mínimo de autonomia e capacidade para desempenhar alguns planos de vida, como a cidadania.

Aprofundando esse ponto de vista, Ana Lúcia Pretto Pereira (2014) bem explica a teoria de Max Neef sobre as necessidades humanas fundamentais, esclarecendo que o economista distingue as necessidades humanas em sentido amplo e as necessidades humanas em sentido estrito (fundamentais), definindo estas últimas como permanentes e comuns a toda e qualquer cultura, e acrescentando que os satisfatores das necessidades fundamentais é que variam de acordo com o período histórico e a cultura de uma determinada sociedade. Explana, ainda, que os satisfatores formariam, segundo Neef, uma rede mais ampla e complexa de elementos, constituída, sim, pelos bens disponíveis, mas também pela forma como são obtidos e como é organizado seu consumo (Pereira, A. L. 2014).

Embora os direitos sociais sejam direitos que envolvem atividades prestacionais pelo Estado (Pereira, A. L., 2014), o Estado também tem o dever de possibilitar que a satisfação desses direitos seja alcançada com autonomia (Sarmento, 2016) pelos cidadãos, de maneira livre e protegida, por meio do trabalho (Brito Filho, 2014) e de seu elemento mais importante do ponto de vista social, a contraprestação pecuniária. Em paralelo, a Constituição Federal estabelece o valor social do trabalho como fundamento da República Federativa do Brasil (art. 1º) e prevê o trabalho como direito social (artigo 6º), como será detalhado no capítulo seguinte.

Essa preocupação é compartilhada por Amartya Sen (2010), que destaca a importância da condição de agente em paralelo ao enfoque informacional sobre privação de capacidades. Ensina que é imprescindível ver as pessoas – inclusive os beneficiários de políticas públicas – como agentes, em vez de pacientes inertes.

Nesse contexto, oportunizar emprego protegido e com contraprestação pecuniária justa e tempestiva é uma maneira de valorizar a condição de agente e fomentar a satisfação das necessidades das pessoas como fruto de seu próprio trabalho, com sua autonomia e dignidade respeitadas. Esse é o caminho apontado pela Organização Internacional do Trabalho, no preâmbulo de sua Constituição, que ressalta a importância das condições de trabalho para a obtenção de condições convenientes de existência:

> Considerando que existem condições de trabalho que implicam, para grande número de indivíduos, miséria e privações, e que o descontentamento que daí decorre põe em perigo a paz e a harmonia universais, e considerando que é urgente melhorar essas condições no que se refere, por exemplo, à regulamentação das horas de trabalho, à fixação de uma duração máxima do dia e da semana de trabalho, ao recrutamento da mão-de-obra, à luta contra o desemprego, à garantia de um salário que assegure condições de existência convenientes, à proteção dos trabalhadores contra as moléstias graves ou profissionais e os acidentes do trabalho, à proteção das crianças, dos adolescentes e das mulheres, às pensões de velhice e de invalidez, à defesa

dos interesses dos trabalhadores empregados no estrangeiro, à afirmação do princípio "para igual trabalho, mesmo salário", à afirmação do princípio de liberdade sindical, à organização do ensino profissional e técnico, e outras medidas análogas.

Patrick Belser (2012), economista da Organização Internacional do Trabalho, explica que em uma investigação mais recente se demonstrou que as percepções sobre a desigualdade são um dos fatores determinantes dos conflitos sociais, confirmando a premissa contida no preâmbulo da respectiva Constituição. O trabalho também tem a sua importância destacada por Max-Neef (1986, p. 13):

> El trabalho constituye mucho más que un factor de producción: propicia creatividad, moviliza energías sociales, preserva la identidad de la comunidad, despliega solidaridad, y utiliza la experiencia organizacional y el saber popular para satisfacer necesidades individuales y colectivas. El trabajo tiene, pues, uma dimensión cualitativa que no puede explicarse por modelos instrumentales de análisis ni por estimaciones econométricas de funciones de producción.

Max-Neef (1986) prima pela autonomia, pela "condição de agente" (para utilizar a expressão de Sen), defendendo o protagonismo da pessoa no desenvolvimento. Diz que a pessoa deve ser o sujeito, e não o objeto, do desenvolvimento. O trabalho, como reconhecido nas normas internacionais, constitucionais e infraconstitucionais que serão analisadas no próximo capítulo, é um grande vetor na direção da obtenção dessa condição de agente, de protagonismo no desenvolvimento (Brito Filho, 2004).

A matriz apresentada por Max-Neef (1986) separa as necessidades humanas em categorias existenciais e categorias axiológicas. Pelo critério existencial, lista as necessidades de Ser, Ter, Fazer e Estar. Pela questão axiológica, enumera as necessidades de Subsistência, Proteção, Afeto, Entendimento, Participação, Ócio, Criação, Identidade e Liberdade, esclarecendo a ausência de correspondência biunívoca entre as necessidades e os satisfatores.

Significa dizer que um bem ou um elemento pode ser, ou aparentar ser, um satisfator para mais de uma necessidade mapeada na matriz. É de extrema relevância para a presente pesquisa a distinção entre os seguintes tipos de satisfatores: violadores, pseudo-satisfatores, satisfatores inibidores, satisfatores singulares e satisfatores sinérgicos (Max-Neef, 1986).

Os violadores, em resumo, aparentam satisfazer uma necessidade, quando prejudicam a satisfação das demais, sendo um exemplo alguns satisfatores (como armamentismo ou censura) que aparentam atender a carência por proteção, mas fomentam o medo, bloqueando outras necessidades. Já os pseudo-satisfatores são aqueles que proporcionam uma falsa sensação de satisfação de uma determinada necessidade, e, normalmente, são induzidos e divulgados a partir de publicidade, como a medicina mecanicista (*a pill for every ill*) (Max-Neef, 1986).

Figuram, ainda, os satisfatores inibidores, que satisfazem uma necessidade, mas dificultam a satisfação das demais, como o paternalismo, e a produção taylorista (Max-Neef, 1986). O autor apresenta ainda os satisfatores singulares, que satisfazem uma necessidade, sendo neutros no que tange às demais, exemplificando com programa de subsídio de alimentos e a medicina curativa.

Suscita Max-Neef (1986), ao final de sua classificação, os satisfatores sinérgicos, que além de satisfazer uma necessidade determinada, contribuem e incentivam a satisfação das demais, indicando como modelos a educação popular e os sindicatos democráticos.[8] Conquanto o trabalho não tenha recebido menção direta como satisfator sinérgico, a menção aos sindicatos traz grandes indicativos de que o trabalho, e, principalmente, sua contraprestação (o salário) poderia ser incluído nessa categoria, como satisfator da subsistência e estimulador da satisfação de outras necessidades.

Sendo que o trabalho é o único bem à disposição de determinadas pessoas para possibilitar trocas e obtenção dos bens econômicos (Sen, 2010), é viável entender que a contraprestação ao trabalho (salário) é um satisfator de necessidades humanas fundamentais, pois é por meio dele que o trabalhador adquire a autonomia e liberdade para adquirir os bens materiais necessários à satisfação de suas necessidades.

[8] O papel dos sindicatos será abordado especificamente no Capítulo 3.

1.3 Salário como satisfator das necessidades humanas fundamentais

Maurício Godinho Delgado (2019) define o salário como o conjunto das parcelas contraprestativas pagas pelo empregador ao empregado em função do contrato de trabalho. Mesmo antes da Constituição de 1988, já esclarecia Amauri Mascaro Nascimento (1985, p. 19):

> Não há coincidência entre a concepção econômica e a concepção social do salário. Sob o prisma econômico, o salário é um dos componentes do custo da produção dos bens e da prestação de serviços. Sob o ângulo social, o salário é o meio de subsistência do trabalhador e da sua família.

Mirella Karen Muniz (2010) refere que, em sua dimensão jurídico-filosófica, qualquer pessoa humana necessita de um salário mínimo adequado para que tenha um mínimo de dignidade.

Segue na mesma direção Victor Hugo Fonseca Carvalho (2016), para quem a definição do salário como contraprestação ao trabalho ou contrato de trabalho é adotada majoritariamente pela doutrina. Acrescenta que além da natureza contratual e da contraprestação ao trabalho, o salário possui estreita relação com o princípio da dignidade da pessoa humana, caracterizando-se também como direito fundamental social.[9]

Oportuno analisar o caráter satisfator dos salários também sob uma abordagem mais prática, como na lição de Viviane Santos Pereira (2011), que, em tese de doutorado, analisou a visão dos estudantes de ensino médio de São Tomé das Letras (MG)[10] sobre o atendimento das necessidades humanas, em pesquisa empírica, tendo como referencial teórico a escala apresentada por Max-Neef. As conclusões da pesquisadora demonstram a intensa relação entre a necessidade de subsistência e o trabalho. Interessante ler, nas palavras da pesquisadora:

[9] O direito do trabalho e os direitos fundamentais sociais são umbilicalmente ligados, como destacado por Perez Luño (2013) "Los derechos sociales en su acepción estricta – [...] se refieren a aquellos derechos fundamentales dirigidos a tutelar la actividad práctica del *homo faber*, o sea, al ser humano en su condición de trabajador".

[10] Viviane Pereira explica que escolheu para a pesquisa os jovens de segundo e terceiro ano do Ensino Médio da Escola Estadual José Cristiano de Souza, dados a disponibilidade e o interesse, bem como com o intuito de inserir os jovens nos debates sobre o desenvolvimento local.

> Na análise da necessidade subsistência na matriz positiva dos estudantes mostrou, na dimensão ser, a importância foi dada primeiramente à saúde e à inteligência para que esta seja atendida satisfatoriamente, seguida de disposição (capacidade de uma pessoa agir com intencionalidade definida) e equilíbrio (estabilidade mental e emocional). Ser saudável no sentido do organismo humano funcionar bem como um todo, podendo, assim, realizar diferentes atividades no dia-a-dia (como estudar, trabalhar) e ser inteligente, no sentido de ter capacidade mental de prover os recursos necessários para a manutenção da vida, **como trabalho e dinheiro – meios estes vistos como fundamentais para atender à sua necessidade de subsistência na dimensão ter. Dessa forma, estudar, trabalhar e estar empregado foram vistos como atividades primordiais que todas as pessoas devem exercer.** Tão importante quanto estas foi ressaltada a relevância de se estar em família, bem como em meio à natureza para dar manutenção a suas vidas. A relevância ambiental ocorre devido à grande dependência dos recursos naturais para economia do município, tanto para os que atuam na mineração quanto para o turismo (grifo nosso).

Sublinha-se que a principal forma apontada pelos entrevistados de Viviane Pereira para a obtenção dos satisfatores para a necessidade subsistência foi o trabalho, como meio de alcançar o dinheiro. Mesmo a saúde, trazida primordialmente, era indicada como um meio para que se pudesse alcançar o trabalho. Tamanha preocupação justifica-se porque a força de trabalho é a única dotação significativa, ou seja, é a única riqueza da qual as pessoas dispõem que podem ter algum valor no mercado (SEN, 2010). Na visão de Márcio Túlio Viana (2014), o trabalhador adquire com o salário as utilidades que no passado em geral produzia com as próprias mãos.

Nessa senda, Livia Miraglia (2009) refere que a existência digna tem íntima ligação com a valorização do trabalho, tanto que é inviável a realização plena da dignidade da pessoa humana quando o trabalho não obtiver a apreciação adequada, acrescentando, ainda, que os direitos sociais (inclusive o ramo justrabalhista) integram o rol de direitos fundamentais, cuja violação compromete a própria ideia da dignidade da pessoa humana. A autora é enfática ao mencionar o trabalho como meio de se obter a satisfação das necessidades:

> Assim, deve-se garantir ao homem o direito de alcançar, mediante o seu trabalho, os recursos indispensáveis para desfrutar de uma vida digna. O trabalho regulado, ou emprego, é protegido pela legislação trabalhista, com o objetivo precípuo de melhorar as condições de vida do trabalhador e fixar o "patamar mínimo civilizatório" inerente a todos os empregados em face da sua condição peculiar na sociedade capitalista moderna. O empregado é considerado parte hipossuficiente da relação trabalhista, haja vista que submetido ao poder empregatício do detentor dos meios de produção (MIRAGLIA, 2009, p. 151).

Na mesma perspectiva, Thiago Moraes Raso Leite Soares (2016, p. 54) ressalta: "de modo geral, o que faz um ter força sobre o outro – o fator mais importante – é que uma das partes precisa do salário para sobreviver". Soares (2016, p. 79) agrega maiores elementos à importância do salário na vida do trabalhador, indicando: "não se trabalha mais apenas para garantir a subsistência, nem só para satisfazer necessidades reais ou induzidas, mas também para garantir reconhecimento, *status*, ou outros interesses que transitam pela condição de consumidor".

Márcio Túlio Viana (2014, p. 25) enfatiza que "receber um salário é poder comprar, o que significa muito numa sociedade que às vezes nos mede mais pelo que temos do que somos". Ressalta, ainda, que poder comprar é poder escolher, o que traz uma forma de liberdade.[11]

O fato de o trabalhador se identificar como a figura do consumidor demonstra a necessidade do recebimento tempestivo do salário, pois é através do dinheiro que adquire os bens materiais indispensáveis à satisfação de suas necessidades. Nesse sentido, Patrick Belser (2012) valoriza o consumo ao se referir ao salário mínimo vital, sustentando ainda, que este deve servir, também, para satisfação de gastos com saúde e educação.[12]

Em consonância com esse entendimento, Miraglia (2019) define o Direito do Trabalho como principal instrumento de concretização da

[11] Essa liberdade pode ser equiparada à condição de agente defendida por Amartya Sen e à autonomia preconizada por Daniel Sarmento.

[12] *Los salarios mínimos que se fijan en un nivel prudente pueden ayudar a muchos de estos trabajadores y sus familias a aumentar el nivel de consumo, a lograr un nivel de vida decente y, en el caso de los hogares con bajos ingresos, a escapar de la pobreza.* (BELSER, 2012, p. 128).

dignidade da pessoa humana, ao permitir a inclusão efetiva do indivíduo--trabalhador na sociedade capitalista, lembrando que a atividade estatal deve ser guiada pelo princípio da dignidade da pessoa humana, substrato mínimo a ser assegurado a todos igualmente. Diz a autora, ainda, que no que toca ao direito do trabalho, tem-se o direito individual subjetivo de todo homem de acesso ao mercado de trabalho e à capacidade de prover a si mesmo e à sua família, mediante seu próprio trabalho.

Thiago Soares (2016) analisa o histórico do salário, pontuando que o trabalhador saiu da condição de miserabilidade para uma condição mais digna graças às novas proteções que foi adquirindo. Nessa evolução histórica, Soares dá ênfase ao papel da Igreja Católica, no sentido de valorização do trabalhador como ser humano e, consequentemente, como sujeito de direitos. Menciona a condição de vulnerabilidade do assalariado em relação ao tomador de seus serviços, o que ensejou que na Bíblia, que funcionava como o Direito da época, constasse que se o senhor não pagasse ou atrasasse o pagamento do salário do seu operário, seria considerado um pecador. Descreve o autor que pouco a pouco o salário que antes servia apenas para garantir sua própria subsistência, passa a servir, também, para efetivação de outros direitos sociais (Soares, 2016).

Victor Carvalho (2016, p. 12) também destaca o pioneirismo da Igreja Católica na proteção da remuneração do trabalhador, asseverando que o caráter alimentar do salário constava expressamente de diversos documentos da Igreja Católica. *Exempli gratia*, a palavra "salário" é mencionada diversas vezes na Encíclica *Rerum Novarum*, com ênfase ao caráter hipossuficiente do trabalhador, que depende do trabalho justamente para a sua sobrevivência:

> Façam, pois, o patrão e o operário todas as convenções que lhes aprouver, cheguem, inclusivamente, a acordar na cifra do salário: acima da sua livre vontade está uma lei de justiça natural, mais elevada e mais antiga, a saber, que o salário não deve ser insuficiente para assegurar a subsistência do operário sóbrio e honrado. Mas se, constrangido pela necessidade ou forçado pelo receio dum mal maior, aceita condições duras que por outro lado lhe não seria permitido recusar, porque lhe são impostas pelo patrão ou por quem faz oferta do trabalho, então é isto sofrer uma violência contra a qual a justiça protesta. (Leao XIII, 1991).

Guerra e Emerique (2006) salientam que a dignidade não é aviltada apenas pela privação de alguma das liberdades fundamentais, mas também pelo óbice ao acesso à alimentação, educação básica, saúde, moradia, etc.

Em suma, verifica-se que o salário é a principal forma de acesso da classe trabalhadora aos meios de subsistência e aos demais direitos sociais, e que esses direitos sociais integram o conteúdo mínimo da dignidade da pessoa humana (Sen, 2010; Delgado, G. 2011; Brito Filho, 2004).

Nessa linha, como explica Gilberto Bercovici (2017), a Constituição de 1988 inclui a busca de pleno emprego como corolário necessário da finalidade de assegurar a todos uma vida digna, quando trata dos princípios regentes da ordem econômica. A valorização do trabalho evidencia a importância do trabalho para a garantia da subsistência do empregado, o que traz à tona a contraprestação do trabalho (o salário) como meio satisfator das necessidades do trabalhador (Muniz, 2010; Miraglia, 2009; Brito Filho, 2004). Corrobora esse entendimento a seguinte lição de Victor Hugo Carvalho (2016, p. 25):

> Trabalho e salário são cara e coroa do vínculo contratual de trabalho, conforme leciona José Martins Catharino, ou seja, onde existe trabalho deve haver a necessária contraprestação sob a forma de salário.
> Mas não é só isso, se o direito ao trabalho é um direito fundamental social, o salário dele decorrente também é.

Theresa Calvet de Magalhães (1985, p. 10), analisando a obra de Hanna Arendt, põe sob a luz a relação do trabalho com as necessidades vitais:

> O trabalho [labor, Arbeit, travail] é considerado aqui como sendo a atividade que corresponde ao processo biológico do corpo humano, cujo crescimento espontâneo, metabolismo, e eventual declínio estão ligados às necessidades vitais produzidas pelo trabalho para alimentar o processo da vida. A condição humana do trabalho é a própria vida (HC, p. 9). Trata-se, portanto, de uma atividade cuja única finalidade é satisfazer as necessidades básicas da vida e que não deixa nenhuma marca durável, uma vez que o seu resultado desaparece no consumo.

Interessante o apontamento de que o trabalho não deixa nenhuma marca durável, desaparecendo o seu resultado após a execução, pois torna inviável o restabelecimento do *status quo ante* no caso de inadimplemento da contraprestação. Esse ponto evidencia a problemática do atraso salarial, abordada ao longo desse trabalho, justamente pela característica que ora se investiga, do salário como satisfator das necessidades. Ora, se o salário serve para satisfazer as necessidades de subsistência de lazer, de alimentação, de saúde, de proteção, impera observar que atrasar o salário é postergar a satisfação das necessidades, o que atinge a dignidade da pessoa humana (Carvalho, 2016; Delgado, 2019).

Outrossim, a situação é agravada pela característica de pós-numeração do salário: o salário somente é adimplido após a execução do trabalho. Desta forma, ao ter seu salário retido, o trabalhador não tem a possibilidade de reter a prestação do trabalho, como ocorreria em outros contratos de natureza civil, pois o trabalho já foi prestado, e por sua própria natureza, não tem como ser retomado.

Thiago Leite Soares (2016, p. 173), fazendo menção a Ivan Alemão, destaca que é estranho que neste caso, o "devedor" (empregador), fica em posição de vantagem em relação ao "credor" (trabalhador), o que inverte a lógica do direito comum. Thiago Soares explicita que a pós-numeração do salário é uma característica planejada do instituto, veja-se:

> Assim, conforme reza o Art. 459 da CLT supracitado, a lei prevê que o pagamento do salário (hora, dia, semana ou mês) seja efetuado, no mais tardar, até o quinto dia útil do mês posterior àquele em que o trabalhador realizou os serviços. Ao usar a expressão "o mais tardar!, o Art. 459 deixa claro que o pagamento poderá ser realizado antes mesmo da prestação de serviços do trabalhador. Mas porque isso não ocorre usualmente?
>
> Em suma, o próprio Direito do Trabalho confere esse poder ao empregador. Naturalmente, as justificativas para essa ordem de pagamento – "primeiro trabalho, depois salário" – foram pautadas por critérios econômicos, uma vez que, segundo a teoria da mais valia de Marx, o capitalismo depende do resultado do trabalho para completar o ciclo de exploração. (Alemao, 2008).

Como contado por Thiago Leite Soares, os próprios trabalhadores validam essa forma de pagamento do salário, mencionando que, se o empregado receber antes, pode "vir a faltar". Diz Soares (2016, p. 111) que a pós-numeração do salário é uma forma de disciplinamento do empregado. Contrapõe o autor, enfatizando o salário como satisfator de necessidades:

> No entanto, também de forma oculta, pode causar um prejuízo ao trabalhador, que corre o risco de trabalhar e ficar sem receber, além de ter que contrair empréstimos em seu primeiro mês de trabalho, pois, caso contrário, ficará sem água, luz, moradia e comida.

A pós-numeração do trabalho é analisada ainda por Márcio Túlio Viana (2014), que reitera que "o salário pago depois do trabalho fortalece o poder empregatício".[13]

Em outras situações, a falta de cumprimento de um contrato por um dos contratantes autoriza a rescisão contratual, e, por exemplo, a retomada de eventual objeto do contrato pelo alienante (Alemão, 1997). Ocorre que com o trabalho humano isso não é possível, ou seja, não é dado ao trabalhador desfazer o labor já realizado, razão pela qual o trabalho merece proteção específica, e, nos termos da Constituição da Organização Internacional do Trabalho, "o trabalho não é uma mercadoria".

[13] Importante adentrar na explicação de Ivan Alemão (1997, p. 23), que detalha a questão da pós-numeração, explicitando o efeito que essa fórmula tem na relação de dependência do empregado:
"Na relação laboral, eminentemente sucessiva, há um ponto cronológico no qual uma parte já cumpriu sua obrigação e "espera" que a outra cumpra a sua. Se o salário é pago antes do trabalho, o patrão "espera" a prestação de serviços; se é pago depois, o empregado "espera seu pagamento". Segue o autor (p. 24). As ameaças do atraso salarial, em função do não-lucro do patrão em razão da pouca produção, fazem com que o trabalhador esmere-se em produzir mais, como se a remuneração dependesse do labor extra. Ao se esforçar mais, o empregado não ganha além; porém ajuda o patrão a ganhar mais para saldar a sua dívida com o credor que se esforçou. Se a fórmula "primeiro trabalho, depois salário" propicia ao patrão "ajudar" o empregado quando fornece vales, também permite "puni-lo" quando suprime a aparente vantagem.

No Direito do Trabalho, é viável a rescisão indireta do contrato de trabalho, quando se extingue o contrato em função do não cumprimento pelo empregador de suas obrigações.[14] Um efeito colateral grave dessa opção é trabalhador perder o *status* de empregado[15], passando à situação de desempregado, ou seja, o trabalhador (o credor dos salários) é que acaba tendo mais prejuízos que o empregador (devedor dos salários). Outro aspecto a ser considerado, a situação econômica de alto índice de desemprego e de dificuldade de reinserção no mercado de trabalho torna ainda menos atraente a solução legal da rescisão indireta.

Cabe reforçar, com base na doutrina mencionada, que reconhecidamente, o salário se presta a satisfazer as necessidades humanas básicas. Além disso, o salário é a contraprestação do trabalho, são "cara e coroa da mesma moeda", como mencionado por Catharino (1994), o que faz com o que o salário esteja subentendido no artigo 6º da Constituição da República, quando se garante o trabalho como direito social.

Além disso, a Organização Internacional do Trabalho reconhece que é o direito a uma remuneração justa que assegura uma existência dotada de dignidade da pessoa humana, sendo essa remuneração considerada justa se levar a pessoa a ter uma vida considerada decente e aceitável perante a sociedade.[16] A proteção ao salário é também objeto da legislação brasileira, a ser analisada no Capítulo 2.

Nesse sentido, por meio da análise dos objetivos do salário, das necessidades humanas, da importância da condição de agente, pôde-se observar que o salário é um meio, reconhecido pela legislação nacional e internacional, de satisfazer as necessidades humanas, e, no mais das vezes, é a única forma que o trabalhador detém de garantir sua subsistência (Sen, 2010; Sarmento, 2016; Luño, 2013).

[14] Esclarece-se que a rescisão indireta, previsto no artigo 483, "d", da Consolidação das Leis do Trabalho, é objeto de análise no item 2.3.6.

[15] Robert Castel (2015) explicita que a condição de assalariado é aquela a partir da qual os indivíduos estão distribuídos no espaço social, sendo o assalariado julgado-classificado pela sua situação de emprego, que garante a sua existência social.

[16] A normativa internacional do trabalho atinente ao salário será objeto de análise mais pormenorizada no item 2.2.

Assim, a retenção do salário, ou a falta do respectivo pagamento de forma tempestiva afronta a dignidade da pessoa humana, por dificultar o acesso aos bens que representam a efetivação dos direitos sociais, tais como alimentação, saúde, moradia, lazer, entre outros.

Sendo, pois, o salário satisfator das necessidades humanas fundamentais, e, consistindo, também um direito fundamental social, importa doravante analisar os instrumentos legais de proteção ao instituto salário, tanto em âmbito internacional, como no que tange à Constituição da República e os diplomas infraconstitucionais, o que será objeto do próximo capítulo.

CAPÍTULO 2
PROTEÇÃO JURÍDICA DO SALÁRIO DO EMPREGADO

Dando sequência à pesquisa, busca-se identificar e analisar o conjunto de normas destinadas à proteção do salário. Essas normas permeiam todo o ordenamento jurídico, situando-se na Constituição Federal, em documentos internacionais e na legislação ordinária. Ressalva-se: nada obstante seja a análise feita de forma apartada para efeitos de organização do trabalho, as normas demandam uma interpretação sistemática, dada a sua interdependência e complementaridade.

2.1 Regramento constitucional

O salário, pois, é instituto extremamente relevante, merecendo proteção em diversas esferas do nosso ordenamento jurídico, partindo da Lei Fundamental, passando pelos tratados e convenções internacionais e chegando à lei ordinária, que trata as questões de Direito do Trabalho de forma mais detalhada (Barcellos, 2014).

A constitucionalização do Direito do Trabalho, como um todo, e de normas atinentes ao salário, em particular, é imprescindível para blindar esse direito de posteriores reformas e retrocessos operados pelo Poder constituído (Delgado, M., 2016; Amorim, 2016). Essa necessidade decorre da (habitual) tensão entre a economia e os direitos dos trabalhadores, a qual não é nova, tendo existido desde a origem do Direito do Trabalho.[17]

[17] A manutenção dessa tensão dentro de um espaço de conflito juridicizado, por meio da efetividade das normas constitucionais de proteção, é destacada por Leonardo Vieira Wandelli (2016, p. 94-96).

Exatamente em decorrência dessa tensão, e da desigualdade entre as partes envolvidas no contrato de trabalho, que levaria, de outro modo, ao triunfo de teses que privilegiassem a visão econômica, é que se construiu o Direito do Trabalho[18], alicerçado no Princípio da Proteção (Plá Rodriguez, 1978, p. 27). O princípio da proteção reconhece a assimetria entre as partes envolvidas na relação jurídica trabalhista (Silva, 2014), e a hipossuficiência do trabalhador (Delgado, M., 2019; Camino, 2004; Cesarino Junior, 1980). Também Correia (2015) destaca a proteção do hipossuficiente como razão do surgimento dos direitos sociais.[19]

Ciente desse movimento dinâmico, da subsistência da relação de disparidade das forças, e do risco de ressurgimento de teses tendentes a extinguir a proteção arduamente conquistada pelo trabalhador, o Constituinte de 1988 colocou os direitos dos trabalhadores em papel central e seguro (Delgado, 2016; Wandelli, 2018).[20] A análise da Constituição demonstra essa centralidade (Canotilho, 2018). Já no artigo 1º, estabelecem-se como fundamentos do Estado Democrático de Direito a dignidade da pessoa humana (III) e os valores sociais do trabalho e da livre iniciativa (IV) (Brandao, 2018).

[18] Sobre o papel do Direito do Trabalho na moderação das forças econômicas, oportuna explanação de Maurício Godinho Delgado (2016, p. 78): "Um dos melhores exemplos aplicáveis a esse universo empresarial é o Direito do Trabalho, com suas regras e princípios de tutela da dignidade da pessoa humana, de moderação no exercício do poder empresarial, de inclusão social e econômica dos trabalhadores".

[19] Eros Roberto Grau (2018, p. 92) explana a origem do conceito de hipersuficiência e hipossuficiência que ensejou a necessidade de regulação pelo Estado: "Pois bem: logo se verificou que, na composição de interesses que o contrato instrumenta, quando uma das partes padroniza o contrato, é capaz de impor à outra condições e cláusulas que comprometem a própria essência da liberdade de contratar. Passou o Estado então, não apenas a regular a capacidade de padronização dos contratos pela parte hipersuficiente, mas também a substituir a adesão de uma das partes ao contrato de ambas as partes a padrões deles, que fixou. Aí o surgimento de contratos com cláusulas padronizadas por ato estatal, no que a relativização do princípio da liberdade de contratar, enquanto liberdade de configuração interna dos contratos".

[20] Helder Santos Amorim (2016) destaca que a Constituição de 1988 absorveu o princípio da proteção, tendo este orientado o espírito das normas constitucionais que instituíram os direitos fundamentais dos trabalhadores.

Quanto à dignidade da pessoa humana, seu papel como alicerce e espectro de proteção de todas as pessoas, especialmente dos trabalhadores e trabalhadoras, já fora objeto de análise pormenorizada no capítulo anterior. A relação da dignidade com a proteção do direito ao trabalho digno é umbilical, nas palavras de Gabriela Neves Delgado (2015, p. 182):

> Onde o direito ao trabalho não for minimamente assegurado (por exemplo, com respeito à integridade física e moral do trabalhador, o direito à contraprestação pecuniária mínima), não haverá dignidade humana que sobreviva. Se existe um direito fundamental, deve também existir um dever fundamental de proteção. Quando o Direito se utiliza da regulamentação jurídica, significa, antes de tudo, que ele servirá como suporte de valor para proteger o homem em seus direitos.

É sob essa perspectiva, da regulamentação jurídica com o objetivo de proteção dos direitos (Araujo, J., 2017), que, ao longo deste capítulo, é analisado o ordenamento jurídico brasileiro, partindo-se, como não poderia deixar de ser, da Constituição Federal, englobando as normas internacionais incorporadas ao âmbito interno e chegando-se às normas infraconstitucionais. Essas normas formam o denominado bloco de constitucionalidade, o qual deve ser respeitado pelo empregador (Pereira, R. 2016).

Note-se que o inciso IV do artigo 1º da Lei Fundamental inicia caracterizando como fundamentos do Estado Democrático de Direito "os valores sociais do trabalho" e "da livre iniciativa", do que se extrai que tanto o trabalho como a livre iniciativa têm um valor social, indicando ideia de transindividualidade (Barroso; Barcellos, 2018). A eleição desses valores como fundamento do Estado Democrático de Direito demonstra, desde o início do texto Constitucional, a magnitude atribuída a essa dimensão da vida, ao ser humano trabalhador, escolha que é ratificada em outros dispositivos constitucionais.

O valor social do trabalho corresponde à raiz da proteção social, condicionando e orientando a dignidade humana, e instigando o legislador a produzir leis que protejam o trabalhador, servindo de parâmetro para a solução de conflitos sociais pelo Judiciário. Dessa forma, é abarcada a ideia de proteção, que é instrumentalizada pelo Direito do Trabalho, com suas normas próprias (Araujo, J., 2017).

Ana Paula de Barcellos (2014) destaca que entre os diversos meios para garantir a valorização do trabalho humano, figuram a qualificação profissional e o fortalecimento dos sindicatos, com o intento de alcançar diversos fins, tais como a justiça social. Outro ponto a ser destacado é que a valorização do trabalho humano corresponde, em suma, ao reconhecimento de que o trabalho humano não é mercadoria, em sintonia com a Constituição da Organização Internacional do Trabalho. Nesse diapasão, Eros Roberto Grau (2018a) destaca a prevalência do trabalho humano sobre outros valores da economia de mercado. A impossibilidade de tratar o trabalho humano como mercadoria[21] é aclarada por Wandelli (2018), que destaca os limites biológicos, psíquicos, éticos, sociais e políticos advindos da relação humana que surge dessa transação.

Essa posição constitucional de valorização do trabalho humano é ratificada tanto na Ordem Social[22], quanto na Ordem Econômica, consoante artigo 170, *caput,* da Carta Magna.[23] Assim, na lição de Eros Roberto Grau (2018b), qualquer prática econômica que desrespeite a valorização o trabalho humano, a livre iniciativa, ou que conflite com a existência digna de todos, será institucionalmente inconstitucional.

A inserção do Capítulo II "Dos Direitos Sociais" dentro do Título II "Dos Direitos e Garantias Fundamentais" expressa a igualdade topográfica e material entre os Direitos Individuais e os Direitos Sociais na perspectiva constitucional (Delgado, M., 2016). Nesse caminho, aponta Sarlet (2016) para a inclusão dos direitos sociais no rol das cláusulas pétreas, com espeque no §4º do artigo 60 e na falta de regime jurídico diferenciado para os direitos fundamentais sociais na ordem constitucional.

O artigo 6º inaugura o Capítulo II do Título II, enumerando os direitos sociais:

[21] Nesse sentido, ainda, a Declaração da Filadelfia, analisada no próximo subtítulo.

[22] Artigo 193 da Constituição Federal: A ordem social tem como base o primado do trabalho, e como objetivo o bem-estar e a justiça sociais.

[23] Art. 170. A ordem econômica, fundada na valorização do trabalho humano e na livre iniciativa, tem por fim assegurar a todos existência digna, conforme os ditames da justiça social, observados os seguintes princípios:

> Art. 6º São direitos sociais a educação, a saúde, a alimentação, o trabalho, a moradia, o transporte, o lazer, a segurança, a previdência social, a proteção à maternidade e à infância, a assistência aos desamparados, na forma desta Constituição. (Redação dada pela Emenda Constitucional nº 90, de 2015).

Cabe ressalvar que, conquanto essa enumeração tenha sido objeto de alterações pelo Poder Constituído, estas foram no sentido de ampliação do rol, tendo sido incluídos, sucessivamente, a moradia[24], a alimentação[25] e o transporte.[26] O trabalho sempre esteve inserto, portanto, no rol de direitos sociais expressamente previstos pela Constituição de 1988. E o vocábulo "trabalho" neste rol precisa ser interpretado de acordo com todo o sistema constitucional, ou seja, de acordo com o seu valor social, não só como direito de trabalhar, mas como o direito ao trabalho digno, que deve ser efetivamente protegido pelo Direito do Trabalho (Delgado, G., 2015). Helder Santos Amorim (2016) ratifica o compromisso do Direito do Trabalho com a promoção do trabalho livre com dignidade.

O cidadão tem o direito de alcançar, de forma autônoma, por meio do trabalho protegido, acesso a todos os demais direitos sociais, tais como lazer, alimentação, moradia (Araujo, J., 2017). A importância da autonomia para a dignidade é ressaltada ainda por Amartya Sen (2010), Daniel Sarmento (2016), e Noemia Porto (2013).

Na sequência do artigo 6º, dentre os direitos sociais enumerados, opta o Constituinte por especificar exatamente os direitos dos trabalhadores urbanos e rurais (artigo 7º), evidenciando, uma vez mais, o papel fulcral do valor social do trabalho. Barcellos (2015) pontua que a enumeração das regras pelo artigo 7º da Constituição de 1988 representa um conjunto de opções com o desígnio de concretização do princípio da valorização do trabalho, não excluindo outros que visem à melhoria da condição social.

O artigo 7º detalha as formas de proteção desse trabalho, e do trabalhador. De acordo com os objetivos da presente pesquisa, atribuir-se-á destaque aos dispositivos que tratam diretamente do instituto salário,

[24] Emenda Constitucional n. 26, de 2000.

[25] Emenda Constitucional n. 64, de 2010.

[26] Emenda Constitucional n. 95, de 2010.

sem que isso configure desprestígio a todos os demais direitos previstos no artigo 7º, de igual estatura e importância.

O inciso IV do artigo 7º dispõe sobre a existência de um salário mínimo e de suas funções, nomeadamente tratando da necessidade de manutenção do poder aquisitivo do trabalhador[27], trazendo à tona a dimensão de trabalhador-consumidor já destacada supra. Nessa mesma direção, o inciso VI garante a irredutibilidade do salário, embora abra espaço para redução mediante convenção ou acordo coletivo.

A Constituição aponta como crime a retenção dolosa do salário, estabelecendo a respectiva proteção, na forma da lei[28], em norma de eficácia contida, estabelecendo uma obrigação ao legislador de tipificar esta conduta (Bulos, 2017). Esse crime jamais fora tipificado, mesmo trinta e dois anos após a promulgação da Constituição, o que faz cogitar omissão do poder constituído, por não realizar o que a norma constitucional determinou. Celso Antonio Bandeira de Mello (2015, p. 13) frisa: "[...] é inevitável concluir-se que há violação à Constituição tanto quando se faz o que ela inadmite como quando se omite fazer o que ela impõe". Depreende-se, pois, que há inconstitucionalidade pela não inclusão da retenção dolosa de salário como tipo penal.

No entanto, à míngua de tipificação penal, não se pode alegar que a ausência de pagamento tempestivo de salário não configure ilícito na esfera administrativa e trabalhista, pois essas esferas contemplam a proteção ao salário. Nesse sentido, demonstram não só as normas contidas na própria Constituição, como as normas internacionais ratificadas pelo Brasil e legislação ordinária nacional, conforme se verá em tópicos próprios.

Wandelli (2012) destaca haver um déficit de efetividade no direito ao trabalho digno, contrastando a centralidade normativa com a sua inaplicação prática. No intuito de aperfeiçoar e promover a aplicação prática do

[27] IV – salário mínimo, fixado em lei, nacionalmente unificado, capaz de atender a suas necessidades vitais básicas e às de sua família com moradia, alimentação, educação, saúde, lazer, vestuário, higiene, transporte e previdência social, com reajustes periódicos que lhe preservem o poder aquisitivo, sendo vedada sua vinculação para qualquer fim;

[28] Conforme se vê do inciso X: X – proteção do salário na forma da lei, constituindo crime sua retenção dolosa;

Direito ao Trabalho digno, a Constituição estabeleceu garantias institucionais (CANOTILHO, 2004), ou seja, meios de defesa dos direitos dos trabalhadores. Nessa senda, a garantia de reconhecimento das convenções e acordos coletivos (XXVI) somente existe porque simetricamente o artigo 8º garantiu, ainda que de forma limitada, a liberdade de associação profissional ou sindical.[29]

Outra garantia institucional de notoriedade na Constituição de 1988 é o Ministério Público do Trabalho, integrante do Ministério Público da União[30], instituição permanente, essencial à função jurisdicional do Estado[31], incumbindo-lhe a defesa da ordem jurídica, do regime democrático e dos interesses sociais e individuais indisponíveis. Dispôs, ainda, a Constituição, em seu artigo 129, sobre os instrumentos à disposição do Ministério Público para o exercício desse mister, entre os quais se sublinha, por ora, o inquérito civil, o termo de ajuste de conduta (TAC) e a ação civil pública.[32]

Conclui-se que a proteção do salário tem fundamento na constituição, e que as normas constitucionais devem servir de guia para a interpretação de todo o ordenamento jurídico. Tendo em mente, pois, a centralidade do valor social do trabalho, a importância da proteção da contraprestação pecuniária desse trabalho, passa-se a verificar como esses institutos são regidos nas normas internacionais ratificadas pelo Brasil (item 2.2), e na legislação ordinária (item 2.3).

2.2 Normativa internacional

A Constituição indica, em seu artigo 5º, §2º, que os direitos e garantias nela expressos não excluem outros decorrentes dos Tratados Internacionais em que a República Federativa do Brasil seja parte[33], reconhecendo que estas a integram (URIARTE, 2011).

29 O papel dos sindicatos nessa defesa do direito ao salário será objeto do terceiro capítulo.

30 Artigo 128 da Constituição Federal.

31 Artigo 127 da Constituição Federal.

32 A atuação do Ministério Público do Trabalho na preservação do direito ao recebimento tempestivo dos salários pelo trabalhador será tratada no quarto capítulo.

33 § 2º Os direitos e garantias expressos nesta Constituição não exclem outros decorrentes do regime e dos princípios por ela adotados, ou dos tratados internacionais em que a República Federativa do Brasil seja parte.

É cristalina a conexão entre o Direito do Trabalho e os Direitos Humanos, que refletem processos de luta pela dignidade da pessoa humana (Faria, 2020; Dinali; Cunha, 2020). Destarte, imperiosa se torna a análise dos Tratados Internacionais atinentes à proteção do salário, pois eles integram o assim chamado "bloco de constitucionalidade"[34], ou, "bloco de direitos humanos do trabalho" (Uriarte, 2011).

O direito ao trabalho digno e às condições justas de remuneração é reconhecido não só pelos documentos específicos de Direito do Trabalho, com destaque para os oriundos da Organização Internacional do Trabalho, mas também pelos Pactos e Declarações de Direitos Humanos em geral (Uriarte, 2011; EÇA, 2020). A dimensão do trabalho, como demonstrado, é essencial para a realização integral da dignidade e das liberdades fundamentais da pessoa humana (Delgado, G., 2015), e, portanto, foi objeto de preocupação de diversas normativas internacionais.

Esse prisma é observado por Oscar Ermida Uriarte (2011, p. 135-136):

> [...] junto aos direitos trabalhistas específicos, existem aqueles direitos humanos reconhecidos ao trabalhador enquanto tal, que só podem ser exercidos por um trabalhador: liberdade sindical, proteção do salário, limite da jornada, férias. O trabalhador tem, além disso, todos os demais direitos humanos que ele tem enquanto cidadão, não enquanto trabalhador, e que ele não perde esses direitos de pessoa humana, de cidadão, só pelo fato de entrar na fábrica, só pelo fato de entrar numa relação de trabalho subordinado. Fala-se, portanto, de direitos inespecíficos. O trabalhador tem duas classes de direitos humanos: os direitos trabalhistas específicos, os que todos conhecemos e com os quais trabalhamos, e os demais direitos do cidadão, inespecífi-

§ 3º Os tratados e convenções internacionais sobre direitos humanos que forem aprovados, em cada Casa do Congresso Nacional, em dois turnos, por três quintos dos votos dos respectivos membros, serão equivalentes às emendas constitucionais. (Incluído pela Emenda Constitucional nº 45, de 2004).

[34] Nesse sentido, Fernanda Nigri Faria explana (2020, p. 115): Nesta perspectiva, considera-se que a dignidade humana e os direitos fundamentais têm uma força expansiva e, assim, sugam, se alimentam e se complementam por essas normas internacionais que compõem uma espécie de eixo axiológico que transcende a própria ordem jurídica interna, formando uma espécie de "bloco de constitucionalidade".

cos, não específicos do trabalhador, mas que ele conserva, como cidadão, na relação de trabalho.

2.2.1 Dos Direitos Humanos em geral

Dentre os documentos não específicos, realçam-se a Declaração Universal dos Direitos Humanos, a Declaração Americana de Direitos do Homem, o Pacto Internacional sobre Direitos Econômicos, Sociais e Culturais.

A Declaração Universal de Direitos Humanos, publicada em 1948, representa marco histórico no processo de consolidação, afirmação e internacionalização dos direitos da pessoa humana (FARIA, 2020), e, no item "3" de seu artigo XXIII, estabelece:

> Todo ser humano que trabalha tem direito a uma remuneração justa e satisfatória, que lhe assegure, assim como à sua família, uma existência compatível com a dignidade humana e a que se acrescentarão, se necessário, outros meios de proteção social.

De forma expressa e inconteste, a Declaração Universal sublinha a relação entre a remuneração justa e satisfatória e a dignidade humana, caracterizando a remuneração como meio de proteção social. O documento integra o *jus cogens* internacional, integrando um conjunto de normas consuetudinárias que vinculam todos os Estados e todos os povos (LEITE, 2011; PIOVESAN, 2018). A Declaração Americana dos Direitos e Deveres do Homem (1948), similarmente, estipula o direito ao trabalho e a uma justa remuneração.[35]

Também o Pacto Internacional sobre Direitos Econômicos, Sociais e Culturais (PIDESC), esse ratificado pelo Decreto 591, de 1992, contempla o direito à remuneração, em seu artigo 7º:

[35] Artigo XIV. Toda pessoa tem direito ao trabalho em condições dignas e o de seguir livremente sua vocação, na medida em que for permitido pelas oportunidades de emprego existentes. Toda pessoa que trabalha tem o direito de receber uma remuneração que, em relação à sua capacidade de trabalho e habilidade, lhe garanta um nível de vida conveniente para si mesma e para sua família.

> Os Estados Partes do presente Pacto reconhecem o direito de toda pessoa de gozar de condições de trabalho justas e favoráveis, que assegurem especialmente:
> a) Uma remuneração que proporcione, no mínimo, a todos os trabalhadores:
> i) Um salário equitativo e uma remuneração igual por um trabalho de igual valor, sem qualquer distinção; em particular, as mulheres deverão ter a garantia de condições de trabalho não inferiores às dos homens e perceber a mesma remuneração que eles por trabalho igual;
> ii) Uma existência decente para eles e suas famílias, em conformidade com as disposições do presente Pacto;

A essencialidade da remuneração justa para a dignidade é, pois, refletida nos documentos internacionais de direitos humanos (Fachin, 2015), mesmo aqueles não especificamente atinentes ao Direito do Trabalho (Uriarte, 2011). Como mencionado, a Declaração Universal de Direitos Humanos, publicada em 1948, foi um marco de consolidação, e considerou, para tanto, também os direitos humanos do trabalho, que já eram objeto de documentos específicos, desde a constituição da Organização Internacional do Trabalho (OIT), em 1919.

2.2.2 Da Organização Internacional do Trabalho (OIT)

A Organização Internacional do Trabalho, desde sua Constituição original, ocupou-se do tema da remuneração, como expressão de seu princípio-base de não mercantilização do trabalho, posteriormente consagrando documentos específicos sobre o salário, tais como as Convenções 95 e 173. (Rodgers, 2009; Machado, 2019).

A criação da Organização Internacional do Trabalho[36] ocorreu com o desiderato de fornecer um instrumento mais poderoso do que todos já conhecidos até então para expandir e impor padrões internacionais de trabalho (EÇA, 2020). A Constituição original, de 1919, integrou o Tratado de Versalhes[37] e identificou princípios e métodos para regular

[36] Quanto ao histórico da criação e do desenvolvimento da Organização Internacional do Trabalho, apresentam-se apenas alguns aspectos pertinentes à presente pesquisa. Para aprofundamento do tema, consultar Eça (2020) e Rodgers (2019).

[37] Tratado de paz assinado em 28 de junho de 1919, que deu fim à Primeira Guerra Mundial.

condições de trabalho obrigatórias em todas as comunidades industriais, destacando sua urgência e importância. A visão da Constituição originária aprofundou-se no fim da Segunda Guerra Mundial, com a Declaração da Filadélfia, de 1944, que reafirmou os princípios e metas da organização.[38] Os princípios são a moldura cognitiva para o trabalho da Organização Internacional do Trabalho, as lentes pelas quais a OIT enxerga o mundo (RODGERS, 2009).

Há de se ressaltar duas características da OIT que a diferenciam das demais organizações intergovernamentais: o tripartismo e o fato de os padrões de trabalho internacionais serem adotados, ratificados e supervisionados (RODGERS, 2009).

O tripartismo busca o comprometimento de todos os atores sociais do trabalho (o Estado, os representantes dos empregados e os representantes dos empregadores), visando à conformação dos aspectos políticos, econômicos e sociais. A supervisão ocorre do recebimento, pela Repartição Internacional do Trabalho, de Reclamação e Queixa face ao descumprimento das Normas Internacionais do Trabalho, com instauração de uma Comissão de Inquérito para apuração dos fatos denunciados, e emissão de parecer conclusivo, e expedição de recomendação ao estado, contando, ainda, a OIT, com o auxílio da Comissão de Peritos e do Comitê de Liberdade Sindical (EÇA, 2020).

Hermenegilda Leite Machado (2019) destaca que já no preâmbulo da Constituição Originária da OIT, em que figuram as justificativas política, humanitária e econômica para a sua criação havia a inclusão, entre os princípios fundamentais do Direito do Trabalho, do pagamento de um salário que proporcionasse uma vida digna.

[38] A Conferência reafirma os princípios fundamentais sobre os quais repousa a Organização, principalmente os seguintes: a) o trabalho não é uma mercadoria; b) a liberdade de expressão e de associação é uma condição indispensável a um progresso ininterrupto; c) a penúria, seja onde for, constitui um perigo para a prosperidade geral; d) a luta contra a carência, em qualquer nação, deve ser conduzida com infatigável energia, e por um esforço internacional contínuo e conjugado, no qual os representantes dos empregadores e dos empregados discutam, em igualdade, com os dos Governos, e tomem com eles decisões de caráter democrático, visando o bem comum.

Um dos princípios fundamentais da OIT é o reconhecimento de que o trabalho humano não pode ser visto como simples mercadoria (Rodgers, 2009; Franco Filho, 2016). Nas palavras de Gerry Rodgers (2009, p. 7):

> *it expresses the dignity of labour and the recognition of its value, in contrast to the Marxian notion that, under capitalism, labour becomes a commodity. In the ILO's vision, all forms of work can, if they are adequately regulated and organized, be a source of personal well-being and social integration. Of course, labour is bought and sold, but market mechanisms are subordinate to higher goals. The original 1919 Constitution states that "labour should not be regarded merely as a commodity". By the time of the Declaration of Philadelphia, the same idea is expressed more strongly: "Labour is not a commodity"*[39].

Alvarenga e Oliveira (2020) frisam que não é legítima a busca pela redução dos custos de mão de obra com o objetivo de obter vantagem concorrencial, tão propagada atualmente sob a alcunha de "modernização" das relações trabalhistas", justamente por violar o princípio básico da não mercantilização a mão de obra.

O liame entre este princípio básico e a necessidade de proteção ao salário está justamente na proibição de submissão dos valores e condições de pagamento do salário às leis do mercado, à pura e simples lei da oferta e da demanda. (Machado, 2019).

As Convenções Internacionais do Trabalho aprovadas pela OIT, com vistas à efetivação dos seus princípios fundamentais, possuem diversos conteúdos normativos laborais, como por exemplo férias anuais, descanso semanal, salário justo e digno, limitação da jornada, liberdade sindical, greve, negociação coletiva, previdência social, proteção contra o desemprego, não discriminação, higiene e a saúde no trabalho, dentre

[39] Em tradução livre: expressa a dignidade do trabalho e o reconhecimento de seu valor, em contraste com a noção marxista de que, sob o capitalismo, o trabalho se torna uma mercadoria. Na visão da OIT, todas as formas de trabalho podem, se devidamente regulamentadas e organizadas, ser uma fonte de bem-estar pessoal e integração social. É claro que a mão-de-obra é comprada e vendida, mas os mecanismos de mercado estão subordinados a objetivos mais elevados. A Constituição original de 1919 afirma que "o trabalho não deve ser visto apenas como uma mercadoria". Na época da Declaração de Filadélfia, a mesma ideia é expressa com mais força: "O trabalho não é uma mercadoria".

outros, todos visando a melhoria da condição social. (DINALI; CUNHA, 2020).

Dispuseram diretamente sobre "salário" as seguintes convenções da Organização Internacional do Trabalho: Convenção n. 26, de 1928, sobre Métodos de Fixação de Salários Mínimos; Convenção n. 94, de 1949, sobre Cláusulas de Trabalho em Contratos com Órgãos Públicos; Convenção n. 95, de 1949, sobre Proteção ao Salário; Convenção n. 99, de 1951, sobre Métodos de Fixação do Salário Mínimo na Agricultura; Convenção n. 100, de 1951, sobre Igualdade de Remuneração de Homens e Mulheres Trabalhadores por Trabalho de Igual Valor; Convenção n. 109, revista em 1958, sobre os Salários, a Duração do Trabalho a Bordo e as Lotações; Convenção n. 110, de 1958, sobre as Condições de Emprego dos Trabalhadores em Fazendas; Convenção n. 131, de 1970, sobre Fixação de Salários Mínimos, Especialmente nos Países em Desenvolvimento; Convenção n. 173, de 1992, sobre a Proteção dos Créditos Trabalhistas na Insolvência do Empregador; e Convenção n. 189, de 2011, sobre o Trabalho Decente para as Trabalhadoras e os Trabalhadores Domésticos. (MACHADO, 2019).

2.2.3 Das Convenções da Organização Internacional do Trabalho específicas sobre salário

Como o foco do presente estudo é o atraso contumaz de salários[40], ou seja, a inadimplência ou a mora, pelo empregador, quanto ao pagamento dos salários ajustados, torna-se pertinente analisar, mais detidamente, as Convenções n. 95 e 173, destacando que apenas a primeira foi ratificada pelo Brasil.

A Convenção n. 95 da OIT concernente à proteção do salário foi adotada pela Conferência em 1º de julho de 1949[41], e define, em seu artigo 1º, o termo salário para os fins de sua aplicação:

[40] V. Item 2.3.2.

[41] V. Decreto 10.088, de 5 de novembro de 2019, que consolida atos normativos editados pelo Poder Executivo Federal que dispõem sobre a promulgação de convenções e recomendações da Organização Internacional do Trabalho – OIT ratificadas pela República Federativa do Brasil.

> [...] salário" significa, qualquer que seja a denominação ou modo de cálculo, a remuneração ou os ganhos susceptíveis de serem avaliados em espécie ou fixados por acordo ou pela legislação nacional, que são devidos em virtude de um contrato de aluguel de serviços, escrito ou verbal, por um empregador a um trabalhador, seja por trabalho efetuado, ou pelo que deverá ser efetuado, seja por serviços prestados ou que devam ser prestados.

A Convenção demonstra em diversos dispositivos a preocupação em garantir que o trabalhador poderá dispor do salário da maneira que lhe parecer mais conveniente, e com celeridade. Nesse sentido, o artigo 3º determina o pagamento em moeda corrente local, de modo que o trabalhador não fique sujeito à espera da compensação de cheques e outros títulos por instituições financeiras (Machado, 2019). O artigo 6º, por sua vez, garante a liberdade do trabalhador para dispor de seu salário da maneira que lhe for conveniente, sendo vedada a interferência do empregador.[42]

O artigo 12 trata do tempo de pagamento de salário, *in verbis:*

> 1. O salário será pago em intervalos regulares. A menos que haja outras combinações satisfatórias que asseguram o pagamento do salário com intervalos regulares**, os intervalos nos quais o salário deve ser pago serão prescritos pela legislação nacional, fixados por convenção coletiva ou sentença arbitral**. (grifo nosso).

Embora não disponha especificamente acerca da definição dos intervalos nos quais os salários deverão ser pagos, o dispositivo da Convenção internacional é categórico: afirma que serão (deverão ser) prescritos pela legislação nacional, fixados por convenção coletiva ou sentença arbitral (Machado, 2019). A Convenção, pois, reconhece a necessidade de se estabelecer um intervalo regular, de maneira efetiva, pela legislação nacional, garantindo não só o pagamento e a proteção ao salário, como a previsibilidade da vida financeira do trabalhador. Em outras palavras, o

[42] Art. 6 – Fica o empregador proibido de restringir a liberdade do trabalhador de dispor de seu salário da maneira que lhe convier.

trabalhador precisa saber antecipadamente quando e como será pago seu salário, para planejar sua vida financeira.

O artigo 11 da Convenção n. 95 trata do privilégio de crédito salarial em situação de falência ou liquidação do empregador[43], sendo que o trabalhador deve gozar de preferência na satisfação do crédito. Com o mesmo intuito, em 1992, foi adotada a Convenção n. 173 da OIT, referida como 'Convenção sobre a Proteção dos Créditos Trabalhistas em Caso de Insolvência do Empregador, 1992'.

A Convenção n. 173 da OIT divide-se em três partes: Parte I – Disposições gerais; Parte II – Proteção dos créditos trabalhistas por meio de um privilégio; e, Parte III – Proteção dos créditos trabalhistas por uma instituição de garantia (Tirapelli, 2014). A instituição de garantia para o pagamento de salário no caso de empregadores com risco de insolvência se mostra alternativa viável, dando segurança ao trabalhador, especialmente dada a já mencionada pós-numeração do salário (o salário é pago após a realização do trabalho).[44]

A Convenção 173 não fora, até o momento em que estas linhas são escritas, ratificada pelo Brasil. Todavia, o princípio de proteção do crédito salarial em face da insolvência do empregador está inserto também na Convenção n. 95, da OIT, ratificada pelo Brasil.[45]

Outrossim, em 2017 a OIT revisou a Declaração sobre Empresas Multinacionais, que teve emendas introduzidas na seção Condições de Trabalho e de Vida, com objetivo de aclarar as orientações em matéria de salários, prestações e condições de trabalho[46], conforme o próprio Con-

[43] Art. 11 – 1. Em caso de falência ou de liquidação judiciária de uma empresa, os trabalhadores seus empregados serão tratados como credores privilegiados, seja pelos salários, que lhes são devidos a título de serviços prestados no decorrer de período anterior à falência ou à liquidação e que será prescrito pela legislação nacional, seja pelos salários que não ultrapassem limite prescrito pela legislação nacional.

[44] Vide item 1.3, supra.

[45] A preferência do crédito trabalhista, no âmbito interno, está prevista na Lei n. 11.101, de 2005, que será abordada no próximo subtítulo.

[46] Dispõe o novo artigo 41: *Los salarios, prestaciones y condiciones de trabajo que ofrezcan las empresas multinacionales en todas sus operaciones no deberían ser menos favorables para los trabajadores que los ofrecidos por empleadores comparables en el país anfitrión. Cuando no existan empleadores comparables, deberían proporcionar los salarios, prestaciones y condiciones de trabajo mejores*

selho de Administração. (Organização Internacional do Trabalho, 2017). O artigo passou a prever que para a estipulação dos salários devem ser levadas em consideração as necessidades dos trabalhadores e de suas famílias, garantindo um nível adequado de moradia, assistência médica e alimentos.

Cientes de todo esse conjunto de normas que priorizam a dignidade da pessoa humana, o trabalho decente e a proteção ao salário, é preciso integrá-las sistematicamente. O norte para a integração é fornecido pelo princípio *pro homine*, previsto no artigo 29, b, da Convenção Americana de Direitos Humanos e artigo 4º do Protocolo de San Salvador (Alcalá, 2013). Esse princípio estabelece diretrizes de proteção integral do ser humano na sua dimensão integralizadora, em um trabalho que tome o homem como ser social (Brasil; Bittencourt, 2020).

Assevera Alcalá (2013, p. 129):

> El principio favor persona o pro homine implica una interpretación que optimice los derechos fundamentales, dando preferencia a la interpretación que más fuertemente despliegue la eficacia jurídica de la norma. El principio favor persona, pro homine o pro cives no exime al operador jurídico de realizar una interpretación armonizante en el entendido de que todos ellos son derechos da cada persona y de toda persona, lo que exige compatibilizar todos los derechos entre sí y con el bien común.

Utilizando-se essa ferramenta de interpretação, integração e efetivação do sistema jurídico (o princípio *pro homine*), é possível examinar, de forma holística, o ordenamento jurídico, harmonizando as regras internacionais, constitucionais e infraconstitucionais, sempre almejando a

posibles. Los elementos que deberían tomarse en consideración son, entre otros: a) las necesidades de los trabajadores y de sus familias, habida cuenta del nivel general de los salarios en el país, del costo de vida, de las prestaciones de seguridad social y del nivel de vida relativo de otros grupos sociales, y b) los factores económicos, como las necesidades de desarrollo económico, los niveles de productividad y la conveniencia de alcanzar y mantener un elevado nivel de empleo. Cuando proporcionen a los trabajadores prestaciones básicas, como vivienda, asistencia médica o alimentos, estas prestaciones deberían tener un nivel adecuado.

interpretação das regras que confira a maior proteção (Alcalá, 2013; Uriarte, 2011; Brasil; Bittencourt, 2020).

Boaventura de Sousa Santos (1988) discorre acerca dos direitos e das relações sociais equiparando-as à representação em mapas. Aponta três espaços jurídicos diferentes: o direito local, o direito nacional e o direito mundial, aclarando que a distinção entre os três não decorre da matéria por eles regulada, mas do tamanho da escala com que regulam a ação social, sendo o direito local de grande escala, o direito nacional estatal de média escala e o direito local de grande escala. Quanto maior a escala mais detalhes são perceptíveis na representação.

Logo, é no Direito Nacional que se encontrarão as regras mais práticas e detalhadas de efetivo gozo do direito do percebimento ao salário. Na expressão de Boaventura de Souza Santos (1988), o artigo 12 da Convenção n. 95 da OIT teria regulado o direito ao salário em pequena escala, deixando o detalhamento, a definição desses intervalos e das formas de cobrança para uma escala mais detalhada, estabelecida, no Brasil, pela legislação nacional, objeto do próximo subtítulo.

2.3 Legislação infraconstitucional

Conquanto juridicamente subordinada à Constituição e ao bloco de constitucionalidade, na prática, a lei ordinária exerce papel extremamente relevante, porquanto regula o quotidiano do trabalhador na relação de emprego, bem como apresenta, ao menos em tese, meios de efetivação desse direito.

2.3.1 Prazo legal para pagamento do salário

A periodicidade prevista com maior abertura no artigo 12 da Convenção 95 da Organização Internacional do Trabalho é estabelecida, no Brasil, de modo objetivo, para os empregados submetidos ao regime da Consolidação das Leis do Trabalho[47], em seu artigo 459:

[47] Pontua-se que atrasos dos salários devidos aos servidores públicos têm sido recorrentes e causam aos credores prejuízos semelhantes aos abordados na presente pesquisa, em especial no que tange às questões tratadas no primeiro capítulo. No entanto, há que se mencionar que existem diferenças quanto a regime jurídico, prazo para pagamento, formas de cobrança, entre outras peculiaridades, como a existência de estabilidade e a ausência de

> Art. 459 – O pagamento do salário, qualquer que seja a modalidade do trabalho, não deve ser estipulado por período superior a 1 (um) mês, salvo no que concerne a comissões, percentagens e gratificações.
> § 1º Quando o pagamento houver sido estipulado por mês, deverá ser efetuado, o mais tardar, até o quinto dia útil do mês subsequente ao vencido. (Redação dada pela Lei nº 7.855, de 24.10.1989).

Extraem-se desse artigo três princípios quanto ao prazo de pagamento de salários: o princípio da periodicidade, o princípio da "*postnumeratio*" e o princípio da pontualidade (Nascimento, 1985, p. 81). A periodicidade reflete a necessidade de pagamento em intervalos regulares, em consonância com a Convenção 95 da OIT. A *posnumeratio* é a possibilidade de o empregador pagar o débito salarial apenas após a prestação do labor, com consequências peculiares para a dependência do empregado, como explicitado no item 1.3. E o princípio da pontualidade estabelece a necessidade do pagamento tempestivo dos salários, vedando, por conseguinte, o atraso salarial.

2.3.2 Definição de atraso contumaz

O Decreto-Lei n. 368, de 19 de dezembro de 1968, estabelece como mora contumaz "o atraso ou sonegação de salários devidos aos empregados, por período igual ou superior a três meses, sem motivo grave e relevante, excluídas as causas pertinentes ao risco do empreendimento" (artigo 2º, §1º). Esse tempo mínimo para caracterizar o atraso contumaz, no entanto, aplica-se apenas para os efeitos administrativos, penais e fiscais previstos no próprio Decreto-Lei, e não à esfera trabalhista (Mesquita; Cavalcante Filho, 2010), não sendo exigidos para a declaração da rescisão indireta, e tampouco, para que desperte a atuação dos entes sindicais ou do Ministério Público do Trabalho, quando for o caso.

atribuição do Ministério Público do Trabalho, conforme decidido pelo Supremo Tribunal Federal, na decisão proferida nos autos do Conflito de Competência n. 8018 (Relator: Min. Marco Aurélio, Julgado em 19/12/2019, Acórdão Publicado no DJE de 17/04/2020). Assim, cabe esclarecer que para possibilitar o estudo mais detalhado dos institutos atinentes ao regime celetista, o corte temático da presente pesquisa abrange somente esse regime, remanescendo a questão dos servidores públicos para ulteriores pesquisas.

O atraso contumaz é aquele reiterado, que causa insegurança e imprevisibilidade financeira ao empregado, conforme reconhecido pela jurisprudência do E. Tribunal Superior do Trabalho:

> INDENIZAÇÃO POR DANOS MORAIS. ATRASO NO PAGAMENTO DOS SALÁRIOS.
> Vale dizer, o abalo moral decorreu inegavelmente da falta de pagamento das verbas rescisórias e dos salários do período trabalhado, fatos incontroversos nos autos, reconhecidos em sentença.
> É pacífico o entendimento nas cortes trabalhistas de que o atraso contumaz no pagamento dos salários, dá ensejo à indenização por danos morais, pois, a demora no recebimento dos provimentos pelo empregado, acaba, logicamente, provocando a mora no adimplemento de suas despesas mensais, não sendo necessárias provas destes fatos, já que são de conclusão óbvia para o mais comum dos homens, quanto mais o não pagamento dos salários.[48]

Cita-se, ainda, *exempli gratia*, outro julgado, em que o Tribunal Superior do Trabalho definiu expressamente que não é necessário o decurso de prazo superior a três meses para que seja configurado atraso contumaz:

> II – RECURSO DE REVISTA. SOB A VIGÊNCIA DA LEI Nº 13.467/2017. RECLAMANTE. INDENIZAÇÃO POR DANOS MORAIS. ATRASO NO PAGAMENTO DE SALÁRIOS. FATOS ANTERIORES À VIGÊNCIA DA LEI Nº 13.467/2017. 1 – O recurso de revista foi interposto na vigência da Lei nº 13.015/2014 e atende aos requisitos do art. 896, § 1º-A, da CLT. 2 – Na jurisprudência desta Corte Superior, adota-se o entendimento de que é devida a indenização por danos morais na hipótese do atraso reiterado de salários, o que é o caso dos autos. Julgados. **3 – A jurisprudência da Sexta Turma do TST evoluiu para o entendimento de que não é preciso que o período de atraso de salários seja igual ou superior a três meses para que se defira indenização por danos morais. Considera que, dada a natureza alimentar do salário, o atraso durante dois meses configura grave conduta da empresa que autoriza o reconhecimento dos danos morais.**

[48] BRASIL. Tribunal Superior do Trabalho. (5. Turma). RR-2079-89.2017.5.11.0012. Relator: Des. Convocado Joao Pedro Silvestrin, DEJT 19 de junho de 2020.

Aplica a mesma leitura feita sobre o conceito de "mora contumaz" nos processos nos quais se discute rescisão indireta, quando conclui que não é necessário que o atraso no pagamento dos salários se dê por período igual ou superior a três meses para que se configure a mora salarial justificadora da rescisão indireta do contrato de trabalho. Registra que o Decreto-Lei nº 368/68 diz respeito aos efeitos administrativos e fiscais em desfavor da empresa com débitos salariais com seus empregados, de modo que o prazo amplo de três meses para a incidência das restrições nele previstas se justifica, nesse aspecto, a fim de viabilizar a reorganização da empresa e a quitação de suas dívidas. Destaca que, na seara do Direito do Trabalho, o prazo de três meses previsto no § 1º do artigo 2º da referida lei é extremamente longo, na medida em que o salário tem natureza reconhecidamente alimentar. Assim, não é justificável que um empregado tenha que aguardar mais de noventa dias para receber a contraprestação pecuniária pelo trabalho prestado, ou que passe 90 dias recebendo seus salários atrasados (RR-1172-05.2010.5.07.0002, Ministra Kátia Magalhães Arruda, DEJT 21/02/2014). 4 – Recurso de revista a que se dá provimento.[49] (grifo nosso).

O Tribunal Superior do Trabalho reconhece como extremamente longo o prazo de três meses para a configuração da contumácia do atraso das verbas salariais, com razão. Veja-se que para o descumprimento da obrigação principal do contrato por parte do empregado, ou seja, o abandono de emprego (artigo 482, "i", da Consolidação das Leis do Trabalho), também não há lapso temporal legalmente definido, tendo a jurisprudência se consolidado em definir como abandono de emprego a ausência de labor por período superior a 30 dias (Mesquita; Cavalcante Filho, 2010).

É preciso ter em mente a natureza alimentar do salário, já amplamente debatida, para que se estabeleça os requisitos para a configuração do atraso contumaz de salários. Mesquita e Cavalcante Filho (2010) sustentam que seria um atraso por período superior a 30 dias, em tentativa

[49] BRASIL. Tribunal Superior do Trabalho. (6. Turma). RR-1267-10.2017.5.10.0001. Relatora: Min. Katia Magalhaes Arruda, DEJT 26 de junho de 2020.

de equiparação entre as situações de descumprimento contratual pelo empregado e pelo empregador.

Entende-se, entretanto, que mesmo atraso que ocorra por alguns dias, *e.g.* de dez a quinze dias, se ocorre de forma reiterada (por dois meses consecutivos ou mais) tem o condão de gerar prejuízos ao trabalhador, uma vez que este deixa de quitar os seus compromissos financeiros no tempo hábil, conforme destacado pela jurisprudência do Tribunal Superior do Trabalho.

2.3.3 Penalidade prevista para o atraso de salários

A penalidade por descumprimento do prazo estabelecido para o pagamento dos salários está prevista no artigo 4º da Lei n. 7.855, de 1989: multa administrativa por atraso de salários, fixada em 160 BTN, que, nos termos da Portaria n. 290/97 do extinto Ministério do Trabalho e Emprego (atual Ministério da Economia) corresponde, atualmente, ao valor de R$ 170,26 (cento e setenta reais e vinte e seis centavos)[50] por trabalhador prejudicado, independentemente do número de dias de atraso.

A mesma Lei n. 7.855, de 1989 alterou a redação original do artigo 459, *caput*, acima mencionado, que estabelecia prazo até o décimo dia útil para salário mensal e até o quinto dia útil para salários pagos por semana ou quinzena.[51] O projeto da Lei n. 7.855, de 24 de outubro de 1989[52], incluía, ainda, o §9º no artigo 477 da CLT, para determinar o pagamento da importância equivalente a um salário ao empregado por atraso na quitação dos salários, dispositivo que fora vetado. Na mensagem de veto, o então presidente da República, José Sarney, justificou:

> A medida penaliza o empregador com salário em dobro, corrigido pela BTN, além da multa de 160 BTN; a multa por infração a normas trabalhistas já está prevista no art. 2º do Projeto de Conversão. Além disso deixa de referir se se

[50] Valores em 13 de setembro de 2020.

[51] Parágrafo único. Quando o pagamento houver sido estipulado por mês, deverá ser efetuado o mais tardar, até o décimo dia útil do mês subsequente ao vencido. Quando houver sido estipulado por quinzena ou semana, deve ser efetuado até o quinto dia útil. (Redação original, revogada pela Lei n. 7.855, de 24 de outubro de 1989).

[52] Projeto de Conversão da Medida Provisória n. 89, de 1989 em lei.

trata de sentença normativa transitada em julgado, haja vista a não suspensividade dos recursos interpostos contra decisão em dissídio coletivo.

A par de tudo isso, já há mecanismos legais de inibição à inadimplência salarial, como a atualização monetária pelos índices de poupança, além da penalidade prescrita o art. 467, da CLT (BRASIL, 1989).

O veto foi fundamentado na "existência de mecanismos legais de inibição à inadimplência salarial". Importante, pois, averiguar não só a existência, como a efetividade de ditos mecanismos.

Atualmente, tramita no Senado Federal o Projeto de Lei n. 134, de 2015, que pretende alterar o §1º do artigo 459 da CLT para estabelecer multa de 5% em caso de atraso do pagamento, acrescido de 1% ao dia de atraso (BRASIL, 2015).

No relatório legislativo apresentado pelo Senador Jorge Viana, em 12 de dezembro de 2017, nada obstante tenha se apresentado emenda para reduzir o percentual para 5% (cinco por cento) do valor do salário, acrescido de juros de mora de 5% (cinco por cento) ao mês, *pro rata die*, reconheceu-se literalmente que:

> Não é incomum o empresário deixar de cumprir com os seus deveres financeiros junto ao empregado. Isso acontece porque a legislação atual determina a incidência de juros de apenas 1% (um por cento) ao mês sobre os valores devidos ao trabalhador (Lei nº 8.177, de 1991; art. 39, § 1º). Esse percentual (1% ao mês) não é suficiente para inibir a conduta do empregador de atrasar os salários devidos ao empregado. Por isso, é necessária a imposição de novo patamar que desestimule o atraso no pagamento dos salários.

O entendimento foi ratificado em parecer emitido pelo Senador Weverton, em 15 de outubro de 2019, que acrescentou:

> De fato, a mera incidência de juros de mora de 1% ao mês, nos termos do § 1º do art. 39 da Lei nº 8.177, de 1991, não é suficiente para garantir o pagamento tempestivo dos salários dos trabalhadores, motivo pelo qual o agravamento do encargo financeiro ora examinado, aliado à imposição de multa pelo descumprimento do referido marco temporal, é justo, por garantir a satisfação de valores alimentares devido àquele que disponibiliza a sua energia vital em prol de outrem.

A ausência de efetividade dos meios de compelir o empregador ao pagamento dos salários é igualmente reconhecida pela doutrina trabalhista. Ricardo Britto Pereira (2016), apresentando a ação civil pública[53] como instrumento eficaz para alcançar a tutela dos interesses e direitos coletivos na esfera trabalhista, sublinha que os empregadores contabilizavam os custos das ações individuais, calculando, ainda, vantagens do descumprimento das normas trabalhistas. Dentre estas, destaca Britto Pereira o pequeno número de reclamatórias ajuizadas com o contrato em curso, pelo medo de represálias, a prescrição que fulmina pretensões, a deficiência do quadro de fiscais do trabalho e os valores das multas administrativas que, quando chegam a ser aplicadas, não são suficientes para coibir as infrações.

Correia (2015, p. 131) demonstra que o pagamento em dia chega a ser considerado mero favor, mera benevolência do empregador:

> É de se perceber com tristeza mesmo frase comumente utilizada para um empregador que cumpre os direitos: "pelo menos meu patrão é bonzinho, ele nunca atrasou os salários". Com coisa que pagar os salários em dia fosse um favor e não uma obrigação legal.

Por outro lado, o Decreto 368, de 19 de dezembro de 1968, que dispõe sobre os efeitos de débitos salariais, apenas comina penalidades administrativas para as empresas, não gerando reflexos na esfera trabalhista. Em resumo, o Decreto impõe restrições ao pagamento de honorários, gratificações e distribuições de lucros, bonificações, dividendos entre titulares, sócios e diretores por empresas em débito salarial, e impede a empresa em mora contumaz de ser favorecida com qualquer benefício de natureza fiscal, tributária ou financeira por parte dos entes da federação. O Decreto, portanto, caracteriza como ilícito o atraso salarial, com repercussões nas esferas administrativa, fiscal e tributária, sem, no entanto, trazer determinações de compensação ao empregado pela demora na quitação do débito, e sem tipificar o crime previsto no inciso X do artigo 7º da Constituição Federal (Mallet; Fava, 2018; Carvalho, 2016).

[53] A Ação Civil pública é objeto dos itens 3.3.3 (no que tange aos sindicatos) e 4.2.1 (em relação ao Ministério Público do Trabalho) a seguir.

2.3.4 O argumento da crise econômica

Ivan Alemão (1997) leciona com propriedade acerca do trabalhador-credor, enfatizando que inversamente do que ocorre nas outras relações jurídicas, o trabalhador credor torna-se mais fraco do que já é. Observa Alemão (1997) que a garantia do crédito salarial praticamente inexiste no direito material e é deficiente no direito processual, demonstrando a falta de eficácia das normas de proteção ao salário, a despeito do comando constitucional.

Carvalho (2016) destaca que mesmo a multa administrativa prevista na legislação do trabalho não impede a vulneração dos direitos dos trabalhadores, representando mera "taxa" pelo descumprimento da legislação. Esclarece que a "taxa" pré-determinada possibilita ao empresário o cálculo dos "custos do cumprimento da legislação", e a comparação com o "valor da taxa", o que acaba por estimular o descumprimento do prazo para pagamento de salários. A consideração dos salários e das obrigações trabalhistas como simples "custos", podendo ser compensados com o pagamento de "taxas" viola os princípios da não mercantilização do trabalho (Rodgers, 2009) e da valorização social do trabalho (Delgado, G., 2015) mencionados supra.

Da mesma forma, alegações de crises econômicas como justificativa para o atraso salarial também não merecem prosperar. Em primeiro lugar, pois, como analisado no primeiro capítulo, o salário é satisfator de necessidades fundamentais do empregado, consistindo em direito fundamental social. Segundo, no caso de efetiva existência de crise econômica[54], também o empregado está sujeito a seus efeitos e malefícios, não

[54] Nesse ponto, interessante mencionar que durante a elaboração do presente trabalho, no ano de 2020, deflagrou-se grave crise mundial de saúde, seguida de crise econômica, denominada de "pandemia causada pelo novo coronavírus (Sars-Cov2), ou simplesmente, "Pandemia de COVID-19". Nesse cenário, acentuou-se, ainda mais, a tensão entre os direitos garantidos ao trabalhador e uma suposta necessidade de se garantir, praticamente em um estado de exceção, a continuidade da economia, em detrimento de direitos laborais. A polarização entre os dois valores contraria não só o artigo 170 da Constituição da República Federativa do Brasil, como os princípios fundantes da Organização Internacional do Trabalho. Muito embora no contexto nacional, o Direito do Trabalho tenha sofrido algumas derrotas nesse contexto, em âmbito nacional, é importante que se mantenha a discussão e o estudo das normas constitucionais e internacionais, que permanecem vigentes e devem

podendo ser duplamente prejudicado. Em terceiro lugar, nota-se que a crise econômica não é aceita como justificativa válida para a inadimplência reiterada de tributos, ou inadimplemento de obrigações decorrentes de contratos de outra natureza, o que torna palpável que a utilização desse argumento para escusar o atraso salarial somente ganha força pela vulnerabilidade em que se encontra o trabalhador-credor (Carvalho, 2016; Alemão, 1997). Há ainda um quarto argumento: aceitar a submissão das condições de pagamento do salário às regras de mercado e às oscilações econômicas implica em violação ao já mencionado princípio da não mercantilização do trabalho, princípio fundamental da Organização Internacional do Trabalho.

2.3.5 Dos custos do atraso para o empregador

Todavia, não se pode deixar de ter em mente que, de fato, os custos do cumprimento da legislação trabalhista são sim calculados pelos empregadores, no quotidiano empresarial, e devem guardar proporcionalidade em relação as penalidades decorrentes dos descumprimentos de outros contratos, para que não sejam estes priorizados em detrimento do adimplemento do salário no prazo legal (Carvalho, 2016; Viana, 2014).

Nesse sentido, Márcio Túlio Viana (2014, p. 46) alerta:

> Além de multa administrativa (art. 510 da CLT), o empregador paga juros a contar do ajuizamento da ação (art. 883/CLT e art. 39 da Lei n. 8.177/91); e correção monetária, desde o dia 1º do mês subsequente ao da prestação de serviços (Súmula n. 381/TST). Mas se, ao invés de pagar, aplicar o dinheiro, quase sempre terá lucro – distorção que conspira contra a efetividade da norma.

Quanto à correção do valor do débito salarial, cabem algumas considerações. De se ressaltar que o artigo 39, e seu parágrafo 1ª, da Lei n. 8177, de 1º de março de 1991, estipula juros de mora "equivalente à TRD acumulada no período compreendido entre a data da obrigação e o seu efetivo

ser a linha condutora do Direito do Trabalho, ainda que este esteja sujeito, infelizmente, a oscilações promovidas pelo Legislador Ordinário, que, no entanto, não se olvide, estão sujeitas a controle de constitucionalidade e de convencionalidade.

pagamento".[55] O Supremo Tribunal Federal, na Ação Direta de Inconstitucionalidade nº 4.357, declarou inconstitucional a utilização da TRD (Taxa Referencial Diária) como fator de atualização. Por conseguinte, o Pleno do Tribunal Superior do Trabalho pronunciou a inconstitucionalidade por arrastamento da expressão "equivalentes à TRD" do art. 39 da Lei 8.177/91, elegendo como fundamento *a ratio decidendi* exposta pelo Supremo no julgamento das ADIs 4.357, 4.372, 4.400 e 4.425, adotando o IPCA-E (Índice Nacional de Preços ao Consumidor Amplo Especial) como índice de correção monetária dos débitos trabalhistas.

A Medida Provisória 905 de 11 de novembro de 2019 havia alterado o referido dispositivo para estabelecer os juros equivalentes aos índices das cadernetas de poupança. O índice da caderneta de poupança em 2019 manteve-se em 0,5% (meio por cento) ao mês, índice que se mantém estável desde outubro de 2017. A medida provisória 905 foi revogada pela Medida Provisória 955 de 20 de abril de 2020, restabelecendo-se, em tese, o regramento anterior quanto à correção monetária de débitos trabalhistas.

O IPCA-E, índice que, pois, permaneceu sendo utilizado para correção de débitos trabalhistas até junho de 2020, variou ao longo do ano de 2019 entre 0,06% (seis décimos por cento) em junho de 2019 e 1,05% (um e cinco centésimos por cento) em dezembro de 2019, apresentando uma média aritmética de 0,32% (32 décimos por cento).[56] Esse valor de correção é muito menor do que valores previstos para penalidades decor-

[55] Art. 39. Os débitos trabalhistas de qualquer natureza, quando não satisfeitos pelo empregador nas épocas próprias assim definidas em lei, acordo ou convenção coletiva, sentença normativa ou cláusula contratual sofrerão juros de mora equivalentes à TRD acumulada no período compreendido entre a data de vencimento da obrigação e o seu efetivo pagamento.
§ 1º Aos débitos trabalhistas constantes de condenação pela Justiça do Trabalho ou decorrentes dos acordos feitos em reclamatória trabalhista, quando não cumpridos nas condições homologadas ou constantes do termo de conciliação, serão acrescidos, nos juros de mora previstos no caput, juros de um por cento ao mês, contados do ajuizamento da reclamatória e aplicados pro rata die, ainda que não explicitados na sentença ou no termo de conciliação.

[56] Tabela completa disponível no site http://www.portaldefinancas.com/ipca_e_ibge.htm, com informações fornecidas pelo IBGE.

rentes de descumprimentos de prazos de pagamento em outros contratos. Além disso, somente há correção nos casos de ajuizamento da competente reclamatória trabalhista, o que torna o enriquecimento ilícito do empregador decorrente da retenção de salários ainda mais evidente (Carvalho, 2016).[57]

A título de exemplo, menciona-se o valor previsto no Código do Consumidor, que visa justamente a proteger o consumidor, parte hipossuficiente do contrato de consumo, que aceita como válidas multas de mora de até 2% (dois por cento) do valor da prestação, sem excluir correção monetária e juros.[58]

Ora, se se entende como proteção à parte hipossuficiente da relação de consumo (o consumidor) uma multa de mora de até 2% (dois por cento), não se justifica limitar os custos da mora do empregador (parte mais forte na relação de emprego) a índices tão baixos, que não alcançam 0,5% (meio por cento ao mês) conforme acima explicitado.[59]

[57] No sentido de compensar o trabalhador pela mora salarial, pode ser ainda mencionada a Súmula 381 do Tribunal Superior do Trabalho, que estabelece correção monetária a partir do primeiro dia do mês caso o salário não seja quitado quinto dia útil do mês subsequente ao vencido, mas sem mencionar juros de mora ou multa. Outrossim, o Precedente normativo 72 da Seção de Dissídios Coletivos do Colendo Tribunal Superior do Trabalho, que estabelece multa de 10% sobre o saldo salarial, na hipótese de atraso no pagamento de salário até 20 dias, e de 5% por dia no período subsequente, não tem aplicabilidade sobre reclamatórias individuais, orientando apenas as decisões em dissídios coletivos, nos termos da jurisprudência tanto dos Tribunais Regionais do Trabalho quanto do Tribunal Superior do Trabalho.

[58] Artigo 52 do Código de Defesa do Consumidor (Lei n. 8.078, de 11 de setembro de 1990): Art. 52. No fornecimento de produtos ou serviços que envolva outorga de crédito ou concessão de financiamento ao consumidor, o fornecedor deverá, entre outros requisitos, informá-lo prévia e adequadamente sobre:
II – montante dos juros de mora e da taxa efetiva anual de juros;
III – acréscimos legalmente previstos;
§ 1º As multas de mora decorrentes do inadimplemento de obrigação no seu termo não poderão ser superiores a dez por cento do valor da prestação.
§ 1º As multas de mora decorrentes do inadimplemento de obrigações no seu termo não poderão ser superiores a dois por cento do valor da prestação. (Redação dada pela Lei nº 9.298, de 1º.8.1996)

[59] Veja-se, na prática. Imagine-se um trabalhador de um supermercado, hipoteticamente considerado. Cogite-se de o trabalhador comprar a crédito no supermercado, contando

No entanto, em sentido oposto ao acima apresentado, em junho de 2020, em decisão monocrática proferida nos autos da Ação Declaratória de Constitucionalidade n. 58, o Ministro do Supremo Tribunal Federal, Gilmar Mendes, deferiu liminar para suspender a aplicação do IPCA à correção dos débitos trabalhistas. A ação foi proposta pela Confederação Nacional do Sistema Financeiro – CONSIF. A autora da ação sustentou que "o enriquecimento sem causa que a aplicação do IPCA + 12% a.a. (doze por cento ao ano) gerará para o credor trabalhista, na medida do endividamento, também sem causa, do devedor trabalhista".

Não se pode deixar de mencionar que a Confederação Nacional do Sistema Financeiro, representantes dos bancos, que chegam a cobrar 12% (doze por cento) ao mês de juros em dívidas como "negativo de conta corrente" e "rotativo do cartão de crédito" pretende configurar como enriquecimento sem causa juros de 12% (doze por cento) ao ano (*i.e.*, um por cento ao mês), sem que aceite que esse critério seja utilizado também para regular os contratos bancários por ela firmados. Nesse sentido, rememora-se toda a celeuma para que não fosse aplicado o §3º do artigo 192 da Constituição Federal, que culminou com a redação da Súmula Vinculante 7 do Supremo Tribunal Federal e com a revogação do dispositivo pela Emenda Constitucional n. 40, de 2003.[60]

Dentre os precedentes mencionados como ensejadores da Súmulas, figuram diversos Recursos Extraordinários interpostos por entidades bancárias, tais como Banco Bradesco[61] e Banco do Brasil.[62] Nos contratos em que é credor, os bancos se posicionaram de maneira firme contra a limitação da taxa de juros, mas, em oposição, quando o trabalhador é o

com o recebimento do salário. Caso ele atrase o pagamento das compras, incidirá multa de mora de 2% ao mês, acrescida de juros e correção monetária. Todavia, se o motivo do atraso for o não recebimento dos salários, o supermercado deverá ao empregado multa de conforme a TR (que equivale a 0%). Neste caso, o atraso de salários gerou uma defasagem no valor dos salários de mais de 2% (dois por cento) ao mês, objetivamente considerado, em descumprimento ao comando constitucional de irredutibilidade de salários.

[60] Súmula Vinculante n. 7: A norma do §3º do artigo 192 da Constituição, revogada pela Emenda Constitucional nº 40/2003, que limitava a taxa de juros reais a 12% ao ano, tinha sua aplicação condicionada à edição de lei complementar.

[61] E.g. RE 237952, publicado no DJ de 25 de junho de 1999.

[62] E.g. RE 186594, publicado no DJ de 15/09/1995.

credor, argumentam que a taxa de juros deve ser absolutamente restrita, bem como a correção monetária, para se evitar o alegado "enriquecimento ilícito do credor-trabalhador". Concessa vênia, esse entendimento afronta o princípio da igualdade, e acarreta injusta discriminação ao trabalhador, que, quando devedor, paga juros exorbitantes, e, quando credor, se vê tolhido de ver o seu crédito devidamente atualizado.

O Relator adotando explicitamente argumentos atinentes à crise econômica, reconheceu o *periculum in mora*, e deferiu, *ad referendum* do Pleno (art. 5º, §1º, da Lei 9.882/1999 c/c art. 21 da Lei 9.868/99) a suspensão do julgamento de todos os processos em curso no âmbito da Justiça do Trabalho que envolvam a aplicação dos artigos 879, §7, e 899, § 4º, da CLT, com a redação dada pela Lei nº 13.467/2017, e o art. 39, caput e § 1º, da Lei 8.177/91:

> Quanto ao *periculum in mora*, de fato, o contexto da crise sanitária, econômica e social relacionadas à pandemia da Covid-19 e o início do julgamento da Arguição de Inconstitucionalidade instaurada no TST demonstram a urgência na concessão da Tutela Provisória Incidental postulada. (grifo nosso).
> [...]
> Diante da magnitude da crise, a escolha do índice de correção de débitos trabalhistas ganha ainda mais importância. Assim, para a garantia do princípio da segurança jurídica, entendo necessário o deferimento da medida pleiteada, de modo a suspender todos os processos que envolvam a aplicação dos dispositivos legais objeto das ações declaratórias de constitucionalidade nº 58 e 59.

O que foi visto como potencial causador de enriquecimento ilícito do credor trabalhista foi a aplicação do IPCA-E, acrescidos de juros de 12% (doze por cento) ao ano (um por cento ao mês), índices que são inferiores àqueles cobrados dos consumidores que atrasam o pagamento de seus débitos. Como já referido anteriormente, a crise econômica, que fora mencionada na decisão monocrática do Relator das Ações Declaratórias n. 58 e 59, também afeta os empregados, os quais ostentam, no mais das vezes, a condição de consumidores. E não há notícias de qualquer redução de multas ou de juros aos consumidores perpetrada pelo Supremo Tribunal Federal em razão da "pandemia do coronavírus". Destaca-se que a TR, índice adotado pela atual redação do §7º do artigo 879 da Consolidação das Leis do Trabalho, apresenta o índice de 0% (zero por cento), de setembro de 2017 a junho de 2020.[63] Destarte, a adoção da TR equivale simplesmente à inexistência de correção.

Adotando-se linha de pensamento compartilhada por Carvalho (2016), torna-se perceptível o resultado do cálculo a ser feito pelo empregador em caso de dificuldades financeiras: é vantajoso não pagar os salários tempestivamente, dado baixo índice de correção, ou, a sua simples inexistência, conforme explanado acima. Essa realidade não está de acordo com o princípio da proteção (Plá Rodriguez, 1978), e com o comando de não mercantilização do trabalho (Rodgers, 2009), e, especialmente, com a proteção ao salário, determinada pelo inciso X do artigo 7º da Constituição Federal (Mallet; Fava, 2018).

Nesse sentido, apropriada a sintetização feita por Carvalho (2016, p. 62-63):

> Fixada em patamares baixos e prefixados, a multa permite ao agente avaliar se vale a pena "pagar para descumprir a norma". Assim, um comportamento que seria exigível de todos os empregadores como um patamar mínimo garantido aos trabalhadores passa a ser regido pelo mercado.
> [...]
> É a hipótese, por exemplo, em que o devedor deixa de pagar salário ao empregado, mas não deixa de pagar credores de outras classes, tais como fornecedores e bancos.

Verificou-se que a multa administrativa prevista na Consolidação das Leis do Trabalho e o índice de correção previsto na Lei n. 8.177, de 1991, não são suficientes para compelir o empregador a pagar tempestivamente os salários, pois possibilitam o cálculo do custo do descumprimento pelo empregador, e o cotejamento com outros custos. Além disso, a decisão monocrática na ADC 58[64] aceitou argumentos econômicos em detri-

[63] Índices disponíveis em: http://www.idealsoftwares.com.br/indices/tr_mensal.html. Acesso em: 11 jul. 2020.

[64] A decisão monocrática do Relator fora confirmada por maioria pela Turma, em decisão proferida em 18 de dezembro de 2020, tendo sido o acórdão publicado em 7 de abril de 2021.

mento aos direitos fundamentais dos trabalhadores, ainda que a autora da ação tenha sido a Confederação Nacional do Sistema Financeiro, setor que se manteve aberto e operante durante as medidas restritivas impostas pela pandemia do novo coronavírus, e que estipula juros expressivamente maiores em contratos nos quais é credora.

2.3.6 Da forma de cobrança do crédito salarial: o instituto da rescisão indireta

Ocorrendo, no caso concreto, o atraso de salários, constitui-se em mora o empregador (Camino, 2004; Hablich; Galia, 2014), e a alternativa que o ordenamento jurídico apresenta ao trabalhador-credor (Alemão, 1997), é a rescisão indireta. Isso porque a contraprestação ao trabalho, por meio do salário, é a obrigação principal do empregador (Camino, 2004), e o inadimplemento ou atraso consistem em falta patronal (Hablich; Galia, 2014).

O artigo 483, "d", da Consolidação das Leis do Trabalho possibilita ao empregado a rescisão do contrato de trabalho, devendo valer-se, para tanto, obrigatoriamente, do Poder Judiciário, ajuizando reclamação trabalhista com pleito de reconhecimento da rescisão contratual cumulada com cobrança de verbas rescisórias (Hablich; Galia, 2014).

Note-se que dois são os ônus impostos ao trabalhador para lhe ensejar a cobrança do crédito salarial: o rompimento do contrato de trabalho, ou seja, a abdicação do seu principal ou, no mais das vezes, único meio de sustento e inclusão social, e o ajuizamento de ação trabalhista, correndo os riscos da demanda judicial (Alemao, 1997; Carvalho, 2016), agravados pela atribuição do pagamento de honorários de sucumbência ao reclamante, nos termos da redação do artigo 791-A da CLT, com redação dada pela Lei n. 13.467, de 13 de julho de 2017.

Ainda que a rescisão indireta garanta ao trabalhador, em tese, o recebimento das verbas rescisórias como se houvesse ocorrido despedida sem justa causa por iniciativa do empregador[65], há a necessidade de se levar em consideração dois aspectos práticos: a) se o empregador não estava

[65] Incluindo, portanto, verbas como aviso prévio indenizado, e possibilitando o requerimento de seguro-desemprego e saque do FGTS, e, eventualmente, danos morais (VECCHI, 2010).

adimplindo os salários, há uma tendência ao inadimplemento também do débito decorrente de decisão judicial; b) há uma grande probabilidade, em um cenário crescente de desemprego, de o trabalhador enfrentar extrema dificuldade de retorno ao mercado de trabalho, adquirindo, assim, o *status* de "desempregado".

O princípio constitucional da proteção ao salário[66] prescreve uma proteção mais abrangente, que deve ser levada em consideração também durante o contrato de trabalho, e não somente após a sua extinção. Hablich e Gaia (2014) ratificam esse posicionamento, acrescentando que observada a sua realidade, o empregado, muitas vezes, prefere preservar a relação empregatícia em benefício da manutenção do sustento próprio e de sua família.

Nesse sentido, importante reflexão de Oscar Ermida Uriarte (2011), alertando que a demissão e a despedida deveriam ser tratadas como exceção, e não como regra, e o Direito do Trabalho deveria se ocupar com mais afinco o direito ao trabalho decente durante a relação contratual:

> Então, vou colocar um exemplo tomado do autor espanhol Antonio Baylos, que diz: "Nós, trabalhistas, temos estudado a demissão, a despedida; eternamente, tomos e tomos, volumes e volumes, e muito pouco o Direito do Trabalho. Eu fui procurar encontrar o direito à demissão nas constituições, nos pactos internacionais de direitos humanos e não achei, não está em nenhum livro sobre Direito do Trabalho. Nós estamos trabalhando errado. Temos estudado a exceção em vez de estudar a regra. Temos de estudar o Direito do Trabalho e analisar a demissão como a exceção. Não estou propondo negar o direito do empregador de demitir um trabalhador por justa causa, por necessidade econômica da empresa, mas sim de analisar essa faculdade como uma faculdade de gestão do negócio, e não como um direito humano fundamental, que é outro, ou mesmo a respeito da greve. Tem-se escrito muito mais sobre os limites do direito de greve que sobre o direito mesmo. E o direito fundamental humano, reconhecido em todos os textos, é o direito de greve. Temos de mudar nosso jeito de pensar".

66 V. item 2.1 supra.

Para que a rescisão indireta pudesse ser considerada, pois, como instrumento efetivo de garantia do pagamento de salário, seria necessário não só um amplo e integralmente gratuito acesso ao judiciário, como uma realidade econômica em que o empregado lograsse breve êxito no retorno ao mercado de trabalho, o que não se verifica no atual cenário, em que se noticia o desemprego de mais de onze milhões de pessoas em nosso país (taxa aproximada de onze por cento), conforme relatado pelo Instituto Brasileiro de Geografia Estatística em dados do ano de 2019.[67]

Outro fator importante a ser incluído nessa análise é o tempo médio entre o ajuizamento de reclamatória trabalhista e a efetiva quitação do débito dela decorrente. Ricardo Britto Pereira (2016, p. 54) destaca que "o funcionamento do sistema judicial costuma ser lento, custoso e ineficiente". Estatísticas do Tribunal Superior do Trabalho[68] demonstram que o tempo médio de tramitação da reclamatória trabalhista é de 243 (duzentos e quarenta e três) dias na fase de conhecimento, e de 1010 (mil e dez) dias na fase de execução, correspondendo o tempo total a aproximadamente três anos e cinco meses. Enquanto isso, o benefício do seguro-desemprego é concedido por um período máximo variável de três a cinco meses.[69]

Há, portanto, uma defasagem de três anos, em que o trabalhador se verá sem poder contar com a quitação do seu débito salarial, tampouco como benefício do seguro-desemprego. Acrescida a esse fato a dificuldade de recolocação no mercado de trabalho, acarreta-se um contexto em que o trabalhador não só resistirá ao ajuizamento da ação trabalhista visando ao rompimento contratual por justa causa do empregador, como, em eventualmente ingressando com a reclamatória, estará propenso a aceitar acordos, inclusive com parcelamentos e renúncias a direitos, dada a sua nítida hipossuficiência, ampliando as vantagens auferidas pelo empregador em decorrência do descumprimento da legislação trabalhista.

[67] Mais dados sobre o desemprego em 2019 e as subsequentes atualizações podem ser encontrados no site do IBGE: https://www.ibge.gov.br/explica/desemprego.php.

[68] Relatório completo disponível no site do Tribunal Superior do Trabalho: http://www.tst.jus.br/web/estatistica/jt/prazos.

[69] V. Lei 7.998, de 11 de janeiro de 1990.

Também em decorrência da relação de dependência a que está sujeito o empregado face ao empregador (Nascimento, 1985; Alemão, 1997; Delgado, M., 2019), há um poderoso óbice à cobrança de salários durante o curso do contrato de trabalho: o medo da despedida retaliativa. Apenas de forma incipiente se garante o direito de indenidade do trabalhador, ou seja, a proteção contra a despedida retaliativa, em retribuição ao exercício regular do direito de ação.[70]

Assim, em tese, o empregado tem o salário protegido dado os comandos constitucionais previstos no inciso X do artigo 7º da Constituição Federal e no artigo 459 da CLT, e, também, hipoteticamente, tem o acesso ao judiciário garantido em todos os momentos do contrato, por força do inciso XXXV do artigo 5ª da Carta Magna.[71] Na prática, porém, condições sociais e econômicas pertinentes à realidade do trabalhador e à própria relação de emprego, o deixam desprotegido (Alemão, 1997; Carvalho, 2016).

A necessidade de consideração das questões de fato para a garantia da efetivação do direito material por meio do acesso ao judiciário é sublinhada por Vitor Salino de Moura Eça e Aline Carneiro Magalhães (2014). Rememoram os autores que a partir do Estado Social se passou a entender que não bastava a lei garantir formalmente tal direito (de acesso à justiça), ela deveria oferecer meios para o seu exercício, levando em consideração as diferenças fáticas dos cidadãos na qualidade de jurisdicionados. Para tanto, aos que não podiam pagar custas processuais sem comprometimento do sustento próprio ou de sua família foi conferida a isenção de custas. Aos que não tinham recursos financeiros para contratar um advogado, o Estado forneceu o serviço de assistência judiciária e, assim, foi criando meios para que as pessoas pudessem realmente ir à Justiça.

Assim, também a situação socioeconômica do empregado deve ser levada em conta no que tange ao acesso à justiça, para que se reconheça

[70] Sobre direito de indenidade, há interessante obra do Ministro Augusto Cesar Leite de Carvalho: Garantia de Indenidade no Brasil: O Livre Exercício do Direito Fundamental sem o temor de represália patronal. São Paulo: LTr, 2013.

[71] XXXV – a lei não excluirá da apreciação do Poder Judiciário lesão ou ameaça a direito;

que o medo de perder o emprego e a dependência econômica restringem o acesso do trabalhador, individualmente, à justiça.

2.3.7 Outras formas de proteção jurídica do salário

Por derradeiro, merecem menção outros dispositivos de leis que visam à proteção do salário, em face dos credores do próprio empregado, e ante os credores do empregador.

O artigo 833, IV, do Código de Processo Civil de 2015 salvaguarda os salários dos credores do próprio empregado, declarando a respectiva impenhorabilidade, o que demonstra que, a despeito de não colocar à disposição do empregado meios efetivos de cobrança de seu salário, o ordenamento jurídico reconhece a essencialidade do salário para o sustento próprio e de sua família, para a satisfação de suas necessidades fundamentais, conforme abordado no primeiro capítulo da presente pesquisa.

O artigo 83, I, da Lei n. 11.101, de 9 de fevereiro de 2005, que regula a recuperação judicial, a extrajudicial e a falência do empresário e da sociedade empresária resguarda os créditos salarias perante os demais credores do empregador, conferindo preferência aos créditos derivados da legislação do trabalho, limitados a 150 (cento e cinquenta) salários mínimos. Esse privilégio de crédito, todavia, não se verifica na prática, mormente durante a relação contratual, pelos fatores já mencionados, e como exposto por Victor Hugo Fonseca Carvalho (2016, p. 65):

> A dissonância entre legislação e mundo dos fatos, no tocante ao privilégio do crédito trabalhista, dá-se em virtude do credor empresário possuir maiores conhecimentos e melhores condições de tutela dos seus direitos do que o credor trabalhista (empregado).

Ante a todo explanado no presente capítulo, pode-se concluir que os instrumentos à disposição do trabalhador, individualmente, não proporcionam a garantia do percebimento de seus salários no prazo legal. O trabalhador, portanto, para o exercício de seu direito ao percebimento do salário no prazo adequado, precisará contar com as garantias institucionais estabelecidas, ou seja, com a atuação das entidades sindicais e do Ministério Público do Trabalho em sua defesa (Carvalho, 2016), conforme será abordado a seguir.

CAPÍTULO 3
O PAPEL DAS ENTIDADES SINDICAIS NA LUTA CONTRA O ATRASO CONTUMAZ DE SALÁRIOS

O papel das entidades sindicais[72] envolve o exercício do poder-dever inserto no artigo 8º da Constituição Federal. Abrange a participação na negociação coletiva, na greve e a propositura de ações judiciais, tais como o Dissídio Coletivo, a Ação de Cumprimento e a Ação Civil Coletiva. O objetivo do presente capítulo é traçar, de forma fundamentada, um panorama das possibilidades que detém o Sindicato para defender o direito ao recebimento tempestivo do salário, analisando alguns pontos relativos ao exercício, na prática, da prerrogativa sindical de representação da categoria. Não se tem a pretensão, todavia, de esgotar todos os aspectos de cada forma de atuação, tendo em vista o objeto e o formato da presente pesquisa.

3.1 Negociação coletiva

3.1.1 Liberdade sindical e negociação coletiva

A negociação coletiva pressupõe, necessariamente, a liberdade sindical, pois, para que consiga negociar, o sindicato precisa existir e poder atuar livremente.[73] Nesse sentido, a liberdade sindical e o efetivo reconhecimento da negociação coletiva foram insertos na Declaração da Organiza-

[72] O termo "entidades sindicais" abrange os sindicatos, as federações e as confederações. Os sindicatos são as associações profissionais e econômicas de primeiro grau, e as federações e confederações são as associações de grau superior. (Santos, 2019).

[73] Ricardo Britto Pereira (2016, p. 81) leciona: "Já sem autonomia não é possível cogitar de um modelo de liberdade sindical como direito fundamental, sendo, portanto, o eixo para a interpretação das normas jurídicas em matéria sindical".

ção Internacional do Trabalho de 1998 como princípios fundamentais a serem observados pelos Estados-Membros, independentemente da ratificação das Convenções respectivas.[74]

Brito Filho (2018) ressalta a importância do direito de os Sindicatos deterem a liberdade de exercício das suas funções; praticarem as ações necessárias para a adequada representação dos interesses das categorias profissionais e econômicas; e exercerem a função negocial, praticando a negociação coletiva, decorrente da autonomia privada coletiva de que dispõem.

Assim, a liberdade sindical e o efetivo reconhecimento da negociação coletiva estão enumerados dentre as *core obligations* para os Estados-Membro da Organização Internacional do Trabalho, por serem direitos por meio dos quais podem ser garantidos os demais. A esse princípio, correspondem duas Convenções principais: a Convenção 87 e a Convenção 98, tendo apenas a última sido ratificada pelo Brasil, o que é objeto de crítica por abalizada doutrina (Leite, 2006; Delgado, M., 2017; Santos, 2019; Melo, 2017).

A Convenção n. 87 estabelece que as organizações sindicais têm direito a organizar suas atividades sem qualquer ingerência das autoridades públicas (Oficina Internacional Del Trabajo, 2018). A Convenção n. 98 dispõe, ainda, sobre a adequada proteção dos trabalhadores contra quaisquer atos atentatórios à liberdade sindical em matéria de emprego. O Comitê de Liberdade Sindical reconhece o conjunto das Convenções n. 87 e 98 como um patamar mínimo, ao qual podem ser adicionadas garantias suplementares:

> 56. El nivel de protección del ejercicio de los derechos sindicales que se deriva de las disposiciones y principios de los Convenios núms. 87 y 98 cons-

[74] 2. Declara que todos os Membros, ainda que não tenham ratificado as convenções aludidas, têm um compromisso derivado do fato de pertencer à Organização de respeitar, promover e tornar realidade, de boa fé e de conformidade com a Constituição, os princípios relativos aos direitos fundamentais que são objeto dessas convenções, isto é: a) a liberdade sindical e o reconhecimento efetivo do direito de negociação coletiva; b) a eliminação de todas as formas de trabalho forçado ou obrigatório; c) a abolição efetiva do trabalho infantil; e d) a eliminação da discriminação em matéria de emprego e ocupação (Organização Internacional do Trabalho, 1998).

> tituye un mínimo al que pueden añadirse y es deseable que se añadan otras garantías suplementarias derivadas del sistema constitucional y legal de un país dado, de la tradición en materia de relaciones profesionales, de la acción sindical o de la negociación entre los interesados. (Oficina Internacional Del Trabajo, 2008, p. 25).

As duas convenções oportunizam o exercício da liberdade sindical (nela contida a negociação coletiva e a greve) pelos sindicatos, perante o Estado e perante os empregadores. (Pereira, R., 2007).

Kalil (2017) destaca a densidade normativa da liberdade sindical nos instrumentos internacionais com *status* infraconstitucional e supralegal, registrando a previsão da liberdade sindical no Pacto Internacional dos Direitos Civis e Políticos (art. 22, 2), no Pacto Internacional de Direitos Econômicos, Sociais e Culturais (art. 8º, 4), na Convenção Americana de Direitos Humanos (art. 16) e no Protocolo de San Salvador (art. 8º), todos ratificados pelo Brasil na década de 1990.

No ordenamento jurídico interno, especialmente na Constituição da República de 1988, Maurício Godinho Delgado (2017) assinala a coexistência de dispositivos democratizantes e tendentes à garantia da liberdade sindical e de disposições associadas ao velho sistema, que desprestigiava a referida liberdade. Exemplifica estes últimos justamente com os incisos II e IV do artigo 8º, que tratam, respectivamente, da limitação da criação de um único sindicato de cada categoria por base territorial (com área não inferior a um Município), e da contribuição confederativa.

A unicidade macula a liberdade de organização sindical, pois institucionaliza o monopólio e exige a caracterização do grupo no conceito de categoria desenhado pelo artigo 511 da CLT, além de limitar a base territorial mínima (Kalil, 2013). Pamplona Filho (2019) a caracteriza como "famigerada[75]", e destaca que ela é um obstáculo ao exercício equilibrado da liberdade sindical. Também Leite (2006) lamenta o estabelecimento

[75] A expressão "famigerada" foi utilizada pelo autor (Pamplona Filho, 2019, p. 10), e decidiu-se reproduzi-la, pois bem resume o sentimento do mencionado autor. Em consulta ao Dicionário Etimológico da Língua Portuguesa (Cunha, 2012), encontra-se que apesar de a origem do vocábulo estar na palavra "fama", ele é usado para nomear indivíduo de má reputação.

desse regime sindical no Direito Brasileiro, e o aponta como limitador da liberdade sindical e da negociação coletiva.

Ricardo Britto Pereira (2010) detecta a incompatibilidade da unicidade com uma estrutura definitiva de organização sindical, sugerindo que não fosse integrada ao texto constitucional. O autor manifesta, ainda, certeza de que a unicidade acarreta uma limitação à organização sindical, que prejudica a atuação sindical de diversos modos, inclusive na defesa dos interesses individuais e coletivos dos trabalhadores (Pereira, R., 2016).

Conquanto as críticas à unicidade sindical sejam pertinentes e acertadas, o que se pretende na presente pesquisa é abordar a situação atual das entidades sindicais no Brasil, com as possibilidades que lhe são oferecidas no atual estado das coisas, com o objetivo de fomentar e respaldar essa atuação. Serão abordadas, pois, medidas que o Sindicato pode adotar em defesa do direito ao recebimento tempestivo aos salários pelos trabalhadores, consideradas as limitações e desafios do atual regime sindical no Brasil.

Nessa linha, ressalta Kalil (2017) que a unicidade sindical, embora sujeita a críticas, deve ser observada pelo Ministério Público do Trabalho em suas ações para promover e garantir a liberdade sindical. Britto Pereira (2010) também afirma a impossibilidade de desconsideração da unicidade, pois ela está inserta no texto Constitucional, e destaca que a atuação do Ministério Público deverá ser no sentido de defender a efetiva representatividade dos trabalhadores pelo Sindicato.

Assim, brevemente apresentado o questionamento doutrinário sobre o tema e a incompatibilidade com a normativa internacional, volta-se à análise do mecanismo da negociação coletiva no Brasil, sujeita à ordem constitucional desenhada pela Carta de 1988 e aos documentos internacionais ratificados pelo Brasil.

Carlos Henrique Bezerra Leite (2006) define a negociação coletiva como procedimento prévio, resultado do princípio da autonomia privada coletiva, que tem por objeto a criação de uma fonte formal para solucionar o conflito coletivo de trabalho, distinguindo a negociação coletiva como um processo do seu resultado: os instrumentos normativos dela resultantes.

Amauri Mascaro Nascimento (2011, p. 128) a conceitua com foco no poder normativo e na finalidade de elaboração de normas:

> A negociação coletiva é compreendida como uma forma de desenvolvimento do poder normativo dos grupos sociais segundo uma concepção pluralista que não reduz a formação do direito positivo à elaboração do Estado. É destinada à formação consensual de normas e condições de trabalho que serão aplicadas a um grupo de trabalhadores e empregadores. A negociação coletiva está na base da formação do direito do trabalho como uma das suas fontes de produção.

A Convenção n. 154 da Organização Internacional do Trabalho, que fixa a obrigação dos Estados de estimular a negociação coletiva, preceitua que a expressão:

> compreende todas as negociações que tenham lugar entre, de uma parte, um empregador, um grupo de empregadores ou uma organização ou várias organizações de empregadores, e, de outra parte, uma ou várias organizações de trabalhadores, com fim de
> a) fixar as condições de trabalho e emprego; ou
> b) regular as relações entre empregadores e trabalhadores; ou
> c) regular as relações entre os empregadores ou suas organizações e uma ou várias organizações de trabalhadores, ou alcançar todos estes objetivos de uma só vez.

No âmbito interno, a Constituição da República de 1988 reconhece os acordos e convenções coletivas[76] (art. 7º, XXVI), dispõe sobre a liberdade sindical (art. 8º, caput), fixa a obrigatoriedade de participação dos sindicatos na negociação coletiva (art. 8º VI), e atribui ao sindicato o poder-dever de defesa dos direitos e interesses coletivos ou individuais da categoria, inclusive em questões judiciais ou administrativas (art. 8º, III). (Bramante, 2017; Santos, 2019; Delgado, G.; Pereira, R., 2014).

[76] Que são o resultado da negociação coletiva, conforme detalhado no item 3.1.2 a seguir.

A negociação coletiva, de maneira rápida e eficiente, enseja a solução dos conflitos pelos próprios interlocutores sociais, os Sindicatos, como verdadeiros entes coletivos, que restabelecem o equilíbrio face ao poder empresarial (GUNTHER, 2008). Maurício Godinho Delgado (2017) bem sintetiza o poder e as limitações da negociação coletiva, caracterizando-a como poder inerente à sociedade civil, dotado de reconhecimento constitucional, e limitado pela própria Constituição e pela normativa nacional e internacional referente às conquistas em matéria de direito do trabalho. O autor ressalva a necessidade de a negociação consistir, efetivamente, em uma transação, e não em mera renúncia ou submissão.

Pode-se dizer, portanto, condensando os conceitos apresentados, que a negociação coletiva é um mecanismo à disposição dos sindicatos (representantes das categorias profissionais) para que, por meio de diálogo com os empregadores ou com os sindicatos da categoria econômica, possam criar regras e solucionar conflitos coletivos do trabalho, observada a moldura constitucional quanto aos seus limites e quanto ao seu objetivo de melhoria da condição social do trabalhador.

Além de respeitar os limites impostos pela Constituição, no sentido de não se admitir renúncia a direitos fundamentais já conquistados[77], a negociação coletiva deve, efetivamente, cumprir a sua finalidade essencial, qual seja, garantir a melhoria da condição de vida do trabalhador (DELGADO, M., 2017; LEITE, 2006). As entidades sindicais não devem, destarte, renunciar aos direitos fundamentais, devendo envidar esforços para os promover e os garantir (DELGADO, M., 2017).

A garantia dos direitos fundamentais assegurados à pessoa humana, especialmente àquelas pessoas que vivem da venda de sua força do tra-

[77] Sobre os limites da negociação coletiva, importante trazer as palavras de Mauricio Godinho Delgado, idealizador do princípio da adequação setorial negociada: "Pelo princípio da adequação setorial negociada, as normas autônomas juscoletivas, construídas para incidirem sobre certa comunidade econômico-profissional, podem prevalecer sobre o padrão geral heterônomo justrabalhista, desde que respeitados certos critérios objetivamente fixados. São dois esses critérios autorizativos: a) quando as normas autônomas juscoletivas implementam um padrão setorial de direitos superior ao padrão geral oriundo da legislação heterônoma aplicável; b) quando as normas autônomas juscoletivas transacionam setorialmente parcelas justrabalhistas de indisponibilidade apenas relativa (e não de indisponibilidade absoluta)". (DELGADO, M., 2017, p. 83).

balho, deve integrar a pauta da negociação coletiva, merecendo atenção especial (Gunther, 2008). Como supramencionado, o direito ao percebimento tempestivo de salário é um direito fundamental social[78], razão pela qual tem total pertinência como objeto da negociação coletiva, mas para ser protegido, não renunciado. Em harmonia com esse posicionamento, Pego (2012) defende haver responsabilidade das entidades sindicais de respeitar, proteger e efetivar os direitos fundamentais dos trabalhadores no âmbito de sua respectiva categoria. Santos (2019) aponta a necessidade de os entes sindicais assumirem a sua parcela de responsabilidade, utilizando os instrumentos jurídicos-políticos disponíveis para efetivar a proteção eficaz dos direitos fundamentais dos cidadãos e de suas comunidades.

3.1.2 Instrumentos decorrentes da negociação coletiva: Acordo Coletivo e Convenção Coletiva de Trabalho

Os resultados da negociação coletiva expressam-se por meio dos instrumentos normativos, que, no Brasil, correspondem à convenção coletiva e ao acordo coletivo (Delgado, M., 2017; Santos, 2017). Nesse sentido, Pamplona Filho e Mariana Fernandez (2019, p. 7) lecionam:

> A autonomia privada coletiva, que busca o interesse coletivo, é exercida, por excelência, nos atos típicos negociais, ou seja, na negociação coletiva do sindicato de trabalhadores com empresa (gerando um acordo) ou com sindicato patronal, gerando a convenção coletiva.

Os instrumentos coletivos destinam-se a regular situações *ad futurum*, criando preceitos gerais, abstratos e impessoais, consistindo em fontes normativas autônomas do Direito do Trabalho (Delgado, M., 2017). Ronaldo Lima dos Santos (2019, p. 44), caracteriza essa atividade dos Sindicatos de "regulamentadora", descrevendo as principais características das espécies do gênero "instrumentos normativos":

[78] Vide Capítulo 1.

Na sua atividade regulamentadora, os sindicatos participam da criação de normas e condições de trabalho por meio da elaboração de acordos e convenções coletivas, as quais serão aplicáveis aos contratos firmados entre empregados e empregadores representados pelas partes convenentes. Os acordos coletivos são firmados entre o sindicato profissional e uma ou mais empresas, ao passo que as convenções coletivas são pactuadas entre sindicatos e abrangem toda a categoria.

Esclarecem Gabriela Neves Delgado e Ricardo Britto Pereira (2014) que essa diferenciação subjetiva acarreta uma maior abrangência de aplicação da convenção coletiva em relação àquela do acordo coletivo, pois as convenções são construídas no âmbito da categoria, restringindo-se os acordos coletivos a uma ou algumas empresas.[79]

Outrossim, o artigo 620 da CLT, com a redação dada pela Lei n. 13.467, de 2017, estipula a prevalência das condições estabelecidas em acordo coletivo de trabalho sobre aquelas estipuladas em convenção coletiva. Essa redação enfraquece a negociação coletiva, e desestimula a firmatura de Convenções Coletivas, que seriam muito mais abrangentes, e pulverizam a tutela da categoria pelo sindicato, prejudicando a união da categoria, primado da entidade sindical. Nessa perspectiva, verifica-se uma redução da ordem de 14% (quatorze por cento) no número total de convenções coletivas registradas junto ao Ministério da Economia no ano de 2018[80], ou seja, após a entrada em vigor da Lei n. 13.467, de 13 de julho de 2017. Ademais, a fixação *a priori* da norma coletiva preponderante contraria o princípio da proteção, no que tange à aplicação da norma mais

[79] Maurício Godinho Delgado (2017, p. 211) refere ainda que a única diferenciação do Acordo Coletivo para a Convenção Coletiva é que o primeiro é firmado entre um Sindicato da Categoria profissional e uma ou mais empresas, enquanto a segunda é firmada entre um Sindicato da Categoria Profissional e um Sindicato da Categoria Econômica: "A par desse aspecto subjetivo, também do ponto de vista objetivo, os preceitos do acordo coletivo têm estatuto óbvio de regras jurídicas. Isso ocorre não somente por considerarem os trabalhadores em caráter universal (*uti universi*), e não em caráter individual (*uti singuli*), como ainda por terem esses preceitos evidente natureza geral, impessoal e abstrata. Conforme já exposto, as duas figuras jurídicas examinadas distinguem se em face dos sujeitos pactuantes e do âmbito de abrangência de suas regras jurídicas".

[80] Vide Tabela 1, a seguir.

favorável ao trabalhador, princípio da essência do Direito do Trabalho (PLA RODRIGUEZ, 1978).[81]

A despeito dos reveses sofridos com a promulgação da Lei n. 13.467, de 2017, há espaço para que, no âmbito dos instrumentos normativos, sejam fixadas normas protetivas do direito ao recebimento tempestivo do salário pelos integrantes de determinada categoria. Essa medida se faz extremamente recomendável ante a ineficiência das penalidades previstas em lei para o atraso de salários, conforme abordado no item 2.3.3 supra.

Sobre a necessidade de preenchimento desse espaço normativo, oportuna a lição de Ronaldo Lima dos Santos (2017, p. 192) sobre a autonomia privada coletiva:

> Sua concepção baseia-se na percepção social da existência de uma lacuna entre a norma geral e a particular, entre a abstração das normas gerais estatais e a excessiva concretude e singularidade das situações particulares (hiperespecíficas), cujo preenchimento dá-se pela esfera contratual coletiva.

As convenções e acordos coletivos são instrumentos formais, necessariamente submetidos à divulgação (DELGADO, M., 2017), e são registrados junto ao Ministério da Economia, que mantém banco de dados respectivo, denominado "Sistema Mediador".[82]

Em consulta a este sistema, nota-se de imediato que na classificação dos grupos e subgrupos de cláusulas normativas, o grupo "1" é o de "Salários, Reajustes e Pagamentos", sendo o subgrupo "1.3" "Pagamento de Salário: Formas e Prazo". A existência de um subgrupo destinado espe-

[81] Nesse ponto, Davi Furtado Meirelles (2020, p. 138), embora não rechace a Reforma Trabalhista como um todo, adotando um posicionamento moderado frente à flexibilização, reconhece: "Aparentemente, no entanto, algumas inconstitucionalidades, ainda que não diretas, mas reflexas, começam a despontar após uma análise mais apurada de toda a proposta. A eliminação do princípio de aplicação da norma mais favorável, em detrimento da norma mais específica, agora positivada na nova redação do art. 620 celetizado, parece ser uma delas, na medida em que o Direito do Trabalho é voltado para a proteção do trabalhador, como parte mais frágil na relação contratual.

[82] O banco de dados está disponível em: http://www3.mte.gov.br/sistemas/mediador/ConsultarInstColetivo. Acesso em: 30 ago. 2020.

cificamente para questões atinentes a forma e prazo de pagamento de salários mostra a possibilidade e a necessidade de inclusão deste tema na pauta das reivindicações e debates.

Foram consultados os instrumentos coletivos registrados em cada ano. Utilizou-se o filtro automático do Sistema Mediador para verificar, dentre eles, quantos documentos incluíam a cláusula específica referente a atraso de salários, chegando-se aos seguintes resultados:

TABELA 1

	Total de Instrumentos Coletivos Registrados	Instrumentos Coletivos Registrados com previsão de multa por atraso de salário	Percentual de instrumentos com multa por atraso salarial
2015	46571	1642	3,53%
2016	48563	1769	3,64%
2017	47572	1867	3,92%
2018	41223	2048	4,97%
2019	42303	1696	4,01%

Fonte: elaborada pela autora.

TABELA 2

	Total de Acordos Coletivos Registrados	Acordos Coletivos Registrados com previsão de multa por atraso de salário	Percentual de acordos coletivos com multa por atraso salarial
2015	37176	1163	3,12%
2016	38796	1288	3,31%
2017	37814	1400	3,70%
2018	32411	1637	5,05%
2019	32895	1284	3,90%

Fonte: elaborada pela autora.

TABELA 3

	Total de Convenções Coletivas Registrados	Convenções Coletivas Registradas com previsão de multa por atraso de salário	Percentual de Convenções coletivas com multa por atraso salarial
2015	6830	479	7,01%
2016	7012	476	6,78%
2017	6843	462	6,75%
2018	5864	407	6,94%
2019	6383	386	6,04%

Fonte: elaborada pela autora.

Dos dados acima compilados, nota-se que um percentual pequeno dos instrumentos coletivos contém a previsão de multa normativa pelo atraso salarial. Importa evidenciar a necessidade de proteger o direito fundamental ao recebimento do salário, conforme fundamentado nos Capítulos 1 e 2, de maneira a fomentar a inclusão desse tema em pauta, tanto na esfera legislativa quanto no âmbito da negociação coletiva.

Dentre as cláusulas tangentes ao atraso salarial, encontram-se diversas redações, algumas estipulando 1% (um por cento) de multa por dia de atraso, incidente sobre o valor devido ao empregado e revertido em favor deste, outras fixando multas progressivas de acordo com o tempo de atraso. Medida interessante é a determinação de pagamento prioritariamente através da rede bancária como medida de segurança.[83] Não seria

[83] O pagamento mediante depósito bancário evita a dúvida sobre o dia do efetivo pagamento, pois, no Ministério Público do Trabalho, recebem-se diversas notícias de fato de coação para assinatura retroativa do recibo de pagamento. A título exemplificativo, menciona-se o seguinte trecho de depoimento de testemunha ouvida nos autos do IC 000145.2012.09.005/0, e colacionado na Petição Inicial da Ação Civil Pública n. 0000181-61.2014.5.09.0025 ajuizada em Umuruama, pelo Procurador Ronildo Bergamo dos Santos: *o pagamento dos salários atrasava; que já chegou a receber no dia 19 em determinado mês; que a empresa lhe pedia, no entanto, para colocar nos recibos data retroativa.* Essa narrativa é frequente e se repete nas diversas Procuradorias, como será abordado no Capítulo 4.

pertinente reproduzir no presente trabalho as diversas cláusulas encontradas, mas cita-se, a título exemplificativo, a cláusula sétima do Acordo Coletivo de Trabalho firmado entre o Sindicato dos Trabalhadores na Indústria, Construção e do Mobiliário de Jaú e a Marmoraria Panelli & Cia Ltda:

> No caso de atraso de pagamento dos salários dos empregados, aplicar-se-á uma multa de 2% (dois por cento) no 1º dia, 4% (quatro por cento) no 2º dia, 6% (seis por cento) no 3º dia, 8% (oito por cento) no 4º dia, 10% (dez por cento) a partir do 5º dia, do respectivo salário do empregado e será corrigida monetariamente pela variação da TR, salvo problemas técnicos ou bancários. A multa será paga juntamente com os salários do mês subsequente. Os pagamentos deverão ser feitos, preferencialmente, através da rede bancária como medida de segurança.[84]

Por outro lado, ainda que a função precípua da negociação coletiva seja a melhoria da condição de vida do trabalhador, verifica-se que há situações em que as cláusulas negociadas importam em renúncias a direitos fundamentais, o que não pode ser admitido, ante a ordem constitucional. Nessa linha, especificamente sobre o direito tempestivo ao recebimento dos salários, os limites da negociação coletiva incluem a impossibilidade de acordar pagamento em data posterior àquela fixada no §1º do artigo 459 da Consolidação das Leis do Trabalho.[85]

Assim decidiu a Subseção Especializada em Dissídios Individuais do Tribunal Superior do Trabalho nos autos do Processo n. 86400-85.2008.15.0101, não reconhecendo como válida cláusula de norma coletiva que autorizava o pagamento de salários em data posterior ao previsto em lei, com fundamento na submissão da autonomia da norma coletiva ao princípio da reserva legal.[86] Essa decisão foi prolatada em Recurso de

[84] Registro nº SP001040/2019. Disponível em: www3.mte.gov.br/sistemas/mediador/Resumo/ResumoVisualizar?NrSolicitacao=MR000587/2019. Acesso em: 31 ago. 2020.

[85] Vide Capítulo 2, Item 2.3.1.

[86] RECURSO DE EMBARGOS REGIDO PELAS LEIS Nos 13.015/2014 E 13.105/2015. MULTA. AUTORIZAÇÃO EM NORMA COLETIVA PARA O PAGAMENTO DE SALÁRIOS APÓS O QUINTO DIA ÚTIL DE CADA MÊS. 1. A Eg. 5ª Turma deu provimento

Embargos, por divergência jurisprudencial, e a votação não foi unânime, havendo, de forma concomitante, jurisprudência da Corte Superior Trabalhista aceitando a flexibilização de prazo para pagamento de salário. A posição tendente a aceitar a transigência argumenta que a negociação coletiva pode até mesmo reduzir salários[87], e que poderia então, renunciar o prazo legal para o respectivo pagamento. No entanto, a redução dos salários por negociação coletiva em regra ocorre mediante redução de jornada, em um contexto restrito e fundamentado. Além disso, muitas vezes, tendo como contrapartida garantia de emprego pelo tempo equivalente ao tempo em que foi reduzido o salário, conforme dispõe, inclusive, o texto do §3º do artigo 611-A da CLT, com redação dada pela Lei n. 13.467, de 2017.

Não se nega, pois, a existência de posicionamentos contrários ao supramencionado, no entanto, a divergência jurisprudencial demonstra

ao recurso de revista da reclamada para excluir da condenação as multas decorrentes de atraso no pagamento de salários que tenha ocorrido até o dia 10 do mês subsequente ao mês trabalhado, sob o fundamento de que é válida a norma coletiva que elastece o prazo legal do art. 459 da CLT. 2. Entretanto, a autonomia da norma coletiva, em face do reconhecimento dos acordos e convenções coletivos (art. 7º, XXVI, CF/88) não é absoluta, uma vez que deva submeter-se ao princípio da reserva legal. Não se concebe a possibilidade de derrogação de texto expresso de Lei, de caráter imperativo. Assim, não se pode conferir validade à cláusula de norma coletiva que autoriza o pagamento de salários em data posterior ao previsto em Lei. 3. Inexistência, na hipótese, de situação excepcional que admita esta flexibilização. Recurso de embargos conhecido e provido. (E-ED-RR 86400-85.2008.15.0101, Relator Alberto Bresciani, Publicado no Diário de Justiça Eletrônico em 07/12/2018).

[87] 'NORMA COLETIVA. VALIDADE. AMPLIAÇÃO DO PRAZO PARA PAGAMENTO DE SALÁRIOS. 1. A Constituição Federal, a par de assegurar condições mínimas de trabalho, protege as convenções e acordos coletivos de trabalho, especialmente permitindo a flexibilização das condições de trabalho no tocante à matéria de salário e de jornada de labor. 2. Se a Constituição Federal, excepcionalmente, autoriza a flexibilização do princípio da irredutibilidade salarial, mediante negociação coletiva, com muito maior razão consente na ampliação do prazo para o pagamento de salários. 3. Válida cláusula de acordo coletivo que possibilita o pagamento de salários dos empregados até o dia 10 do mês subsequente ao mês trabalhado. 3. Recurso de revista de que se conhece e a que se dá provimento, no particular'. (BRASIL. Tribunal Superior do Trabalho. (1. Turma). RR- 91040-54.2002.5.15.0033. Relator: Min. João Oreste Dalazen, DJ de 02 de fevereiro de 2007).

a necessidade de reflexão sobre o tema. Entende-se, com base nos fundamentos apresentados no primeiro capítulo e na necessidade de contrapartida no cenário da transação, que o elastecimento do prazo para recebimento do salário importaria em renúncia a direito fundamental social, o que não pode ser admitido, pois não está abrangido pelo espaço concedido pela ordem constitucional à autonomia privada coletiva (artigo 7º, XXVI, da Constituição Federal).[88]

Essa situação insere-se na celeuma da prevalência do negociado sobre o legislado, decorrente das regras trazidas pela Lei. n. 13.467/2017, denominada "Reforma Trabalhista". Não se pode descuidar, entretanto, dos valores constitucionais analisados no item 2.1, que não sofrem qualquer alteração pela superveniência de lei ordinária. As arestas da autonomia privada coletiva são determinadas pela sua função social e pelo princípio da progressividade dos direitos sociais, devendo a negociação coletiva consagrar a tutela da coletividade representada (Santos, 2017). Assim, a ordem constitucional é que regula o equilíbrio entre o legislado e o negociado, de acordo com a necessidade de observância estrita dos princípios fundantes do Estado Democrático de Direito, dentre eles, o valor social do trabalho e a dignidade da pessoa humana.[89]

Sobressai a responsabilidade dos entes sindicais no âmbito da negociação coletiva, tanto para incluir nos instrumentos coletivos cláusulas protetivas do direito ao percebimento tempestivo do salário (cominando, por exemplo, multas por atraso), quanto para se abster de fazer constar nos instrumentos coletivos renúncias a esse direito, *exempli gratia*, tolerando o pagamento dos salários em data posterior àquela fixada em lei.

[88] Essa é também a posição de Bramante (2017, p. 144): Qualquer interpretação diversa e que resulte em efetiva renúncia de direitos deve ser repelida, eis que contrária à Constituição Federal, uma vez que nos termos do art. 7º, caput, apenas podem ser editadas normas que visem à melhoria da condição de trabalho e de acordo com o art. 8º, III, incumbe ao sindicato "...a defesa dos direitos e interesses coletivos ou individuais da categoria", sendo vedado, portanto, ao órgão de classe, a renúncia aos interesses de seus representados.

[89] Como já abordado supra (Capítulo 1 e Capítulo 2, 2.1).

3.2 Greve decorrente de atraso de salários

Inserto na liberdade sindical está o direito de greve, consubstanciado no artigo 9º da Constituição Federal (Pereira, R., 2007). Conquanto a Constituição não traga uma definição estrita, a lei ordinária a define como "a suspensão coletiva, temporária e pacífica, total ou parcial, da prestação de serviços a empregador". (Viana, 2007).

A greve é o paralelo da negociação coletiva, sendo o instrumento de pressão existente à disposição dos trabalhadores para compelir os empregadores a negociarem. Sem que houvesse possibilidade de greve, faltaria à negociação coletiva expressão de validade e de efetividade (Melo, 2017). A deflagração da greve pelos trabalhadores, por meio da organização sindical, é a medida a ser adotada quando esgotadas as possibilidades de negociação sobre as reivindicações dos trabalhadores. Explica Raimundo Simão de Melo (2017, p. 93):

> Cabe ao sindicato ou comissão de negociação, nas categorias não organizadas (arts. 4º, § 2º e 5º, da Lei n. 7.783/89), encaminhar a pauta de reivindicações formuladas e estabelecer prazo razoável para conclusão das discussões. As negociações devem ser reais e não meras encenações, como tem ocorrido em muitos casos. É claro que tal somente poderá ocorrer se houver mútuo empenho das partes, de maneira que, recusando-se a classe patronal a dar início ao acordo ou, respondendo simplesmente que não pode atender aos pleitos, resta configurado o pressuposto da prévia ou "exaustiva" negociação, para efeito não só do cumprimento da formalidade legal, como também para ajuizamento do dissídio coletivo.[90]

Verifica-se, pois, que a greve, além de consistir em um direito, é um instrumento, previsto e regulamentado pelo ordenamento jurídico, podendo ser utilizado para a cobrança de salários em atraso. Isto é, serve para compelir o empregador a cumprir a lei, e, ainda, a negociar a inclusão de cláusulas prevendo pagamento de multa pelo atraso de salários, abordada no item anterior. Nessa linha, oportuna a lição de Márcio Túlio Viana (2007, p. 99), que explana a greve a partir de três aspectos:

90 O dissídio coletivo será abordado no item 3.3.1.

> A greve é ao mesmo tempo pressão para construir a norma e sanção para que ela se cumpra. Por isso, serve ao direito de três modos sucessivos: primeiro como fonte material; em seguida, se transformada em convenção, como fonte formal; por fim, como modo adicional de garantir que as normas efetivamente se cumpram (mesmo as normas não conquistadas pela mesma greve, como também a própria lei).

A referência à greve como modo de garantia de efetividade dos direitos é pertinente ao tema da presente pesquisa, justamente por que aqui se pretende tratar, especificamente, sobre a greve por atraso de salários. Ela nada mais é do que uma greve para exigência do cumprimento da determinação legal de pagamento tempestivo dos salários. O DIEESE (2020) a caracteriza como uma espécie do gênero "greve defensiva".[91]

Melo (2017) conceitua a greve como o direito de não trabalhar e de, com isso, causar prejuízo ao empregador, e, nos serviços essenciais, também à coletividade. Explana que ausente qualquer prejuízo, não serviria a greve como meio de pressão ao empregador. Cristiano Paixão (2016) concebe a greve como instrumento de luta, como a imposição de um impasse nas relações sociais pela negativa de prestação do trabalho. Francisco Gérson Marques de Lima (2014) evidencia a complexidade da greve, ressaltando que ela engloba perspectivas sociais, econômicas, políticas, jurídicas e psicológicas, que giram em torno de um único eixo: a relação de trabalho.

A greve já chegou a ser considerada como crime, mas foi posteriormente reconhecida como direito, sendo consagrada como tal no Pacto Internacional de Direitos Econômicos, Sociais e Culturais das Nações Unidas em 1966. Atualmente, é amparada também pelos órgãos da Organização Internacional do Trabalho (OIT)[92], constituindo-se em corolário inseparável do direito de associação sindical protegido pela Convenção n.

[91] As greves denominadas defensivas são as que se caracterizam pela defesa de condições de trabalho vigentes, pelo respeito a condições mínimas de trabalho, saúde e segurança ou contra o descumprimento de direitos estabelecidos em acordo, convenção coletiva ou legislação (DIEESE, 2020, p. 5).

[92] Comitê de Liberdade Sindical, desde 1952, e Comissão de Peritos em aplicação de Convenções de Recomendações, desde 1959 (MELO, 2017).

87 da OIT (Melo, 2017). Foi elevada, ainda, a direito fundamental social no âmbito interno brasileiro.

Francisco Gerson Marques de Lima (2014) refere que na impossibilidade de evitar as greves, verificada na prática (já que as greves emergiam mesmo durante os períodos de proibição), decidiu-se por regulamentá-las, o que evidencia duas faces: a do reconhecimento e a da limitação. Britto Pereira (2007) esclarece que os limites ao exercício da greve somente se legitimam para a salvaguarda de outros valores cuja proteção se faça necessária.[93] Nessa perspectiva, trazem-se as palavras de Raimundo Simão de Melo (2017, p. 84):

> Deve, com efeito, haver uma harmonização entre o direito de greve e os demais direitos fundamentais da pessoa humana, colocando-se aquele exatamente a serviço destes, como é a hipótese da proteção e defesa do meio ambiente e da saúde do trabalhador, entre outros de semelhante envergadura. Tais limites estão: a) nos serviços ou atividades essenciais; b) no atendimento das necessidades inadiáveis da população; c) na punição aos abusos cometidos por conta do exercício da greve.

No entanto, esse direito individual de exercício coletivo, ou, nas palavras de Márcio Túlio Viana (2007, p. 100), esse "direito coletivo, que cada indivíduo pode e deve exercer" não encontra facilidade de implementação prática, sofrendo fortes e indevidas restrições. A doutrina vem detectando limitações excessivas ao exercício do direito de greve, tanto pela legislação, quanto pela jurisprudência (Paixão, 2016; Lima, F., 2014; Viana, 2007; Menezes, 2013), e até mesmo pela sociedade como um todo, o que Couce de Menezes (2013) chamou de "postura antigreve".

O exercício da greve pode causar um sentimento de desconforto não só para o empregador, como para a sociedade como um todo. Francisco Gerson Marques de Lima (2014) avalia a greve como direito resistido

[93] A Lei n. 7.783, de 1989, define os serviços e atividades essenciais em seu artigo 10, estipulando restrições específicas para a greve respectiva, nos artigos 11 a 13, como, por exemplo, a comunicação aos empregadores e usuários com 72 (setenta e duas) horas de antecedência, e a obrigatoriedade de manutenção da prestação dos serviços indispensáveis ao atendimento das necessidades inadiáveis da comunidade.

pelas empresas, pelo Poder Público, e, inclusive, pelo Poder Judiciário. Refere que ninguém gosta da greve, nem os próprios trabalhadores interessados, sendo ela utilizada como *ultima ratio*. Define, em suma, a greve como "um direito antipático".[94] Apesar dessa repulsa, esclarece Lima, a greve é um desconforto reconhecido como direito fundamental pelo ordenamento jurídico, por extrema necessidade.

Para além da aversão social bem identificada por Francisco Gerson Marques de Lima (2014), a própria Lei n. 7.783, de 28 de junho de 1989, impõe demasiadas restrições, que não se coadunam com o *status* de direito fundamental conferido à greve pela Constituição Federal. Nesse sentido, Paixão (2016) ressalta, ainda, que a lei nasceu por conversão de uma medida provisória, e que os requisitos ali estabelecidos são incongruentes com as diretrizes constitucionais. Carolina Mercante (2013) refere que a Medida Provisória que originou a lei seguia os parâmetros da Lei de Greve do governo militar, estabelecendo quórum mínimo para as assembleias sindicais deliberativas de greve, por exemplo. Ressalta que a atual lei de greve fragiliza o movimento paredista ao permitir a substituição dos grevistas por outros trabalhadores, para evitar prejuízos irreparáveis à propriedade, e ao determinar a necessidade de exaurimento da negociação coletiva e a necessidade de prévia notificação.

Acerca da previsão da necessidade de notificação prévia para as atividades não essenciais, Britto Pereira (2007, p. 133) argumenta que:

> Tal previsão retira dos sindicatos a possibilidade de deflagração de greves surpresas. Há a necessidade de avaliação, na aplicação do referido dispositivo legal, do contexto em que se verifica o conflito, podendo haver casos em que ferirá o dispositivo constitucional. Daí não ser recomendável sua aplicação de maneira isolada ou como regra de caráter absoluto.

Conquanto entenda que o requisito da comunicação, por si só, não atente contra o direito de greve, Raimundo Simão de Melo (2017) refere que, excepcionalmente, torna-se dispensável a notificação prévia. Exem-

[94] Greve: Direito antipático é o expressivo título do Livro de Lima (2014). Significativo, pois antipatia deriva do grego antipatheia, e equivale a "aversão espontânea, repugnância" (Cunha, 2012, p. 45).

plifica citando exatamente o caso da greve por atraso no pagamento dos salários. O autor fundamenta a exceção "em razão dos prejuízos irreparáveis para os trabalhadores" (MELO, 2017, p. 95).

Esse reconhecimento está em congruência com o quanto exposto no Capítulo 1 do presente trabalho e encontra respaldo na jurisprudência do E. Tribunal Superior do Trabalho, como se verá adiante, no item 3.2.2. Ademais, é preciso lembrar que as duas principais obrigações do contrato são: a prestação do trabalho (obrigação do empregado) e o pagamento do salário (obrigação do empregador).

Nesse ponto, é de se trazer à baila a *exceptio non adimplementi contractus*", princípio do Direito Civil positivado no artigo 476 do Código Civil de 2002, que dispõe "Nos contratos bilaterais, nenhum dos contratantes, antes de cumprida a sua obrigação, pode exigir o implemento da do outro". Rememora-se, ainda, que o §1º do artigo 8º da CLT determina a utilização do direito comum como fonte subsidiária do direito do trabalho. Desta forma, a interpretação sistemática dos artigos acarreta na verificação da impossibilidade de o empregador que estiver em mora salarial exigir a prestação de serviços pelo empregado em greve.[95]

3.2.1 Recorrência da greve decorrente do atraso de salários

Francisco Gerson Marques de Lima (2014), chama a atenção para a situação vivida pelo trabalhador[96], que está na contramão da repulsa social

[95] Nesse sentido, o Min Maurício Godinho Delgado, ao Relatar o RO-1000506-16.2019.5.02.0000, fez menção expressa ao termo "Exceção do Contrato Não Cumprido" ao decidir pela necessidade de pagamento dos dias de paralisação no caso de atraso de salários. (RO-1000506-16.2019.5.02.0000, Seção Especializada em Dissídios Coletivos, Relator Ministro Mauricio Godinho Delgado, DEJT 19/06/2020). A decisão será ainda abordada no item 3.2.2.

[96] "Nisto tudo, porém, nas informações incompletas, senão deturpadas, nas versões apresentadas ao público, há uma cortina que não se levanta devidamente: a situação do trabalhador, as iniquidades no trabalho. Elas estão lá, vivas, pulsantes; a razão de tudo, e todo o conflito, o móvel da paralisação. Muitas vezes dilacerando direitos, matando gente e adoecendo empregados. Quantos são humilhados, mortos, mutilados, caem doentes, padecem de assédio, são submetidos a jornadas acapachantes e a salários indignos até que concluam ser a greve a única forma de se fazer ouvir? A greve é, antes de tudo, um grito; um grito coletivo, desesperado, um clamor do operário; não é uma expressão de prazer nem de baderna" (LIMA, 2014, pp. 19/20).

ao exercício do direito de greve. Refere o autor que "no Brasil, inúmeras greves são deflagradas para obrigar a empresa ao óbvio: cumprir a legislação trabalhista" (2014, p. 23). Embora o texto de Lima tenha sido escrito em 2014, as informações fornecidas pelo Departamento Intersindical de Estatística e Estudos Socioeconômicos (DIEESE) demonstram que a afirmação é atual e que se prolonga, pelo menos, desde 2016.[97]

Analisados os dados referentes aos anos de 2016 a 2019[98], especificamente no que tange às greves na esfera privada, em função do recorte temático da presente pesquisa, elaborou-se o seguinte resumo, abordando a evolução do tempo de duração das greves, a sua abrangência e o percentual de greves que envolveu a reivindicação relativa à tempestividade dos salários:

TABELA 4

	Duração		Abrangência		Reivindicações	
	1 dia	Mais de 10 dias	Categoria	Empresa	Atraso de Salários	Outros temas
2019	60,40%	4%	6,90%	93,10%	63,00%	37%
2018	60,00%	8%	11%	88,90%	58%	42%
2017	55,00%	11%	9%	91%	64,50%	35,5%
2016	52,00%	9%	9,50%	90,50%	52,50%	47,5%

Fonte: elaborada pela autora.

[97] Nesse ponto, é preciso inserir uma ressalva. Em 2020, com a deflagração da indigitada "crise econômica decorrente da pandemia do novo coronavírus", abordada no item 3.4.3, houve alegações no sentido de que o descumprimento de direitos trabalhistas pelas empresas decorria diretamente das medidas sanitárias impostas. A análise que aqui se faz sequer inclui o ano de 2020, pois os dados, evidentemente não foram até o momento consolidados, e demonstram que o problema do atraso salarial precede, em muito, a referida situação excepcional ou extraordinária.

[98] Embora se pretendesse a análise dos últimos cinco anos, adotando o mesmo critério utilizado na elaboração da Tabela 1, supra, não fora disponibilizada pelo DIEESE a consolidação referente a 2015.

Nota-se que em todos os anos, mais de 50% (cinquenta por cento) das greves envolveram reivindicações relacionadas ao atraso de salários, dado ressaltado pelo DIEESE na ponderação sobre os números apresentados (DIEESE, 2017, 2018, 2019, 2020). O Departamento sublinhou, ainda, que em 89% (oitenta e nove por cento) das greves deflagradas na esfera privada em 2019 estiveram presentes reivindicações de caráter defensivo, ou seja, greves realizadas para exigir o cumprimento de normas, como já detectado por Francisco Gérson Marques de Lima (2014).

Essa tendência é diagnosticada desde 2016, e o DIEESE a aponta como resultado dos efeitos da piora nos indicadores de emprego e nos ganhos salariais (DIEESE, 2017). Em 2017 e em 2016, detectou-se uma concentração das greves no campo das reações imediatas e urgentes, *exempli gratia*, contra a realização de demissões e contra o atraso no pagamento de salários (DIEESE, 2018). O DIEESE aponta, ainda, comparativamente, que em 2013, apenas 20% (vinte por cento) da pauta era composta por reivindicações relacionadas ao atraso no pagamento de salários, décimo terceiro salário ou gratificação de férias (DIEESE, 2018, 2017).

A mesma propensão fora verificada em 2018, quando a exigência de pagamento de atrasados (salários, férias, 13º e vale salarial) compôs a pauta da maioria (58%) das greves deflagradas pelos trabalhadores da esfera privada (DIEESE, 2019). Ao comentar os dados referentes ao ano de 2018, ressalte-se, primeiro ano em que esteve integralmente vigente a Lei n. 13.467, de 2017, refere o DIEESE:

> Assim, as informações reveladas pelas greves dos trabalhadores permitem resumir a mudança dos cenários econômicos de 2012 a 2018 no contraste entre uma pauta reivindicatória complexa, crescente e inclusive defensiva, e a pauta atual – simples, reduzida e quase somente defensiva. O impacto das recentes mudanças promovidas no sistema de relações de trabalho, as incertezas de como e quando se dará a recuperação da economia brasileira –acentuadas agora pela nova configuração das forças políticas do país –dificultam a elaboração de prognósticos.
>
> Os reveses no mercado de trabalho, com o aumento do desemprego e o recuo do trabalho formalizado, certamente têm impacto negativo na disposição dos trabalhadores para a realização de paralisações, especialmente na esfera privada.

Ao ponderar sobre os dados relativos à 2019, o DIEESE ressalta que as greves ocorreram em ambiente hostil à sustentação de mobilização dos trabalhadores, fazendo referência à asfixia no financiamento das entidades sindicais[99], ao alto desemprego, ao avanço do trabalho informal, e que há uma queda, nos últimos três anos, no número de movimentos paredistas deflagrados (DIEESE, 2020).

Além da pauta majoritariamente defensiva, pode-se inferir do resumo dos dados expostos na "Tabela 2" que a absoluta maioria das greves ocorrem no âmbito das empresas, não abrangendo toda a categoria, e que a maior parte das greves têm curta duração. Esse último dado está em consonância com a lição de Lima (2014, p. 87):

> Por isso, para que possam atingir êxito, as greves precisam ser rápidas e eficazes. Eficaz é a greve que sensibiliza a empresa, alcançando-a em sua lucratividade e expondo-a ao público, promovida pelo menor número possível de trabalhadores. Daí, decorre o atendimento às reivindicações, total ou parcialmente. A rapidez consiste na obtenção de resultados em curto espaço de tempo.

Nota-se que as greves, a despeito do contexto desfavorável, acontecem, pois emergem da insatisfação dos trabalhadores, mas, tem-se voltado para defender a efetividade dos direitos já existentes, e não para conquistar novos, como outrora. Tendo-se em mente que o principal motivo ensejador do movimento paredista, atualmente, é a necessidade de efetivar os direitos decorrentes de lei ou de norma coletiva, especialmente o direito ao pagamento tempestivo do salário, passa-se à análise crítica da jurisprudência do Tribunal Superior do Trabalho quanto ao tema.

3.2.2 Jurisprudência

A doutrina justrabalhista vem apontando problemas na jurisprudência do Tribunal Superior do Trabalho, que vêm limitando o exercício do direito de greve. Nesse sentido, Cristiano Paixão (2016, p. 5) é enfático:

[99] Essa questão será melhor abordada no item 3.4.1, a seguir.

Porém, muito mais sérias são as limitações impostas pela jurisprudência de alguns tribunais trabalhistas, com destaque para alguns julgados oriundos da Seção Especializada em Dissídios Coletivos do TST. Desde a concessão de "interditos proibitórios" que acabam por prejudicar o exercício do direito de greve até a fixação de "percentuais mínimos" em serviços essenciais (que em algumas oportunidades chegam a 80% da força de trabalho), essas decisões, monocráticas ou colegiadas, representam um sério obstáculo ao regular exercício do direito de greve.

Nessa senda, Francisco Gerson Marques Lima (2014) ressalta que as liminares que caracterizam como ilegais os movimentos, bem como aquelas que exigem elevado percentual de manutenção de atividades, prejudicam o processo negocial, por ferir o equilíbrio entre as forças econômica e profissional. Ainda, há dois fatores adicionais nas decisões que prejudicam o exercício do direito de greve: a decretação de abusividade e ilegalidade de greves de maneira liminar, *inaudita altera pars*, sem produção de provas, e a ausência de apreciação da matéria de fundo quando perquiridas questões atinentes ao movimento paredista. A contradição entre o rápido abafamento do movimento paredista ocasionado pelo Judiciário e a ausência de concretização, pelo mesmo Poder, dos direitos vindicados pelos grevistas é diagnosticada com precisão por Lima (2014, p. 175):

> Quando se julga apenas o dissídio de greve – e o Judiciário normalmente conclui pela ilegalidade ou abusividade das greves, no Brasil – cria-se uma desigualdade na balança da justiça social, das relações de trabalho. É que sem o principal instrumento de reivindicação social os trabalhadores não poderão se contrapor, em igualdade, às propostas das empresas. Por isso, o Judiciário deve se policiar para não romper o equilíbrio entre as partes. Sua função é conter os excessos, verificar as formalidades no procedimento da greve e garantir o atendimento da população. No mais, a preocupação judicial há de ser a de manter o equilíbrio entre as forças e propiciar a ambiência adequada para o entendimento interpartes. Convém ao judiciário julgar, o quanto antes, o conflito em si.

É de se destacar que a greve não é um fato isolado, ela está inserida num contexto, e, no mais das vezes, como detalhado supra, tem sido deflagrada para buscar a simples efetivação de um direito já existente, que fica à margem da tutela judicial quando não há a resolução do conflito em si.

Um exemplo dessa ausência de resolução do conflito subjacente ao movimento paredista é o quanto decidido pela Seção Especializada de Dissídios Coletivos do Tribunal Superior do Trabalho nos autos do Dissídio Coletivo de Greve TRT-DC- 1000149-36.2019.5.02.0000.[100] Nesse caso, o Tribunal Regional do Trabalho da 2ª Região havia declarado a não abusividade da greve, e condenado a suscitada ao pagamento dos salários em atraso, além de aplicar penalidade, conforme o disposto no art. 1º do Decreto n. 368/68[101] e de determinar a indisponibilidade dos bens da suscitada como forma de garantir a quitação as dívidas. Conquanto a decisão da Corte Regional tenha se proposto a dar efetividade ao direito ao pagamento tempestivo dos salários, utilizando todo o aparato legal disponível para esse fim, a decisão foi reformada pelo Tribunal Superior do Trabalho, que decidiu, em suma, que "independentemente de haver ou não mora salarial, não há, portanto, previsão legal para adoção de outras providências além daquelas para as quais estão destinados os dissídios coletivos".

Em outras palavras, o Tribunal Superior deixou claro que não havia interesse do judiciário na solução da questão da mora salarial, e que não importava a ocorrência (ou não) da mora salarial, tendo em vista a natureza restritiva das regras processuais atinentes ao Dissídio de Greve. Detecta-se que a Corte Superior Trabalhista simplesmente declara ausência de solução para o problema, por uma suposta vedação legal, de cunho, ressalte-se, processual.

Cabe menção a outro trecho do referido acórdão:

> *In casu*, procede a pretensão recursal da Empresa, pois: a) a jurisprudência pacificada da SDC desta Corte considera que "não é ínsito aos dissídios coletivos decisão de natureza condenatória, salvo aquelas afetas à multa por descumprimento de liminares, custas e despesas processuais. Na mesma linha,

[100] Acórdão Publicado em 27/08/2020.

[101] Decreto que dispõe sobre as penalidades no caso de atraso de salários, previamente analisado no Capítulo 2, itens 2.3.2 e 2.3.3.

não é própria a esse tipo de ação a aplicação de medidas cautelares aptas a conferir efetividade ao provimento final. O Dissídio Coletivo de Greve, em particular, está vocacionado à solução das questões afetas à parede. Pode, entretanto, a Justiça do Trabalho decidir, quando assim postulado pelas partes ou pelo Ministério Público do Trabalho, as reivindicações, por força de permissivo previsto na Lei n.º 7.783/89.

A decisão embasou-se, ainda, na Orientação Jurisprudencial n. 3 da SDC, de 27 de março de 1998[102]: "São incompatíveis com a natureza e finalidade do dissídio coletivo as pretensões de provimento judicial de arresto, apreensão ou depósito". Ora, o dissídio coletivo não pode ter natureza condenatória, salvo para condenar os Sindicatos por descumprimentos de liminares, que são deferidas pelo Tribunal para proteger as empresas do suposto prejuízo causado pela greve. Melo (2017) ressalta que tal prejuízo é inerente ao gozo de efetivo exercício do direito. A possibilidade de impor condenações a apenas um lado da relação jurídica, o Sindicato da categoria profissional, fere, ainda, o princípio da paridade de armas no processo.[103]

Discordando dessa incompatibilidade, em outro julgado, embora vencido, o Min. Maurício Godinho Delgado ressalvou sua posição sobre a admissibilidade de decisões condenatórias em si de dissídio coletivo:

Sobre essa questão, convém esclarecer que existem julgados desta SDC em que, em situações de greves motivadas por mora salarial, já se admitiu a possibilidade de a decisão judicial fixar a obrigação de a Empresa cumprir com as determinações disciplinadas no art. 1º do Decreto-Lei 368/1968, como meio de pacificar o conflito. Este Relator, com base nessa jurisprudência, entende que deveria ser mantida a condenação referente ao item "g" do dispositivo do acórdão regional (justificativa de voto vencido nos fundamentos do presente acór-

[102] Note-se que a edição da Orientação Jurisprudencial é anterior ao Código Civil de 2002 e ao Código de Processo Civil de 2015.

[103] Garantido pelo artigo 7º do Código de Processo Civil de 2015. Marinoni, Arenhart e Mitidiero (2018) ao comentar o dispositivo, sustentam que deve haver igualdade no processo e igualdade pelo processo, que deve ser dada atenção tanto à igualdade dos meios processuais quanto à igualdade promovida pelo processo.

dão). Entretanto, a Douta maioria dos membros da SDC, seguindo o voto proferido pela Exma. Ministra Maria Cristina Irigoyen Peduzzi, decidiu excluir da condenação também a determinação de aplicação do disposto no item art. 1º do Decreto-Lei 368/1968 (item "g").[104]

A Orientação Jurisprudencial n. 3 da SDC parece, inclusive, estar em desacordo com os preceitos do novo Código de Processo Civil[105], especialmente aqueles insertos no artigo 8º, que determina que "ao aplicar o ordenamento jurídico, o juiz atenderá aos fins sociais e às exigências do bem comum, resguardando e promovendo a dignidade da pessoa humana [...]". Interessante a lição de Marinoni, Arenhart e Mitidiero (2018): "O processo civil serve para dar tutela aos direitos em uma dupla dimensão: prover justiça para o caso concreto e prover razões capazes de tornar o direito, a partir do caso concreto, menos indeterminado". Asseverar que não vem ao caso se houve ou não a mora salarial não corresponde à utilização do processo para dar concretude e determinação ao direito. Além disso, a questão não foi analisada sob a ótica do contrato comutativo, em que, para exigir a obrigação do outro, cada parte deverá cumprir com a sua, conforme supramencionado.

Não se olvide que a greve tem sido utilizada para reivindicações "defensivas"[106], justamente ante a falta de outros meios hábeis para efetivação dos direitos previstos com tanta centralidade e importância na Constituição Federal, como abordado no Capítulo 2.

Outrossim, Couce de Menezes (2013) critica o que denominou de "criminalização (ou inviabilização)" da greve, argumentando que essa prática é incompatível com os princípios do valor social do trabalho e da dignidade da pessoa humana, aos quais a greve dá concretude. Essa invia-

[104] BRASIL. RO-1000506-16.2019.5.02.0000, Seção Especializada em Dissídios Coletivos. Relator: Min. Mauricio Godinho Delgado, DEJT 19 de junho de 2020.

[105] Lembre-se que o artigo 769 da Consolidação das Leis do Trabalho determina a utilização do direito processual comum como fonte subsidiária do direito processual do trabalho, exceto naquilo em que for incompatível com as normas consolidadas. Evidentemente que a determinação de utilização do processo para resguardo de direitos fundamentais e para prover a justiça não está em desacordo com o Código de Processo Civil.

[106] Conforme analisado no item 3.2.1

bilização do exercício do direito de greve pelo Judiciário se dá não apenas nos autos dos Dissídios Coletivos que visam declarar sua abusividade, mas, também, pelos denominados "Interditos Proibitórios", instrumento duramente criticado por Ronaldo Lima dos Santos (2019, p. 409), que assevera:

> Outra prova contundente do desvirtuamento do interdito proibitório para direcioná-lo contra o próprio exercício do direito de greve consiste na concessão de mandados (ordens, injunções) voltados exclusivamente para a ameaça de greve, sem qualquer vinculação à eventual questão possessória ou com a prática de atos ilícitos, mas contra o mero prenúncio do exercício de um direito fundamental dos trabalhadores.
>
> Esta situação retrata não somente uma atecnia processual como um verdadeiro ato atentatório ao direito de greve dos trabalhadores. Atecnia processual porque a simples ameaça de greve nada mais constitui do que o prenúncio do exercício de um direito, constitucionalmente consagrado, pelos trabalhadores, não significando, *ab initio*, ameaça à posse; aliás, é pressuposto para o exercício regular do direito de greve a notificação prévia da parte contrária (Lei n. 7.783/89). Ato atentatório ao direito de greve porque, *in casu*, presume-se que todo movimento paredista é eivado do *animus dolandi* contra a posse, ignorando-se a estatuificação da greve como um direito fundamental, cuja presunção, *ope iuris*, é do seu exercício regular até prova em contrário da sua abusividade. Viola-se o princípio da presunção da boa-fé e da inocência.

No mesmo sentido, Raimundo Simão de Melo (2017) explana que na greve não existe justo receio de perda da posse, pois se trata de um fenômeno transitório, e defende a necessidade de os juízes do trabalho analisarem os interditos proibitórios com cautela, para não se descuidar da proteção do direito fundamental social à greve. Relata, ainda, que tem havido abusos patronais (especialmente pelos bancos) no ajuizamento de interditos proibitórios, o que constitui ato anitissindical e não deveria ser respaldado pelo Poder Judiciário. O referido autor faz menção à decisão de Relatoria do Min. Luiz Philippe Vieira de Mello Filho, prolatada em 2014, nos autos do Processo n. RR 253840-90.2006.5.03.0140, que condenou alguns bancos a pagarem indenização pela utilização indevida do interdito proibitório, caracterizada como ato anitissindical.[107]

Em sentido oposto, reforçando a validade do interdito proibitório e restringindo sobremaneira o exercício do direito de greve, figura a decisão prolatada pela Subseção Especializada em Dissídios Individuais, em 04/10/2019, cujo Relator foi o Min. Ives Gandra Martins Filho, que decidiu

> ser inviável a atribuição de prática de conduta antissindical a 2 (dois) bancos que ajuizaram, cada qual, apenas 1 (um) interdito proibitório no lídimo interesse de proteger a posse, o funcionamento do sistema financeiro, a segurança e o direito dos clientes e o direito dos empregados que não aderiram à greve.[108]

[107] "Todavia, já existe decisão turmária do C. TST indicando a necessidade de mudança na postura de muitos membros do Judiciário frente ao direito de greve, que, apenas diante das informações unilaterais das empresas concedem interditos proibitórios, cujo objetivo é, exclusivamente, acabar com a greve, como se vê da decisão proferida pela Sétima Turma do Tribunal Superior do Trabalho, em Ação Civil Pública movida pelo Sindicato dos Empregados em Estabelecimentos Bancários de Belo Horizonte e Região (Proc. n. RR 253840-90.2006.5.03.0140, Rel. Luiz Philippe Vieira de Mello Filho), que condenou alguns Bancos (ABN AMRO Real S.A., Santander Banespa S.A., Itaú S.A., União de Bancos Brasileiros S.A. – UNIBANCO, Mercantil do Brasil S.A., Bradesco S.A., HSBC Bank Brasil S.A. – Banco Múltiplo e Safra S.A) a pagarem indenização à classe trabalhadora por terem se utilizado indevidamente da via judicial como forma de impedir o exercício do direito de greve, o que foi caracterizado como conduta anitissindical" (MELO, 2017, p. 206).

[108] "I) EMBARGOS INTERPOSTOS PELOS BANCOS RECLAMADOS SOB A ÉGIDE DA LEI 13.015/14 – ANÁLISE CONJUNTA – AÇÃO CIVIL PÚBLICA AFORADA PELO SINDICATO OBREIRO, COM PEDIDO DE INDENIZAÇÃO POR DANO MORAL COLETIVO – DIREITO DE GREVE – AJUIZAMENTO SIMULTÂNEO DE INTERDITOS PROIBITÓRIOS POR INSTITUIÇÕES BANCÁRIAS – NÃO CONFIGURAÇÃO DE CONDUTA ANTISSINDICAL OU ABUSIVA DE DIREITO – PROVIMENTO. [...] 4. Assim, in casu , não se vislumbra nenhum abuso do direito à utilização do instrumento processual assecuratório da propriedade, tendo em vista que: a) foram deferidas aos bancos, ora Embargantes, 8 (oito) medidas liminares pela Justiça Estadual Comum (juízo competente à época), dentre os 21 (vinte e um) interditos proibitórios aforados simultaneamente pelas instituições bancárias, o que impede nova apreciação de tais requisitos pela Justiça Laboral; b) apenas 6 (seis) bancos se utilizaram do interdito proibitório, em face do Sindicato obreiro (terceiro maior do país, como consta em seu site), cuja base

É nítida a prevalência do direito de posse, do direito econômico, ao direito fundamental social, imposta, veja-se, pelo Tribunal Superior do Trabalho.

A jurisprudência traz, destarte, empecilhos para a implementação do direito de greve na prática, que se somam aos demais desafios à atuação sindical que serão abordados no item 3.4 do presente Capítulo, tornando hercúlea a tarefa dos sindicatos de tentar equilibrar as forças da relação de trabalho.

Não se pode deixar de referir, entretanto, alguns momentos em que a essencialidade do direito ao pagamento tempestivo dos salários é reconhecida por decisões do Tribunal Superior, com destaque à sua nota de fundamentalidade, que é capaz de relativizar algumas restrições impostas pela Lei n. 7.783/89. Nesse sentido, nos autos do Processo n. TST-RO-5681-50.2016.5.15.0000, a Seção Especializada em Dissídios Coletivos do Tribunal Superior do Trabalho declarou a não abusividade do movimento paredista, mesmo inobservada a notificação prévia de 48 horas determinada em lei, ressaltando a alta reprovabilidade da conduta da empregadora, que incorreu na mora salarial que ensejou a greve:

> Depreende-se, das considerações de ambas as partes, que a greve foi iniciada sem nenhuma tentativa de negociação prévia e sem que a empresa fosse anteriormente comunicada, além de que nada há acerca da aprovação dos trabalhadores quanto à deflagração do movimento.
>
> Ocorre que este Colegiado tem considerado concebível que os trabalhadores paralisem suas atividades, até mesmo sem cumprirem os requisitos formais da Lei de Greve, "quando esgotado o limite de sua tolerância relativamente

territorial abrange a cidade de Belo Horizonte(MG) e Região, compreendendo 152 (cento e cinquenta e duas) cidades e 1.787 (um mil e setecentas e oitenta e sete) agências bancárias, conforme dados da época, em outubro de 2007, daí porque ínfimo o número de 21 ações possessórias ajuizadas naquele período; c) não se pode atribuir, ainda, prática de conduta antissindical a 2 (dois) bancos que ajuizaram, cada qual, apenas 1 (um) interdito proibitório no lídimo interesse de proteger a posse, o funcionamento do sistema financeiro, a segurança e o direito dos clientes e o direito dos empregados que não aderiram à greve, razão pela qual exerceram tão somente o direito de ação assegurado pelo art. 5º, XXXV, da CF; d (E-ED-ED-RR-253840-90.2006.5.03.0140, Subseção I Especializada em Dissídios Individuais, Redator Ministro Ives Gandra Martins Filho, DEJT 04/10/2019).

> à inadimplência salarial da Empresa e aos riscos decorrentes de más condições de trabalho a que são submetidos" (RO-5723-07.2013.5.15.00000, Relª Minª Maria de Assis Calsing, DEJT de 17/10/2014). Também busca mitigar a diretriz de que é devido o desconto dos dias de paralisação, por se tratar da hipótese de suspensão do contrato de trabalho, quando a greve decorre de conduta reprovável do empregador, como, por exemplo, no caso da mora salarial.
> Isso porque, a mora salarial, pela gravidade de que se reveste como infração contratual e pelos transtornos que acarreta ao empregado, adquire relevância tal que pode conduzir a um exame menos rigoroso do cumprimento dos requisitos formais, cuja observância se faz necessária antes da deflagração da greve (TST-RO-5681-50.2016.5.15.0000, Seção Especializada em Dissídios Coletivos, Relatora Ministra Dora Maria da Costa, DEJT 17/02/2017).

Com o mesmo argumento, reconhecendo a inadequação da conduta do empregador que atrasa o salário, a jurisprudência do Tribunal Superior do Trabalho determina, ainda, excepcionalmente, o pagamento dos dias parados aos grevistas. Nesse sentido, cita-se, a título exemplificativo, o seguinte trecho da decisão prolatada nos autos do RO 21836-66.2018.5.04.0000:

> Entretanto, em determinadas situações, como nos casos em que a greve decorra de conduta reprovável do empregador, como, por exemplo, o atraso no pagamento de salários, é devido o pagamento dos dias parados aos grevistas. No caso em exame, é fato incontroverso que a motivação da greve foi a mora no implemento do reajuste salarial deferido por sentença normativa.[109]

No mesmo sentido, a já mencionada decisão nos autos do Processo n. 1000506-16.2019.5.02.0000, em que o Relator, Min. Maurício Godinho Delgado fez menção, inclusive, à exceção do contrato não cumprido, mencionada supra:

[109] BRASIL. Tribunal Superior do Trabalho. RO-21836-66.2018.5.04.0000, Seção Especializada em Dissídios Coletivos. Relatora: Min. Katia Magalhaes Arruda, DEJT 16 de julho de 2020.

No caso concreto , embora o movimento paredista tenha ocorrido durante a vigência do instrumento normativo heterônomo, os fatos que ensejaram a paralisação foram bastante relevantes e graves, pois houve inadimplemento de direitos fundamentais para viabilizar o curso normal da prestação de trabalho: o atraso no pagamento dos salários relativo ao mês de fevereiro de 2019, nos termos da Cláusula 12ª da CCT 2018/2019; o não pagamento da terceira parcela do 13º salário de 2018 (parcelado em 4 prestações); e a necessidade de regularização das férias e depósitos do FGTS, bem como do fornecimento de EPI, vale-transporte, e outros benefícios previstos em norma coletiva, tais como cesta básica e convênio médico. Tais circunstâncias representam desrespeito grave da Empregadora às suas obrigações tanto legais como convencionais, tornando válida a paralisação dos respectivos trabalhadores afetados pelos diversos descumprimentos e envolvidos no respectivo movimento paredista, com apoio na excludente de abusividade da greve prevista no parágrafo único do art. 14 da Lei 7.783/89 e na regra da exceção do contrato não cumprido.

Paradoxalmente, a Corte Superior Trabalhista reconhece a fundamentalidade do direito ao pagamento tempestivo de salários, chegando a alertar que em certas situações, esgota-se "o limite de tolerância do empregado relativamente à inadimplência salarial da Empresa"[110], e, de outro, deixa de condenar a empresa a pagar os salários atrasados, abstendo-se de decidir acerca da questão de fundo causadora da deflagração do movimento paredista.

3.3 Atuação judicial

Para além da negociação coletiva e da organização de movimentos grevistas, o Sindicato pode, ainda, representar os trabalhadores em juízo, na forma preconizada pelo inciso III do artigo 8º da Constituição Federal. O poder-dever de representação inserto neste dispositivo abrange a assistência jurídica individual e ações de caráter coletivo.

A assistência jurídica individual decorre de lei e é sempre provocada pelo trabalhador, que procura o Sindicato especificamente para

[110] BRASIL. Tribunal Superior do Trabalho. RO-5723-07.2013.5.15.00000, Relatora: Min. Maria de Assis Calsing, DEJT de 17 de outubro de 2014.

esse fim, ocorrendo na forma estabelecida no artigo 14 da Lei n. 5.584, de 26 de junho de 1970. Embora seja essa uma atividade também relevante, optou-se por destacar ações de iniciativa do próprio Sindicato, com caráter coletivo, com potencial para contribuir na defesa do direito ao percebimento tempestivo do salário durante o curso do contrato de trabalho, quais sejam: o dissídio coletivo, a ação de cumprimento e a ação civil coletiva.

3.3.1 Dissídio coletivo

A própria subsistência do dissídio coletivo no ordenamento jurídico brasileiro é objeto de críticas. (Santos, 2019; Melo, 2013). Raimundo Simão de Melo (2013) destaca que o Brasil é um dos únicos países do mundo que adota essa modalidade de solução de conflitos coletivos, e Ronaldo Lima dos Santos destaca que o dissídio coletivo, especialmente após a Emenda Constitucional n. 45/2004, tornou-se uma figura "teratóide".[111]

A despeito das críticas, ambos autores afirmam a necessidade de se conhecer e estudar as potencialidades do instituto, enquanto existente no ordenamento jurídico. Raimundo Simão de Melo (2013, p. 63) assim define o dissídio coletivo:

> O dissídio coletivo, pois, numa definição mais abrangente, é o processo por meio do qual se discutem interesses abstratos e gerais, de pessoas indeterminadas (categorias profissional e econômica), com o fim de se criar, modificar ou extinguir condições gerais de trabalho, de acordo com o princípio da discricionariedade, atendendo-se aos ditames da conveniência e da oportunidade e respeitando-se os limites mínimo e máximo previstos em lei (Constituição Federal, art. 114, § 2º, e CLT, art. 766).

O núcleo do dissídio coletivo de natureza econômica é a fixação de normas e condições de trabalho, ou seja, o exercício do poder normativo pela Justiça do Trabalho, após o exaurimento das tentativas de negociação coletiva. A menção ao dissídio coletivo de natureza econômica ocorre

[111] Destaco que o radical terat (o) corresponde a "monstro", tendo origem grega, conforme consulta ao Dicionário etimológico da língua portuguesa (Cunha, 2012, p. 630), o que evidencia a dureza da crítica feita pelo abalizado jurista.

para diferenciá-lo daquele de natureza jurídica, cuja finalidade principal é dirimir controvérsia a respeito de normas, como cláusulas de sentenças normativas, acordos e convenções coletivas de trabalho, disposições legais particulares de categoria profissional ou econômica e de atos normativos. (Santos, 2019).

A natureza jurídica do dissídio coletivo de natureza econômica é constitutiva (Santos, 2019). Ressalva Melo (2013) a natureza é dúplice: constitutiva e dispositiva, pois enquanto as ações constitutivas comuns utilizam como base o ordenamento jurídico pré-existente, o dissídio coletivo cria o próprio embasamento jurídico, por meio do exercício do poder normativo. Ambos os autores mencionam que, em regra, ele não tem natureza condenatória, à exceção das questões incidentais, como o pagamento de dias de paralisação, as multas, as custas processuais. Quanto ao dissídio de greve, especificamente, Santos (2019) refere que o dissídio tende a adotar uma natureza mista, podendo envolver, ainda, provimentos declaratórios, como as decretações de abusividade ou não do movimento.

Uma das questões que levantou polêmica na doutrina e na jurisprudência foi a exigência do comum acordo para o ajuizamento do dissídio coletivo, introduzida pela Emenda Constitucional n. 45, de 2004, tendo sido aventada sua incompatibilidade com o princípio da inafastabilidade da jurisdição (artigo 5º, XXXV da Constituição Federal). A exigência do comum acordo, para Ronaldo Lima dos Santos, decorreu de uma dúvida entre a manutenção e a supressão do instituto do dissídio coletivo, pelo Poder Constituinte Derivado, que acabou posicionando o dissídio coletivo em uma posição intermediária entre a arbitragem privada e o processo judicial.

A Jurisprudência do Tribunal Superior do Trabalho se firmou no sentido da constitucionalidade da exigência de comum acordo, enfatizando que não é exigida, necessariamente, petição comum. Requer-se, apenas, ausência de oposição expressa da parte, antes ou após a propositura do dissídio coletivo.[112] No mesmo sentido, em decisão recente, o Supremo

[112] *Exempli grati*, a seguinte Ementa: "DISSÍDIO COLETIVO. RECURSO ORDINÁRIO. FALTA DO MÚTUO ACORDO. ARTIGO 114, § 2º, DA CONSTITUIÇÃO FEDERAL DE 1988. EXTINÇÃO DO PROCESSO SEM RESOLUÇÃO DO MÉRITO. Com a edição da

Tribunal Federal, ao julgar o mérito da ADI 3423, decidiu que não havia inconstitucionalidade na alteração decorrente da Emenda Constitucional n. 45, e que a exigência de comum acordo visou privilegiar a autocomposição.[113] Assim, resta incólume a necessidade de comum acordo para o ajuizamento do dissídio coletivo, que, no entanto, pode ser demonstrada no curso do próprio processo, com a ausência de oposição expressa, ou com a participação do suscitado em audiências de conciliação, por exemplo. (MELO, 2013).

O objetivo da Emenda Constitucional n. 45, nesse ponto, foi de fato impor certas limitações ao poder normativo da Justiça do Trabalho, dentre as quais figuram: a atuação no vazio da lei, a observância dos pre-

Emenda Constitucional nº 45/2004, estabeleceu-se novo requisito para o ajuizamento de dissídio coletivo de natureza econômica, qual seja, que haja comum acordo entre as partes. Trata-se de requisito constitucional para instauração do dissídio coletivo e diz respeito à admissibilidade do processo. A expressão "comum acordo", de que trata o mencionado dispositivo constitucional, não significa, necessariamente, petição conjunta das partes, expressando concordância com o ajuizamento da ação coletiva, mas a não oposição da parte, antes ou após a sua propositura, que se pode caracterizar de modo expresso ou tácito, conforme a sua explícita manifestação ou o seu silêncio. No caso dos autos, houve a recusa expressa quanto à instauração do dissídio coletivo, a qual foi feita em momento oportuno, o que resulta na extinção do processo, sem resolução de mérito, ante a falta de pressuposto de constituição e de desenvolvimento válido e regular. Recurso ordinário a que se nega provimento" (RO-1002367-08.2017.5.02.0000. Seção Especializada em Dissídios Coletivos. Relatora: Min. Katia Magalhaes Arruda, **DEJT** 06 de março de 2020).

[113] Ação Direta de Inconstitucionalidade. 2. Art. 1º, da Emenda Constitucional nº 45/2004, na parte em que deu nova redação ao art. 114, §§ 2º e 3º, da Constituição Federal. 3. Necessidade de "mutuo acordo" para ajuizamento do Dissídio Coletivo. 4. Legitimidade do MPT para ajuizar Dissídio Coletivo em caso de greve em atividade essencial. 5. Ofensa aos artigos 5º, XXXV, LV e LXXVIII, e 60, § 4º, IV, da Constituição Federal. Inocorrência. 6. Condição da ação estabelecida pela Constituição. Estímulo às formas alternativas de resolução de conflito. 7. Limitação do poder normativo da justiça do trabalho. Violação aos artigos 7º, XXVI, e 8º, III, e ao princípio da razoabilidade. Inexistência. 8. Recomendação do Comitê de Liberdade Sindical da Organização Internacional do Trabalho. Indevida intervenção do Estado nas relações coletivas do trabalho. Dissídio Coletivo não impositivo. Reforma do Poder Judiciário (EC 45) que visa dar celeridade processual e privilegiar a autocomposição. 9. Importância dos acordos coletivos como instrumento de negociação dos conflitos. Mútuo consentimento. Precedentes. 10. Ação direta de inconstitucionalidade julgada improcedente. (BRASIL. Supremo Tribunal Federal. ADI 3423. Relator: Min. Gilmar Mendes, Publicado em 18 de junho de 2020).

ceitos constitucionais, a impossibilidade de violação do princípio da reserva legal, a não supressão de omissão legislativa, a não interferência no campo da autonomia privada coletiva e a observância das disposições mínimas de proteção ao trabalho (Santos, 2019). Melo (2013) pondera sobre a necessidade de considerar a realidade brasileira, e de se fortalecer os sindicatos antes de exigir que se restrinja excessivamente o poder normativo da Justiça do Trabalho, exigindo a adoção prioritariamente autônoma para o conflito. No entanto, o cenário atual é de enfraquecimento das entidades sindicais, haja vista a questão do custeio e todos os demais pontos a serem analisados no item 3.4.

Todavia, o dissídio coletivo é ainda uma alternativa aos entes sindicais para os casos em que se exaurem as possibilidades de negociação coletiva, e podem visar o estabelecimento de multa por atraso de salários, tema que é objeto, inclusive do Precedente Normativo 72 do Tribunal Superior do Trabalho, que dispõe:

> Nº 72 MULTA. ATRASO NO PAGAMENTO DE SALÁRIO (positivo) Estabelece-se multa de 10% sobre o saldo salarial, na hipótese de atraso no pagamento de salário até 20 dias, e de 5% por dia no período subsequente.[114]

O dissídio coletivo é regulado pelos §2º e 3º do artigo 114 da Constituição Federal, em conjunto com a Consolidação das Leis do Trabalho, em especial os artigos 856 a 871, e, ainda, pelos artigos 11 a 14 da Lei n. 10.192, de 14 de fevereiro de 2001, que dispõe sobre medidas complementares ao Plano Real. Melo (2013) destaca que esta Lei prioriza aspectos econômicos em detrimento dos valores constitucionais, como o valor

[114] Esse precedente apenas orienta as decisões proferidas no âmbito do Poder Normativo, não servindo de parâmetro para dissídios individuais, conforme decidido pelo E. TST e por diversos Tribunais Regionais. A título meramente exemplificativo, aponta-se a seguinte decisão: MULTA. ATRASO NO PAGAMENTO DE SALÁRIO. PRECEDENTENORMATIVO 72 DO TST O Precedente Normativo 72 do TST tem a finalidade de orientar processo de negociação das cláusulas coletivas, consubstanciando jurisprudência dominante do Tribunal Superior do Trabalho em dissídios coletivos, não servindo como fundamento jurídico no âmbito dos dissídios individuais. (BRASIL. TRT12. (3. Câmara). ROT - 0000481-92.2018.5.12.0059, Roberto Luiz Guglielmetto. Data de Assinatura: 12/03/2019)

social do trabalho, o que não poderia ser aceito pelo Poder Judiciário. Ressalta o autor que é nos momentos de crise que o poder normativo se torna ainda mais necessário ante a crescente hipossuficiência do trabalhador, corroborando o quanto exposto no item 2.3.4 supra. O Tribunal Superior do Trabalho, todavia, tem observado a vedação imposta pela Lei n. 10.192, que veda a estipulação ou a fixação de cláusula de reajuste ou de correção salarial automática vinculada a índice de preços.[115]

Dentre os aspectos práticos para a instauração do dissídio coletivo, pode-se salientar a competência originária dos Tribunais Regionais do Trabalho ou do Tribunal Superior do Trabalho, conforme a abrangência do conflito coletivo, o prazo para interposição, o requisito da autorização assemblear e a necessidade de fundamentação das cláusulas pretendidas, de forma individualizada.

O artigo 859 da CLT exige a autorização por assembleia e estipula o quórum respectivo. Há divergência jurisprudencial quanto à recepção ou não desse dispositivo no particular. Sobre o tópico, argumenta Raimundo Simão de Melo (2013, p. 89):

[115] Nesse sentido, aponta-se a seguinte notícia publicada no site do Tribunal Superior do Trabalho em 11/06/2018: "A Seção Especializada em Dissídios Coletivos (SDC) do Tribunal Superior do Trabalho definiu nesta segunda-feira (11) os índices de reajuste salarial a serem aplicados a quatro categorias de empregados de empresas estatais em relação à data-base de 1º/5/2017. As decisões seguiram a jurisprudência do TST de conceder reajustamento de salários e das cláusulas econômicas mediante a aplicação de índice pouco inferior ao valor do INPC/IBGE apurado no período da data-base, correspondente a 3,99%. A Lei 10.192/2001 veda a estipulação ou a fixação de cláusula de reajuste ou de correção salarial automática vinculada a índice de preços. Os dissídios julgados dizem respeito à Companhia Brasileira de Trens Urbanos (CBTU), à VALEC Engenharia, Construções e Ferrovias S.A., à Empresa Brasileira de Pesquisa Agropecuária (Embrapa) e à Companhia de Desenvolvimento dos Vales do São Francisco e do Parnaíba (Codevasf). Em todos os casos, empresas e sindicatos celebraram acordos parciais, mediados pela Vice-Presidência do TST, para a manutenção das cláusulas sociais previstas nos instrumentos normativos da data-base anterior, ficando a cláusula econômica para ser definida em julgamento". (Disponível em: http://www.tst.jus.br/noticia-destaque/-/asset_publisher/NGo1/content/tst-fixa-reajustes-para-empregados-de-quatro-estatais-com-data-base-em-1-de-maio/pop_up. Acesso em: 9 set. 2020).

Cabe observar que existem divergências sobre o quorum a ser observado, se o da CLT ou o do estatuto do sindicato. Parece-nos que após a Constituição de 1988 deve-se observar o quorum estabelecido no estatuto do sindicato, que é a lei interna da categoria num sistema de liberdade sindical, como o nosso, que veda a interferência do Estado na organização sindical. Depois, o quorum da CLT está ultrapassado quando fala em associados, uma vez que na forma do seu art. 611(88) as normas coletivas têm aplicação no âmbito das respectivas representações, de forma geral, ou seja, aplicam-se erga omnes, a todos os trabalhadores e a todas as empresas, pelo que a participação nas assembleias deve ser franqueada a todos os integrantes da categoria e não somente aos associados;

O Tribunal Superior do Trabalho vem minimizando o rigor na aferição do quórum legal, privilegiando a liberdade de organização sindical, e, em decorrência, o quórum previsto no estatuto dos sindicatos. Nesse sentido, a seguinte decisão, que bem resume a evolução jurisprudencial:

> AGRAVO DE INSTRUMENTO. RECURSO DE REVISTA. VIGÊNCIA DA LEI Nº 13.467/2017. AUTORA. AÇÃO DE DECLARAÇÃO DE INEFICÁCIA DE CONVENÇÃO COLETIVA DE TRABALHO. ASSEMBLEIA DE APROVAÇÃO. INOBSERVÂNCIA DO QUÓRUM DO ART. 612 DA CLT. 1 – [...] 2 – Controverte-se sobre a validade de norma coletiva aprovada em assembleia convocada especificamente para sua discussão e celebração que, a despeito de não cumprir o quórum do art. 612 da CLT, observou as disposições previstas nos estatutos das entidades signatárias. Embora aponte nulidade decorrente da inobservância do art. 612 da CLT, a empresa autora da presente ação pleiteia o reconhecimento da ineficácia da convenção coletiva apenas em relação a ela, e não à categoria econômica inteira. 3 – Se, de uma parte, o princípio da liberdade sindical, em suas dimensões positiva e negativa, garante as prerrogativas de livre criação e filiação, bem como de livre dissolução e desfiliação, de uma entidade sindical; o princípio da autonomia sindical, de outra parte, garante a prerrogativa de autogestão de tais entidades. 4 – Sob essa segunda perspectiva, e complementar àquela da liberdade sindical, as entidades sindicais detém autonomia em sua estruturação interna e em sua atuação externa, desvinculadas de controles estatais ou patronais. Tal autonomia abrange, portanto, entre

outras prerrogativas, a elaboração dos estatutos. 5 – Cumpre ressaltar que a liberdade e a autonomia sindicais, além das reconhecidas funções normativas e axiológicas que lhe são próprias enquanto princípios, observaram patente valorização na Constituição Federal, de forma que constituem vetores que irradiam a interpretação de toda a ordem jurídica infraconstitucional. São, ainda, albergadas na Convenção nº 98 da OIT, que cuida do "direito de sindicalização e de negociação coletiva". 6 – Nesse sentido, o rígido quórum do art. 612 da CLT, que dispõe sobre a convocação de assembleia geral específica para celebração de acordos e convenções coletivas, afronta a autonomia sindical. Tal matéria é própria à livre autogestão das entidades sindicais, que podem dispor, em seus estatutos, dos quóruns que entenderem adequados à representatividade necessária para legitimar a negociação coletiva; observados os demais princípios constitucionais. 7 – Sob essa mesma ótica, e com o cancelamento de sua Orientação Jurisprudencial nº 13, a Seção de Dissídios Coletivos do TST, na esteira do art. 859 da CLT, tem minimizado o quórum de aprovação da instauração de dissídio coletivo por iniciativa do sindicato da categoria profissional, a fim de reconhecer que não se submete ao quórum estabelecido no art. 612 da CLT. 8 – No caso, "confrontando a publicação da convocação, a ata da assembleia geral e a lista de presença, verifica-se que os atos da federação patronal respeitaram as previsões estatutárias pertinentes, com exceção do quórum legal (art. 612 da CLT), visto que seu estatuto não prevê presença e aprovação por um número mínimo de interessados, associados ou não, para deliberar sobre a celebração de eventual convenção coletiva de trabalho". Sob esse prisma, o TRT manteve a sentença que julgou improcedente a presente ação de declaração de ineficácia de convenção coletiva, registrando inclusive que "o Poder Judiciário, no Direito Coletivo do Trabalho, não deve alçar em nível de maior importância a forma, em menosprezo aos interesses da coletividade e da finalidade essencial da negociação coletiva". 9 – O acórdão do TRT encontra-se, portanto, em harmonia com a jurisprudência da SDC acerca da inaplicabilidade do quórum do art. 612 da CLT nas hipóteses em que houve assembleia convocada especificamente para a discussão e celebração da norma coletiva, em observância ao estatuto da entidade sindical signatária. 10 – Agravo de instrumento a que se nega provimento (AIRR-298-02.2017.5.13.0004, 6ª Turma, Relatora Ministra Katia Magalhaes Arruda, DEJT 08/11/2019).

O prazo para instauração do dissídio coletivo é estipulado pelo § 3º do art. 616 da CLT, que determina a instauração nos 60 dias que antecedem o termo final de convenção, acordo ou sentença normativa em vigor. Descumprido esse prazo, há perda da data-base e solução de continuidade entre a vigência dos instrumentos. Para evitar prejuízos no caso de necessidade de prolongamento das tentativas de negociação coletiva, foi criada a figura do "Protesto Judicial", que foi consolidada no artigo 240 do atual Regimento Interno do Tribunal Superior do Trabalho:

> § 1º Na impossibilidade real de encerramento da negociação coletiva em curso antes do termo final a que se refere o art. 616, § 3.º, da CLT, a entidade interessada poderá formular protesto judicial em petição escrita, dirigida ao Presidente do Tribunal, a fim de preservar a data-base da categoria.[116]

Por fim, Melo (2013) destaca a imprescindibilidade da fundamentação das reivindicações formuladas em sede de dissídio, argumentando que constitui requisito da petição inicial, consubstanciando pressuposto processual indispensável à constituição válida e regular da ação coletiva, oportunizando à ampla defesa pela parte contrária. Nesse sentido, os argumentos expendidos nos Capítulos 1 e 2 da presente pesquisa podem vir a ser utilizados como fundamentos jurídicos para embasar eventual pedido de estipulação de multa por atraso salarial.

3.3.2 Ação de cumprimento

A ação de cumprimento é aquela que busca a efetivar, no plano fático, as normas coletivas oriundas de sentenças normativas, acordos ou convenções coletivas.[117] Lobato (2014) destaca que não é tradição brasileira o cumprimento voluntário de sentenças, tornando necessária a medida em

[116] Raimundo Simão de Melo (2013, p. 117) destaca que a figura foi criada pela Instrução Normativa 4/1993, hoje revogada.

[117] Ronaldo Lima dos Santos (2019, p. 254) apresenta o seguinte conceito: Neste diapasão, a ação de cumprimento consiste no meio processual pelo qual as entidades sindicais, na condição de substitutas processuais dos trabalhadores (legitimação extraordinária), buscam a satisfação de direitos previstos em instrumentos normativos (sentença normativa, convenções e acordos coletivos) quando não satisfeitos pelo(s) empregador(es).

questão. A ação de cumprimento é prevista originalmente no parágrafo único do artigo 872 da CLT, que faculta aos empregados, ou a seus sindicatos, apresentar reclamação à Vara do Trabalho em caso de ausência de satisfação de direitos decorrentes de instrução normativa. Como se vê do texto do dispositivo, a ação pode ser proposta individualmente, pelos empregados, ou pelo sindicato da categoria.

Conquanto a redação do artigo mencione apenas a hipótese de "ausência de pagamento de salários", a doutrina e a jurisprudência vêm entendendo que a referida ação é cabível para exigir quaisquer direitos previstos na sentença normativa, ou, ainda, em acordos ou convenções coletivas (Melo, 2013; Santos, 2019). Quanto a estes últimos, houve uma evolução da legislação e da jurisprudência, que passaram a admitir a ação de cumprimento para exigir o adimplemento das obrigações derivadas desses instrumentos normativos. A Lei n. 8.984/95 dispondo sobre a competência da Justiça do Trabalho, referiu-se expressamente à possibilidade de cumprimento de convenções coletivas ou acordos coletivos de trabalho, o que ensejou a alteração da Súmula 286 do Tribunal Superior do Trabalho, que passou a dispor: "A legitimidade do sindicato para propor ação de cumprimento estende-se também à observância de acordo ou de convenção coletivos".[118]

A prioridade constitucional, referido alhures, é o estímulo à priorização da solução autônoma para os conflitos (negociação coletiva). Desta forma, não haveria justificativa lógica para atribuir efeitos exclusivos à sentença normativa, impedindo que se postulasse em juízo o adimplemento das normas coletivas autônomas. Assim entende Ricardo Brito Pereira (2016, p. 95):

> A interpretação restritiva antes da referida lei produzia o efeito de prestigiar as sentenças normativas e desestimular a celebração de acordos e convenções coletivas de trabalho ou acordos coletivos, considerando as dificuldades por ocasião de seu cumprimento, numa completa inversão de valores.

[118] A redação original da Súmula apontava na direção oposta: "O sindicato não é parte legítima para propor, como substituto processual, demanda que vise a observância de convenção coletiva".

Ainda no tópico da substituição pelo sindicato, é de se fazer breve menção à superação da tradição restritiva pelo Tribunal Superior do Trabalho, antes consubstanciada na Súmula 310, cancelada em 2003, que, além de outras limitações, dispunha, em seu inciso V:

> Em qualquer ação proposta pelo sindicato como substituto processual, todos os substituídos serão individualizados na petição inicial e, para o início da execução, devidamente identificados pelo número da Carteira de Trabalho e Previdência Social ou de qualquer documento de identidade.

O requisito da individualização *ab initio* dificultava (ou inviabilizava) a utilização da tutela coletiva e o aproveitamento de toda a sua potencialidade de solução de conflitos em um macrocenário, e contrariava a atribuição constitucional de legitimação ao Sindicato para representar a categoria (artigo 8º, III, da Constituição Federal).[119] Nesse sentir, Raimundo Simão de Melo aponta como divisor de águas o reconhecimento pelo Supremo Tribunal Federal da legitimação ampla dos Sindicatos, independentemente de qualquer individualização, consubstanciada na decisão proferida Proc. RE n. 214.668, Rel. Min. Joaquim Barbosa, publicado no DJ de 24.8.2007.[120]

119 Em estudo detalhado da evolução jurisprudencial, Adriane Reis de Araújo, Cássio Luis Casagrande e Ricardo Britto Pereira detectam esse efeito: "Estes dados revelam claramente que a partir de 2004 as pretensões de direito material dos sindicatos encontram maior aceitação perante o TST. A superação do Enunciado 310 indica não só uma maior aceitação da coletivização do processo, como uma maior receptividade para as demandas sindicais por parte do TST. A evolução temporal aqui revelada demonstra que as perspectivas para o ajuizamento de ações civis públicas para os sindicatos são alvissareiras quanto à consolidação de uma jurisprudência favorável na mais alta corte trabalhista".

120 O acórdão está assim ementado: EMENTA: "Processo civil. Sindicato. Art. 8º, III, da Constituição Federal. Legitimidade. Substituição processual. Defesa de direitos e interesses coletivos ou individuais. Recurso conhecido e provido. O art. 8º, III, da Constituição Federal estabelece a legitimidade extraordinária dos sindicatos para defender em juízo os direitos e interesses coletivos ou individuais dos integrantes da categoria que representam. Essa legitimidade extraordinária é ampla, abrangendo a liquidação e a execução dos créditos reconhecidos aos trabalhadores. Por se tratar de típica hipótese de substituição processual, é desnecessária qualquer autorização dos substituídos. Recurso conhecido e provido". (BRASIL. Supremo Tribunal Federal. RE n. 214.668, Relator: Min. Joaquim

Superada essa questão, atualmente, o momento em que se individualizam as pretensões é na fase de liquidação (MELO, 2013). Ronaldo Lima dos Santos ensina que a ação de cumprimento e a substituição processual trabalhista estão inseridas no microssistema do direito processual coletivo, estando sujeitas à normativa da Lei n. 7.347/85 e à Lei n. 8.078/90. Raimundo Simão de Melo (2013) também sublinha o enquadramento da ação de cumprimento proposta pelo sindicato como substituto processual como ação coletiva.

A ação de cumprimento, pois, pode ser proposta pelo Sindicato para requerer o implemento, pelo empregador, das condições e normas fixadas em acordos ou convenções coletivas, ou sentença normativa, independentemente de qualquer autorização individual. A propositura deverá ocorrer na primeira instância (Varas do Trabalho). Ressalta Raimundo Simão de Melo (2013), que afirma que a única ação coletiva que não se enquadra nessa regra é o dissídio coletivo.[121]

A natureza jurídica da ação de cumprimento é condenatória, como leciona Raimundo Simão de Melo (2013), explanando que a sentença proferida em ação de cumprimento será objeto de nova pretensão, agora de cunho executivo. Ronaldo Lima dos Santos (2019) compartilha do mesmo entendimento, argumentando que se equivoca a parte da doutrina que aponta natureza executiva da ação de cumprimento, pois a sentença normativa não tem natureza condenatória, não comportando, pois, uma fase de execução. O comando condenatório, pois, é o objeto da ação de cumprimento, que visa concretizar o disposto de forma abstrata na sentença normativa ou nos instrumentos normativos.

A petição inicial deverá ser acompanhada da sentença normativa, da certidão de julgamento do dissídio coletivo, do acordo ou da convenção coletiva, pois, sendo as normas específicas para cada categoria, não se poderia aplicar o princípio *iuria novit curia*. Não é necessário aguar-

Barbosa, DJ de 24 de agosto de 2007). De acordo com essa importante decisão, a substituição processual sindical foi reconhecida em qualquer fase do processo (conhecimento, liquidação e execução). Igualmente não se limita o tipo de direito a ser tutelado. (MELO, 2013, p. 227).

[121] Vide item 3.3.1.

dar o trânsito em julgado da sentença normativa[122], podendo ser ajuizada a ação de cumprimento a partir do vigésimo dia subsequente ao do julgamento.[123] A possibilidade de exigência imediata da efetivação do direito conquistado em sede de dissídio coletivo é imprescindível para que ocorra a pacificação do conflito coletivo, que, de outro modo, permaneceria latente (Lobato, 2014). Há, no entanto, possibilidade de o Presidente do Tribunal Superior do Trabalho conceder efeito suspensivo a Recurso Ordinário. Nessa situação, será necessário aguardar o prazo de eficácia da suspensão, que é de, no máximo, cento e vinte dias.[124]

Embora haja possibilidade de ajuizamento mesmo antes do trânsito em julgado da sentença normativa, apenas a partir deste é que flui o prazo prescricional.[125] Quando a ação de cumprimento visa à efetivação de norma inserta em acordo ou convenção coletiva, o prazo prescricional flui a partir do descumprimento da referida norma.[126]

3.3.3 Ação civil pública e ação civil coletiva

O Sindicato tem, ainda, legitimidade para ajuizar tanto a ação civil coletiva quanto a ação civil pública. A ação civil coletiva está prevista no artigo 91 do Código de Defesa do Consumidor (Lei n. 8.078/1990), e tem como

[122] Súmula 246 do Tribunal Superior do Trabalho.

[123] Artigo 7º da Lei n. 7.701/88.

[124] Artigos 6º e 9º da Lei n. 7.701/88.

[125] Súmula 350 do Tribunal Superior do Trabalho.

[126] Assim decidiu o TST: Contudo, de acordo com a Súmula nº 350 desta Corte superior, "o prazo de prescrição com relação à ação de cumprimento de decisão normativa flui apenas da data de seu trânsito em julgado". 4. Tendo em conta que o fato jurígeno se deu com a assinatura das convenções coletivas firmadas entre as partes, que puseram termo a dissídio coletivo previamente instaurado e instituíram direitos de forma retroativa, conclui-se que o termo inicial, para efeito da incidência da prescrição bienal, não pode ser a data da extinção do contrato de trabalho. Com efeito, a pretensão e, consequentemente, o transcurso do prazo de prescrição, só surgiu com o descumprimento do direito assegurado nos instrumentos coletivos, e não a partir da extinção do contrato de trabalho, em observância à teoria da actio in nata. (BRASIL. Tribunal Superior do Trabalho. (1. Turma). RR-107400-37.2008.5.15.0071. Relator: Hugo Carlos Scheuermann, Publicado em 02 de setembro de 2016).

objeto principalmente a tutela de direitos individuais homogêneos.[127] Aplicam-se, subsidiariamente, os preceitos da Lei n. 7.347, de 24 de julho de 1985 (Lei da Ação Civil Pública). A ação civil pública envolve, prioritariamente, as pretensões relativas aos direitos coletivos *stricto sensu* e os direitos difusos[128], e é regulada pela Lei n. 7.347/85, que determina a aplicação subsidiária dos dispositivos do Código de Defesa do Consumidor.

Considerando-se a remissão recíproca de aplicação dos dois normativos, a doutrina e a jurisprudência entendem que o conjunto da Lei da Ação Civil Pública e do Código de Defesa do Consumidor consiste em um microssistema de processo coletivo (Santos, 2019). A distinção entre ação civil coletiva e ação civil pública, portanto, deixou de ter relevância prática, pois, independentemente do *nomen iuris*, prevalece a fungibilidade entre ambas e a natureza coletiva do processo.

Aquiescendo com a dispensabilidade da diferenciação, Ricardo Britto Pereira ensina que as três categorias de direitos coletivos (difusos, coletivos e individuais homogêneos) podem ser objeto da ação civil pública. O autor destaca que essa terminologia:

[127] A definição das espécies do gênero direitos coletivos lato sensu estão definidas no artigo 81 da Lei n. 8.078/90: Art. 81. A defesa dos interesses e direitos dos consumidores e das vítimas poderá ser exercida em juízo individualmente, ou a título coletivo. Parágrafo único. A defesa coletiva será exercida quando se tratar de: I – interesses ou direitos difusos, assim entendidos, para efeitos deste código, os transindividuais, de natureza indivisível, de que sejam titulares pessoas indeterminadas e ligadas por circunstâncias de fato; II – interesses ou direitos coletivos, assim entendidos, para efeitos deste código, os transindividuais, de natureza indivisível de que seja titular grupo, categoria ou classe de pessoas ligadas entre si ou com a parte contrária por uma relação jurídica base; III – interesses ou direitos individuais homogêneos, assim entendidos os decorrentes de origem comum.

[128] A classificação não altera a legitimidade dos entes sindicais para o ajuizamento da ação civil coletiva ou da ação civil pública, nem influencia na possibilidade de tutela coletiva. Nesse ponto, remete-se à lição de Ricardo Britto Pereira (2016, p. 121): "Em síntese, foi visto que não há diferenças entre as categorias *interesses* e *direitos* para fins de tutela coletiva; que as dificuldades de realizar enquadramento preciso das violações ao ordenamento jurídico nas categorias previstas de interesses e direitos coletivos não acarretam a restrição da tutela, mas, ao contrário, justificam sua ampliação, desde que a situação se inclua no gênero *coletivo;* e que prevalece na doutrina o entendimento de que o enquadramento final observa a providência requerida pelo autor da ação civil pública." Assim, não se ingressará, na presente pesquisa, no estudo pormenorizado das especificidades de cada espécie dos direitos coletivos *lato sensu*.

> [...] simboliza adequadamente a incorporação em nosso ordenamento jurídico de instrumento inédito no enfrentamento pela sociedade, por intermédio dos entes legitimados, da macro lesão aos interesses e direitos que dizem respeito a grupo de pessoas. (Pereira, R., 2016, p. 34).

Ronaldo Lima dos Santos (2019) conceitua a ação civil pública como instrumento processual à disposição de autores ideológicos legalmente legitimados para a tutela preventiva, inibitória, repressiva ou reparatória de danos de qualquer ordem aos interesses transindividuais afetos às relações de trabalho e aos interesses individuais indisponíveis. Dentre os legitimados, figuram as entidades sindicais e o Ministério Público do Trabalho.

O processo coletivo do trabalho[129] é uma forma de ampliar o acesso à justiça, inclusive, durante o contrato de trabalho, haja vista a despersonalização dos trabalhadores perpetrada pela estipulação dos legitimados ideológicos, o que diminui a possibilidade de retaliação individual (Melo, 2014).

Ricardo Britto Pereira (2016, p. 100-101) enumera princípios atinentes ao processo coletivo, aplicáveis, portanto, tanto à ação civil coletiva quanto à ação civil pública: interesse jurisdicional no conhecimento do mérito do processo coletivo; máxima prioridade da tutela jurisdicional coletiva; disponibilidade motivada da ação coletiva; presunção da legitimidade *ad causam* ativa pela afirmação do direito; máximo benefício da tutela jurisdicional coletiva; máxima efetiva do processo coletivo; máxima amplitude da tutela jurisdicional coletiva; obrigatoriedade da atuação do Ministério Público; universalidade da jurisdição e primazia da tutela coletiva adequada; participação da sociedade; protagonismo judicial; extensão subjetiva da coisa julgada *secundum eventum litis*, transporte *in utilibus* da coisa julgada, microssistema jurisdicional da tutela coletiva, adequada representação dos legitimados, e isonomia real.

[129] Tendo em vista o microssistema de processo coletivo antes referido, utiliza-se na presente pesquisa o termo "processo coletivo" abrangendo tanto a ação civil pública quanto a ação civil coletiva.

As finalidades do processo coletivo são citadas de maneira detalhada por Raimundo Simão de Melo (2014, p. 44-45). Dentre as diversas finalidades listadas pelo autor, destacam-se as seguintes:

> c) evitar decisões conflitantes, pois como se sabe, quando muitos trabalhadores vão individualmente à Justiça do Trabalho reclamar direitos idênticos, decorrentes de ato comum, correm o risco de submeter as suas ações a juízes diversos, que, consequentemente, proferirão decisões as mais variadas. Como acontece na prática, nesses casos, uns ganham, outros perdem e outros ganham somente em parte o que reivindicado, o que é comprometedor para o prestígio da prestação jurisdicional, que não é bem entendida pelo cidadão; d) facilitar o acesso substancial, verdadeiro, e não somente formal do cidadão ao Judiciário, na forma do que dispõe o inciso XXXV do art. 5º da Constituição Federal, para, de forma efetiva, prevenir e, quando não possível, reparar os danos aos seus direitos violados; e) despersonalizar o trabalhador perante o empregador ou tomador de serviços, pois, como é sabido, a Justiça do Trabalho é chamada de Justiça dos desempregados porque os poucos 10% que reclamam seus direitos somente o fazem, na esmagadora maioria dos casos, depois que rescindem os seus contratos de trabalho, uma vez que se o fizerem antes correm o risco de serem demitidos como represália por terem usado o direito constitucional de ação. Mesmo aqueles poucos que o fazem, em muitas situações são colocados pelo ex- -empregador numa "lista negra", e, assim, terão muitas dificuldades para obter nova colocação no mercado de trabalho;

Esses aspectos do processo coletivo contribuem para solucionar os problemas apontados no item 2.3.6 supra, quando se identificou a dificuldade de o trabalhador, individualmente, acessar o judiciário para efetivar a cobrança dos salários em atraso.

Dentre as demais questões que permeiam o trâmite dos processos coletivos na Justiça do Trabalho, entende-se relevante abordar, de forma sucinta, três pontos: a possibilidade de litispendência com a ação individual, o regramento atinente à tutela de urgência e as peculiaridades dos efeitos da coisa julgada.

É frequente, no processo coletivo, o pedido de tutela de urgência, dada a relevância social dos direitos transindividuais cuja tutela é buscada. O regramento respectivo é aquele delineado pelos diplomas integrantes do microssistema de processo coletivo, devendo ser observados o artigo 12 da Lei n. 7.347/85 e o artigo 84, §3º do Código de Defesa do Consumidor. Ronaldo Lima dos Santos (2019, p. 309) assevera, ademais, que:

> O art. 12 da LACP autoriza ao juiz a concessão de mandado liminar, com ou sem justificação prévia, em decisão sujeita a agravo. Por outro lado, a aplicação subsidiária do CPC, permitida pelo art. 19, LACP, possibilita o manejo do instituto da tutela provisória de urgência antecipada nas ações civis públicas (art. 294, CPC) para tutela imediata e provisória do bem da vida deduzido em juízo.

Tendo em vista o princípio da irrecorribilidade das decisões interlocutórias na seara trabalhista, a decisão de deferimento ou indeferimento da tutela de urgência não está sujeita a recurso próprio. No entanto, o Tribunal Superior do Trabalho admite a impetração de mandado de segurança, conforme consolidado na Súmula 414.[130]

A legitimação para a propositura da ação civil pública é concorrente e disjuntiva, nas palavras de Ronaldo Lima dos Santos (2019). Pode ocorrer, portanto, litispendência entre uma ação civil pública ajuizada pelo sindicato da categoria e outra proposta pelo Ministério Público do Trabalho, caso sejam idênticos o pedido, a causa de pedir e a qualificação dos entes legitimados.[131] A situação não ocorre com frequência, até mesmo

[130] Súmula nº 414 do TST MANDADO DE SEGURANÇA. TUTELA PROVISÓRIA CONCEDIDA ANTES OU NA SENTENÇA (nova redação em decorrência do CPC de 2015) - Res. 217/2017 – DEJT divulgado em 20, 24 e 25.04.2017 I – A tutela provisória concedida na sentença não comporta impugnação pela via do mandado de segurança, por ser impugnável mediante recurso ordinário. É admissível a obtenção de efeito suspensivo ao recurso ordinário mediante requerimento dirigido ao tribunal, ao relator ou ao presidente ou ao vice-presidente do tribunal recorrido, por aplicação subsidiária ao processo do trabalho do artigo 1.029, § 5º, do CPC de 2015. II – No caso de a tutela provisória haver sido concedida ou indeferida antes da sentença, cabe mandado de segurança, em face da inexistência de recurso próprio. III – A superveniência da sentença, nos autos originários, faz perder o objeto do mandado de segurança que impugnava a concessão ou o indeferimento da tutela provisória.

[131] O autor ilustra: "Seria exemplo a propositura de ação civil pública pelo sindicato com a finalidade de eliminação de insalubridade no local de trabalho de determinada empresa,

porque o Ministério Público do Trabalho participa das ações coletivas e das ações civis públicas, na condição de fiscal da lei, mesmo quando ajuizadas por outro legitimado, em razão da repercussão social e da determinação legal[132] (PEREIRA, R. 2016).

No que pertine às ações individuais, as ações coletivas não induzem litispendência, por força do disposto expressamente no artigo 104 do Código de Defesa do Consumidor:

> Art. 104. As ações coletivas, previstas nos incisos I e II e do parágrafo único do art. 81, não induzem litispendência para as ações individuais, mas os efeitos da coisa julgada *erga omnes* ou *ultra partes* a que aludem os incisos II e III do artigo anterior não beneficiarão os autores das ações individuais, se não for requerida sua suspensão no prazo de trinta dias, a contar da ciência nos autos do ajuizamento da ação coletiva.

Por derradeiro, grande parte das vantagens trazidas pelo processo coletivo decorrem do regramento próprio tangente à coisa julgada, a exemplo da coisa julgada *secundum eventum litis e* do transporte *in utilibus* da coisa julgada. O regramento da coisa julgada diferencia-se pela natureza do direito vindicado, consoante disposto no artigo 103 do Código de Defesa do Consumidor:

> Art. 103. Nas ações coletivas de que trata este código, a sentença fará coisa julgada:
> I – erga omnes, exceto se o pedido for julgado improcedente por insuficiência de provas, hipótese em que qualquer legitimado poderá intentar outra ação, com idêntico fundamento valendo-se de nova prova, na hipótese do inciso I do parágrafo único do art. 81;
> II – ultra partes, mas limitadamente ao grupo, categoria ou classe, salvo improcedência por insuficiência de provas, nos termos do inciso anterior,

quando em curso ação civil pública, com o mesmo objeto, proposta pelo Ministério Público do Trabalho, ambas amparadas nos mesmos fatos e nos mesmos fundamentos jurídicos" (SANTOS, 2019, p. 309).

132 Artigo 5º, §3º da Lei n. 7.347/85 e artigo 92 da Lei n. 8.078/90 (Código de Defesa do Consumidor).

> quando se tratar da hipótese prevista no inciso II do parágrafo único do art. 81;
> III – erga omnes, apenas no caso de procedência do pedido, para beneficiar todas as vítimas e seus sucessores, na hipótese do inciso III do parágrafo único do art. 81.
> § 1º Os efeitos da coisa julgada previstos nos incisos I e II não prejudicarão interesses e direitos individuais dos integrantes da coletividade, do grupo, categoria ou classe.
> § 2º Na hipótese prevista no inciso III, em caso de improcedência do pedido, os interessados que não tiverem intervindo no processo como litisconsortes poderão propor ação de indenização a título individual.
> § 3º Os efeitos da coisa julgada de que cuida o art. 16, combinado com o art. 13 da Lei nº 7.347, de 24 de julho de 1985, não prejudicarão as ações de indenização por danos pessoalmente sofridos, propostas individualmente ou na forma prevista neste código, mas, se procedente o pedido, beneficiarão as vítimas e seus sucessores, que poderão proceder à liquidação e à execução, nos termos dos arts. 96 a 99.

Quanto aos direitos individuais homogêneos, portanto, Ronaldo Lima dos Santos (2019, p. 353), explica:

> Em resumo, consoante o fenômeno da coisa julgada *secundum eventum litis,* as pretensões individuais dos particulares beneficiam-se das vantagens advindas com o proferimento de eventual sentença de procedência em ação coletiva, de modo que a coisa julgada possuirá efeitos *erga omnes.* Em sentido contrário, as pretensões individuais dos particulares não são prejudicadas pelo advento de sentença desfavorável, não obstando que os indivíduos enquadrados na hipótese fática ou jurídica que fora objeto da ação coletiva promovam suas ações individuais.

A premissa subjacente é sempre a do máximo benefício da coisa julgada coletiva. A mesma lógica se verifica no que tange à coisa julgada nas ações que buscam a tutela de direitos difusos e coletivos *stricto sensu*, quando ocorre a coisa julgada *secundum eventum probationis.* Em sendo a ação civil pública julgada procedente ou improcedente por qualquer motivo que não seja a insuficiência de provas, faz coisa julgada *erga omnes* caso verse sobre direitos difusos e *ultra partes* se seu objeto for direitos coletivos *stricto sensu*. (SANTOS, 2019). Dessa forma, resguarda-se a possibilidade de o mesmo legitimado, ou de outros legitimados proporem novas ações, desde que reforçado o conjunto probatório, não se prejudicando toda a sociedade (nos direitos difusos) ou toda a categoria (nos direitos coletivos *stricto sensu)* pela ineficiência na instrução perpetrada por um dos legitimados.

O transporte *in utilibus* da coisa julgada coletiva, estipulado pelo §3º do artigo 103 do Código de Defesa do Consumidor oportuniza a utilização em ação individual do quanto definido em decisão proferida em sede de ação civil pública. Para que possa usufruir dessa possibilidade, o autor da ação individual deverá requerer a suspensão de seu processo, no prazo de trinta dias, a contar da ciência do ajuizamento da ação coletiva (SANTOS, 2019).

Em suma, sem pretender esgotar o tema, tem-se que a ação civil pública é mais um instrumento à disposição dos entes sindicais (e de todos os legitimados[133]) para que se busque a efetivação do direito ao percebimento tempestivo do salário. Pode ser requerido que o empregador seja compelido a observar o prazo legal para pagamento do salário a partir do ajuizamento da ação, sob pena de multa (astreinte). É possível pleitear, ainda, a condenação ao pagamento dos salários em atraso em prazo determinado pelo juízo e ao pagamento de indenização por danos morais coletivos e individuais decorrentes do atraso de salários, entre outros pedidos.

Menciona-se, *exempli gratia,* Ação Civil Coletiva n. 0010320-13.2020.5.03.0160, ajuizada pelo Sindicato dos Trabalhadores em Estabelecimentos de Serviços de Saúde Privados e Filantrópicos de Formiga (SINESFOR) em face de Santa Casa de Caridade de Formiga (MG) em que fora exarado parecer ministerial pelo Procurador Alesandro Batista Beraldo, em 4 de setembro de 2020. Foi postulada a condenação da reclamada a pagar os salários dentro do prazo legal, sob pena de multa a ser

[133] São legitimados todos aqueles previstos no artigo 5º da Lei n. 7.347/85: o Ministério Público; a Defensoria Pública; a União, os Estados, o Distrito Federal e os Municípios; autarquia, empresa pública, fundação ou sociedade de economia mista; e a associação que cumpra determinados requisitos.

fixada pelo juízo e o pagamento de danos morais individuais decorrentes do atraso salarial. Postulada a tutela de urgência, essa foi indeferida. A sentença foi de procedência, tendo deferido danos morais por salários recebidos em atraso em favor dos trabalhadores, bem como condenado a reclamada a pagar os salários tempestivamente sob pena de pagamento de astreinte no valor de R$5.000,00 (cinco mil reais) por dia de atraso. Todavia, em grau recursal, o Tribunal Regional do Trabalho da 3ª Região decidiu, em acórdão publicado em 2 de dezembro de 2020, pela ilegitimidade do sindicato para postular os danos morais decorrentes do atraso de salário e pela absolvição da ré quanto à astreinte, o que demonstra a necessidade de melhorias na proteção jurídica ao salário e a fragilidade da posição de trabalhador-credor.

3.4 Desafios a serem enfrentados

Nada obstante se pretenda instigar a atuação sindical para a efetivação da proteção ao salário, em todas as modalidades acima estudadas, não se desconhecem os obstáculos a serem transpostos pelos entes sindicais. A distância entre o plano teórico de fortalecimento da liberdade e da autonomia sindicais e a prática, em que há grande dificuldade do exercício desses direitos fundamentais, fora diagnosticada por Britto Pereira (2016).[134]

Destaca Ronaldo Lima dos Santos (2019) que os Sindicatos atravessaram as fases de proibição, tolerância e reconhecimento, mas que essas fases não são estanques, e se sucedem a cada conquista sindical. O caminho da atuação sindical é árduo, e, conquanto não se possa, na atual ordem jurídica nacional e internacional, cogitar de proibição da atividade sindical, permanecem manifestando-se forças antissindicais, por meio de

134 Oportuno trazer as precisas palavras do autor: "Percebe-se uma distância entre a autonomia sindical como pressuposto teórico da ação sindical com o seu exercício cotidiano, que encontra obstáculos e resistências por parte de agentes públicos e da própria sociedade, aliados a outros fatores que dificultam a mobilização dos trabalhadores para perseguirem interesses comuns. [...] Isso quer dizer que se verifica, no plano teórico, o fortalecimento do direito de liberdade sindical, e do seu elemento nuclear, a autonomia sindical, ao passo que, sob o ponto de vista prático, vivencia-se grande dificuldade de exercê-lo para produzir os efeitos perseguidos pelos trabalhadores (Pereira, R., 2016, p. 82).

decisões e legislações que tendem ao enfraquecimento das entidades.[135] Ricardo Britto Pereira (2016, p. 82) leciona:

> As mencionadas tendências liberalizantes aliadas a fenômenos descritos como característicos do Estado penitenciário contrapõem à autonomia sindical uma cultura anitissindical que neutraliza a força da primeira e que deve ser considerada nos estudos teóricos e nas práticas sindicais.

Baylos (2019) acrescenta que os obstáculos à efetiva realização dos direitos de representação coletiva acarretam uma perda real de possibilidades de atuação dos direitos fundamentais, e, portanto, uma degradação da qualidade democrática do país.

O movimento, portanto, de ação e reação, de superações e imposições de novos e sucessivos desafios à atuação sindical é contínuo.[136] É da natureza da realidade das entidades sindicais a luta contra os poderes constituídos, que determinam as regras do jogo. Conhecer os desafios deve servir para municiar a batalha para vencê-los, e jamais, para desmerecer a atuação ou justificar eventual inação. Nesse sentido, tendo em mente que as entidades sindicais são insubstituíveis (Baylos, 2019) e desenhadas como instituições garantes dos direitos dos trabalhadores (Pereira, R., 2016), traçam-se algumas linhas sobre situações atuais que provocam esse poder dos entes sindicais de transpor barreiras.

Há que se abordar a questão do financiamento sindical, o aspecto da ausência de ultratividade das normas coletivas e o quanto decidido em decisão proferida nos autos da Ação Direta de Inconstitucionalidade (ADI) 6363, com o reconhecimento da validade de acordo individual de trabalho independentemente de negociação coletiva. As questões ati-

[135] Maurício Delgado (2017) aponta como fatores de enfraquecimento sindical, dentre outros, a questão econômica (de financiamento das atividades), a terceirização, e a jurisprudência restritiva dos Tribunais superiores.

[136] Baylos (2019, p. 9) ao tratar da potencialidade do relato sindical, refere: "En la continua reconfiguración de las posiciones confrontadas en el desarrollo de las relaciones de trabajo, la mediación sindical tiene más capacidad de deslegitimación de disposiciones y reglas impuestas que de validar otras alternativas, pero su presencia es insustituible".

nentes à unicidade sindical e à determinação contida na novel redação do artigo 620 da CLT, também desafiadoras, foram nos itens 3.1.1 e 3.1.2.

3.4.1 A questão do financiamento sindical

Não se pode deixar de considerar que a atividade sindical demanda fontes de custeio para o bom desempenho da sua missão constitucional. Essa fonte de renda, no ordenamento jurídico brasileiro, é composta por quatro tipos de contribuições: mensalidades dos associados, contribuição assistencial, contribuição confederativa e contribuição sindical (Fincato; Felten, 2018). A Reforma Trabalhista perpetrada pela Lei n. 13.467/2017 retirou a compulsoriedade da contribuição sindical, condicionando-a à prévia e expressa autorização.

O prejuízo aos cofres dos entes sindicais foi visível, mormente porque a contribuição sindical era cobrada de todos os integrantes da categoria, associados ou não. Pamplona Filho e Mariana Fernandez (2019) observam que menos de 20% (vinte por cento) dos trabalhadores são sindicalizados. Assim, a atribuição da responsabilidade de custeio apenas aos associados às entidades sindicais desestabiliza as entidades, uma vez que a despeito da retirada da fonte de custeio, mantiveram-se a unicidade e a representação de toda a categoria.

Há celeuma na doutrina acerca da constitucionalidade ou não da retirada da contribuição sindical obrigatória. Otávio Brito Lopes (2018) defende a inconstitucionalidade da mudança, mormente pela manutenção da unicidade sindical e de todas as missões constitucionalmente atribuídas aos entes sindicais. Edilton Meireles (2018) sustenta a incompatibilidade da facultatividade da contribuição sindical, alicerçando na parte final do inciso IV do artigo 8º.

Por outro lado, outros juristas vinham criticando a compulsoriedade da contribuição sindical, apontando que ela não estava em consonância com o princípio da liberdade sindical plena (Fincato; Felten, 2018). Souto Maior, Severo e Yamamoto (2019) trazem elementos da história dos sindicatos no Brasil, informando que a contribuição sindical obrigatória está vinculada, em sua origem, à noção de categoria e à objetivo de intervenção estatal no sindicato. Caracterizam o antigo imposto sindical como antecessor histórico e lógico da própria noção de categoria. Garcia (2019) é categórico ao afirmar que a contribuição sindical compulsória restringia a liberdade sindical e era, portanto, incompatível com a Convenção n. 87 da Organização Internacional do Trabalho.

Antes mesmo da aprovação da Lei n. 13.467/2017, Maurício Godinho Delgado (2017, p. 138) já apontava que a contribuição sindical obrigatória poderia ser revogada pelo legislador, e descrevia a cizânia:

> Derivada de lei e incidindo também sobre os trabalhadores não sindicalizados, a receita tem indisfarçável matiz parafiscal. Com isso, atrai acerbadas críticas quanto à agressão que propiciaria aos princípios da liberdade associativa e da autonomia dos sindicatos. Entretanto, contraditoriamente, sua manutenção na ordem jurídica foi autorizada pela Constituição de 1988 ("... independentemente da contribuição fixada em lei" – diz o art. 8º, IV, in fine, do Texto Magno). De toda maneira, a Constituição não impede o legislador, oportunamente, de proceder à revogação dos preceitos legais instituidores da verba.

A questão posta é que a retirada da obrigatoriedade da contribuição sindical não veio acompanhada da supressão de outros elementos fundantes do sistema sindical brasileiro, como a unicidade sindical e a organização dos sindicatos necessariamente pelo critério de categoria[137], e ainda, ocorreu de forma súbita, sem qualquer regra de transição, sem que fosse concedido tempo para que se criassem novas formas de custeio. Há evidente desequilíbrio do sistema.

Todavia, o Supremo Tribunal Federal nos autos da Ação Direta de Inconstitucionalidade 5794[138] entendeu como constitucional o dispositivo que determinou a necessidade autorização prévia e expressa para o desconto da contribuição sindical. Foi Relator o Min. Edson Fachin, que esclareceu, inicialmente, que o regime sindical estabelecido pela Cons-

[137] Acresça-se que a própria configuração de categoria sofre menoscabo na prática, ante a disseminação e autorização legal para terceirização das atividades-fim das empresas, diminuindo a união e a organização dos trabalhadores, e dificultando, até mesmo, o enquadramento respectivo.

[138] BRASIL. Supremo Tribunal Federal. ADI 5794 – DF. Relator: Min. Edson Fachin. Redator do Acórdão: Min. Luiz Fux, 29 de junho de 2018. Disponível em: http://portal.stf.jus.br/processos/downloadPeca.asp?id=15339959032&ext=.pdf. Acesso em: 1 set. 2020.

tituição de 1988 está sustentado em três pilares fundamentais: a unicidade sindical, representatividade compulsória e a contribuição sindical, e destacou que "ao manter-se, na sistemática constitucional vigente, a unicidade sindical e a obrigação de representação de toda a categoria, incluindo associados e não-associados, a inexistência de uma fonte de custeio obrigatória inviabiliza a atuação do próprio regime sindical". Votou o Relator pela inconstitucionalidade da facultatividade da contribuição sindical. Foi acompanhado, pelo Min. Dias Toffoli e pela Min. Rosa Weber, que explanou: "não se pode afastar um dos pilares [...] trata-se de um tripé [...] afasta-se um, e a casa cai, em última análise". O voto que inaugurou a divergência, e obteve a maioria, foi o do Min. Luiz Fux, que destacou que parte final do inciso IV do artigo 8º da Constituição Federal deixa claro que cabe à lei dispor sobre a contribuição sindical, não havendo qualquer comando ao legislador que determine a compulsoriedade da exação. Restou vencido o Relator, e a decisão, portanto, foi pela constitucionalidade da retirada do caráter obrigatório da contribuição sindical.

Cristiano Paixão e Lourenço Filho (2020) comentaram a decisão, discordando da validação a mudança legislativa pelo Supremo Tribunal Federal: para eles, o Supremo Tribunal Federal não considerou a própria jurisprudência que atribuía caráter tributário à contribuição sindical, e não ponderou os problemas causados pelo fim súbito da receita sem o necessário diálogo social.

A despeito da multiplicidade de entendimentos sobre o tema, é preciso reconhecer que os entes sindicais sofreram com a retirada de sua principal fonte de custeio. A esse respeito, Rogério Rodriguez Fernandez Filho (2019) refere dados do extinto Ministério do Trabalho que apontam para uma redução de quase 89% (oitenta e nove por cento) das receitas dos sindicatos profissionais comparando-se o ano de 2018 com o ano de 2017, e ressalta que esse é um indicativo da necessidade de reflexão sobre formas de custeio diversas das compulsórias.[139]

[139] As dificuldades encontradas para a manutenção do financiamento sindical por contribuição obrigatória de extrato solidário (inciso I, artigo 3º, CR) são grandes, principalmente após a decisão de Plenário do STF da ADI 5794/DF, Relator Ministro Edson Fachin, mas é possível mudando o campo normativo da contribuição compulsória sindical, em que

Sopesando os aspectos favoráveis e desfavoráveis da mudança legislativa, Sara Benevides (2019, p. 181) leciona que apesar de a alteração estar em congruência, de certo modo, com os preceitos da liberdade sindical, corre-se o risco de "matar de inanição diversos sindicatos", e sugere que seja revisada a interpretação quanto às demais formas de custeio.

Sem dúvida, ante a inovação legislativa e a decisão do Supremo Tribunal Federal pela constitucionalidade do dispositivo que retirou a obrigatoriedade da contribuição sindical, será preciso reformular a forma de obtenção de receitas, o que parece estar inserto no movimento contínuo de ressignificação dos sindicatos, como destacado por Baylos (2019).

3.4.2 A questão da ultratividade

Outra questão polêmica tangente à negociação coletiva e aos seus instrumentos é a questão da ultratividade, ou aderência da norma coletiva ao contrato individual de trabalho.

Maurício Godinho Delgado (2017) expressamente opta pelo entendimento de que a aderência contratual limitada por revogação é a mais adequada. Essa posição refletiu-se na nova redação da Súmula 277, publicada em 2012:

> As cláusulas normativas dos acordos coletivos ou convenções coletivas integram os contratos individuais de trabalho e somente poderão ser modificadas ou suprimidas mediante negociação coletiva de trabalho.

A redação anterior estipulava a não aderência, ou seja, preconizava que as normas coletivas vigoravam no prazo assinado, não integrando os contratos individuais de trabalho, ressalvado apenas o período de vigência a da Lei n. 8.542/1992, que foi revogada em 1995, e que determinava exatamente a aderência contratual limitada por revogação.[140]

se vem dando a disputa, para uma obrigação de natureza contratual, virar uma pequena parcela do jogo. (FERNANDEZ FILHO, 2019, p. 3).

[140] §1º As cláusulas dos acordos, convenções ou contratos coletivos de trabalho integram os contratos individuais de trabalho e somente poderão ser reduzidas ou suprimidas por posterior acordo, convenção ou contrato coletivo de trabalho.

O renomado autor (2017, p. 236) defende a essencialidade da aderência, equiparando a ausência de ultratividade limitada a revogação "à perda automática de dezenas de direitos e garantis jurídicos específicos em uma data prefixada". Argumenta que se as normas coletivas não são dotadas de ultratividade relativa, há um desestímulo à negociação coletiva para o poder econômico, que passa a deter vantagem.

De outro lado, parte da doutrina defende que a ultratividade deixaria os sindicatos da categoria profissional em uma zona de conforto sem a necessidade de ingressar na negociação. Nessa linha, Pablo Rolim Carneiro (2018, p. 213) reconhece a existência da discussão na doutrina justrabalhista, mas faz duras críticas a redação dada à Súmula 277 em 2012:

> O fato é que esse entendimento de validade da norma coletiva mesmo após o término do seu prazo de vigência, além de contrariar texto expresso de lei, não contribui para o aprimoramento da negociação coletiva, uma vez que desestimula a participação das entidades representativas dos empregadores, sabedores de que o que vier a ser negociado se incorporará indefinidamente ao contrato. Prejudica, igualmente, os empregados, que se veem impedidos de ter melhoras temporárias em suas condições de trabalho, levando-se em conta aspectos conjunturais da economia, por exemplo.

Com a mesma visão, Sérgio Pinto Martins (2017), em posição diametralmente oposta à de Maurício Godinho Delgado, entende que a não incorporação das normas coletivas ao contrato de trabalho incentivará os sindicatos dos empregados a participar na negociação coletiva. Também Robortella (2018) defende que os acordos coletivos não são eternos, e arrazoa que a integração das cláusulas aos contratos individuais segmenta os empregados, causando desigualdades, e que no direito brasileiro, nem mesmo a lei se incorpora ao contrato individual.[141]

[141] Robortella (2018, p. 96) resume os impactos da Reforma Trabalhista na negociação coletiva: Extinção da contribuição sindical obrigatória, realmente intolerável porque no Brasil vigora o sistema do sindicato único para cada categoria profissional; – Limites ao direito adquirido com o fim da ultratividade da norma coletiva; – Prevalência sobre a lei da convenção coletiva; – Prevalência do acordo coletivo sobre a convenção coletiva; – Possibilidade de redução ou supressão de vantagens, sem contrapartida expressa; – Inter-

A teoria da aderência limitada por revogação sofreu dois reveses. Em 14 de outubro de 2016, nos autos da ADPF 323, em decisão monocrática, o Ministro Gilmar Mendes entendeu que a nova redação da Súmula 277 carecia de embasamento legal, e que desequilibrava a balança da negociação coletiva em favor dos empregados, determinando, ainda, a suspensão, *ad referendum* do Pleno, dos processos em curso sobre o tema.[142] Maurício Delgado (2017) criticou a decisão monocrática, ressaltando que a ultratividade relativa das cláusulas é condição para que se assegure o princípio da equivalência entre os contratantes coletivos. Até outubro de 2020, a

venção mínima estatal na negociação coletiva; – Representação interna dos empregados da empresa.

142 Desse modo, em análise mais apurada do que se está aqui a discutir, em especial com o recebimento de informações do Tribunal Superior do Trabalho e dos Tribunais Regionais do Trabalho da 1ª e da 2ª Região, bem como por verificar, em consulta à jurisprudência atual, que a Justiça Trabalhista segue reiteradamente aplicando a alteração jurisprudencial consolidada na nova redação da Súmula 277, claramente firmada sem base legal ou constitucional que a suporte, entendo, em análise preliminar, estarem presentes os requisitos necessários ao deferimento do pleito de urgência. Reconsidero, por esses motivos, a aplicação do art. 12 da Lei 9.868/1999 (eDOC 10). Em relação ao pedido liminar, ressalto que não tenho dúvidas de que a suspensão do andamento de processos é medida extrema que deve ser adotada apenas em circunstâncias especiais. Em juízo inicial, todavia, as razões declinadas pela requerente, bem como a reiterada aplicação do 56 Documento assinado digitalmente conforme MP nº 2.200-2/2001 de 24/08/2001, que institui a Infraestrutura de Chaves Públicas Brasileira – ICP-Brasil. O documento pode ser acessado no endereço eletrônico http://www.stf.jus.br/portal/autenticacao/ sob o número 11867909. ADPF 323 MC / DF entendimento judicial consolidado na atual redação da Súmula 277 do TST, são questões que aparentam possuir relevância jurídica suficiente a ensejar o acolhimento do pedido. Da análise do caso extrai-se indubitavelmente que se tem como insustentável o entendimento jurisdicional conferido pelos tribunais trabalhistas ao interpretar arbitrariamente a norma constitucional. Ante o exposto, defiro o pedido formulado e determino, desde já, ad referendum do Pleno (art. 5º, §1º, Lei 9.882, de 1999) a suspensão de todos os processos em curso e dos efeitos de decisões judiciais proferidas no âmbito da Justiça do Trabalho que versem sobre a aplicação da ultratividade de normas de acordos e de convenções coletivas, sem prejuízo do término de sua fase instrutória, bem como das execuções já iniciadas. (BRASIL. Supremo Tribunal Federal. ADPF 323. Decisão Monocrática publicada em 19 de outubro de 2016. Disponível em: http://portal.stf.jus.br/processos/downloadPeca.asp?id=310538275&ext=.pdf. Acesso em: 02 set. 2020).

decisão não havia sido submetida a julgamento pelo Pleno do Supremo Tribunal Federal.

Em 13 de julho de 2017, foi publicada a Lei n. 13.467, que entrou em vigor 120 dias depois, conferindo nova redação ao § 3º do art. 614 da CLT, que passou a dispor que: "não será permitido estipular duração de convenção coletiva ou acordo coletivo de trabalho superior a dois anos, sendo vedada a ultratividade".

A despeito da discussão doutrinária, a realidade é que a ultratividade limitada à revogação foi rejeitada por decisão monocrática no Supremo Tribunal Federal, cujos efeitos se prolongam ante a ausência de julgamento pelo pleno, e, posteriormente, vedada pela legislação infraconstitucional que instituiu a denominada "Reforma Trabalhista". Como já mencionado, o que se pretende é descrever o cenário no qual estão inseridos os entes sindicais no ordenamento jurídico brasileiro, e analisar o que pode ou precisa ser realizado para o exercício da missão constitucional. Assim, a negativa de ultratividade das cláusulas normativas impõe aos Sindicatos da categoria profissional um ônus e uma responsabilidade ainda maior de reiniciar, a cada período, as negociações coletivas, para que não se percam direitos e posições alcançadas no período anterior. Há de se enxergar essa necessidade de renovação das negociações como uma oportunidade para incluir a proteção ao percebimento tempestivo do salário na pauta, o que se faz necessário, tendo em vista os dados apresentados no item 3.1.2 supra.

3.4.3 A decisão proferida nos autos da ADI 6.363 e o acordo individual de trabalho

É preciso contextualizar o momento no qual se escrevem estas linhas. Em 2020, deflagrou-se no cenário mundial o que foi denominado de "pandemia do novo coronavírus", crise sanitária causada pelo risco de contágio em massa por um vírus novo e com potencial de letalidade. A recomendação geral passa pelo distanciamento ou mesmo isolamento social, o que ocasionou a inviabilidade de exercício de muitas atividades econômicas, resultando a crise sanitária também em crise econômica.

Nesse contexto, foram editadas Medidas Provisórias na tentativa de regulamentar as situações decorrentes dessa emergência: a Medida Provisória n. 927 de 22 de março de 2020, e a Medida Provisória n. 936, de

1º de abril de 2020, posteriormente convertida na Lei n. 14.020, de 6 de julho de 2020.[143]

O objetivo da Medida Provisória n. 936, declarado em sua Exposição de Motivos, era instituir Programa Emergencial de Manutenção do Emprego e da Renda e dispor sobre medidas trabalhistas complementares, para o enfrentamento da emergência em saúde pública de importância internacional em razão da infecção humana pelo novo coronavírus (Covid-19), com o objetivo de preservar o emprego e a renda, garantir a continuidade das atividades empresariais, bem como reduzir o impacto social diante da paralisação de atividades e restrição de mobilidade. O aspecto da MP a ser aqui abordado é o artigo 7º, que dispôs:

> Art. 7º Durante o estado de calamidade pública a que se refere o art. 1º, o empregador poderá acordar a redução proporcional da jornada de trabalho e de salário de seus empregados, por até noventa dias, observados os seguintes requisitos:
> I – preservação do valor do salário-hora de trabalho;
> II – pactuação por acordo individual escrito entre empregador e empregado, que será encaminhado ao empregado com antecedência de, no mínimo, dois dias corridos; e
> III – redução da jornada de trabalho e de salário, exclusivamente, nos seguintes percentuais:
> a) vinte e cinco por cento;
> b) cinquenta por cento; ou
> c) setenta por cento.

Ainda, o §4º do artigo 11 da Medida Provisória dispôs:

> § 4º Os acordos individuais de redução de jornada de trabalho e de salário ou de suspensão temporária do contrato de trabalho, pactuados nos termos desta Medida Provisória, deverão ser comunicados pelos empregadores ao respectivo sindicato laboral, no prazo de até dez dias corridos, contado da data de sua celebração.

[143] Essas normativas serão abordadas também no Capítulo 4, item 4.3, quando se analisará a atuação Interinstitucional do Ministério Público do Trabalho.

De imediato, nota-se a incompatibilidade da aceitação de acordo individual para redução de jornada e de salários com o disposto nos artigos 7º, VI, e 8º, VI da Constituição Federal, que preveem, em conjunto, a obrigatoriedade da participação dos Sindicatos na negociação coletiva e a exigência de negociação coletiva para que se possa excepcionar o princípio da irredutibilidade de salários. Tanto é assim que a Ação Direta de Inconstitucionalidade n. 6363 foi ajuizada pela Rede Sustentabilidade em 2 de abril de 2020, um dia após a edição da norma impugnada. A grande repercussão da matéria ensejou o interesse de diversas entidades, que passaram a figurar como *amicus curiae*, dentre as quais se destacam as Centrais Sindicais, a Confederação Nacional da Indústria e a Associação Nacional dos Procuradores do Trabalho (ANPT).

Em 06 de abril de 2020, o Ministro Ricardo Lewandowski, Relator do Processo, deferiu em parte a cautelar, *ad Referendum* do Plenário do Supremo Tribunal Federal, para dar interpretação conforme à Constituição ao §4º do artigo 11 da Medida Provisória 936/2020 para:

> [...] dar interpretação conforme à Constituição ao § 4º do art. 11 da Medida Provisória 936/2020, de maneira a assentar que "[os] acordos individuais de redução de jornada de trabalho e de salário ou de suspensão temporária de contrato de trabalho [...] deverão ser comunicados pelos empregadores ao respectivo sindicato laboral, no prazo de até dez dias corridos, contado da data de sua celebração", para que este, querendo, deflagre a negociação coletiva, importando sua inércia em anuência com o acordado pelas partes[144].

A ANAMATRA (Associação Nacional dos Magistrados do Trabalho) e a ANPT (Associação Nacional dos Procuradores do Trabalho) fizeram manifestações contundentes, reproduzidas no texto da decisão monocrática, no sentido de diagnosticar forte afronta às cláusulas pétreas da Constituição Federal decorrentes do texto da Medida Provisória.[145]

144 ADI 6363. Decisão Monocrática prolatada em 06/04/2020.

145 Reproduzem-se, por apropriadas e sucintas, as palavras da ANPT: Nesse sentido, ao tempo em que reconhece avanço nas medidas previstas na MP n. 936/2020, comparativamente à normativa anterior, a ANPT reitera a preocupação com as normas dos arts. 2º, 7, II, 8º, § 1º, 9º, § 1º, I, e 12, que autorizam a flexibilização de direitos trabalhistas extremamente

Submetida a liminar ao Plenário do Supremo Tribunal Federal, ela não restou referendada, conforme decisão de 17/04/2020. O Plenário, por maioria de votos, manteve a eficácia das regras da Medida Provisória n. 936, autorizadoras da redução da jornada de trabalho e do salário ou a suspensão temporária do contrato de trabalho por meio de acordos individuais em razão da pandemia do novo coronavírus, independentemente da anuência dos sindicatos da categoria.

A decisão fundamentou-se principalmente em argumentos econômicos para relativizar a força normativa do texto constitucional, em um movimento perigoso que Cristiano Paixão e Lourenço Filho (2020) designaram como "desconstituinte". Os mencionados autores bem definem as decorrências da utilização desse critério econômico[146] como prevalente sobre os direitos fundamentais sociais: "É o sacrifício dos trabalhadores em suposto benefício da sociedade como um todo" (Paixão; Lourenço Filho, 2020, p. 3).

A decisão, evidentemente, agradou os representantes do poder econômico, que ressaltaram que ela favorece a "segurança jurídica" por meio da validade de acordos individuais.[147] Como bem destacado por Cristiano Paixão em Webinário promovido pela Universidade de Direito do Paraná (2020), a segurança jurídica do empregador corresponde à insegurança jurídica, ou, simplesmente, à desproteção do trabalhador.

No mesmo sentido, Cezar Pritsch (2020, p. 10) aponta diversas incongruências nos fundamentos da decisão, por maioria, que não referen-

sensíveis no período de calamidade pública, mediante simples acordo individual entre empregado e empregador, caminhando em sentido diametralmente oposto ao patamar civilizatório projetado pela Constituição de 1988 para as relações sociais, notadamente as relações de trabalho, que prevê, nesse tipo de situação, garantias fundamentais como a preservação da negociação coletiva".

[146] O argumento da "crise econômica" foi também abordado no item 2.3.4, supra.

[147] Nesse sentido, consta da página do escritório de advocacia "Tozzini Freire Advogados" a seguinte nota: Em nosso entendimento, essa decisão sobre a constitucionalidade da MP nº 936 traz segurança jurídica para os acordos individuais e amplia as oportunidades de negociação sobre medidas excepcionais para o enfrentamento da crise e a preservação de empregos. (Disponível em: https://tozzinifreire.com.br/boletins/covid-19trabalhista-stf-confirma-validade-de-acordos-individuais-para-reducao-de-jornada-e-de-salario-e-para-suspensao-contratual. Acesso em: 02 set. 2020).

dou a liminar e reconheceu a validade do disposto na MP 936 acerca da admissibilidade do acordo individual:

> A maioria revelou pouca resistência em descartar uma garantia constitucional expressa (art. 7º, VI, da CRFB), aparentemente nulificando-a, ao invés de procurar uma possível ponderação que lhe impusesse o menor sacrifício possível. Acima disso, os argumentos da maioria revelaram certo desprezo pelo Direito Coletivo do Trabalho, pelo Princípio da Proteção (que presume que o trabalhador hipossuficiente não consegue uma negociação equilibrada em face de sua subordinação e dependência do empregador), e uma ácida descrença na possibilidade de atuação "proba" dos sindicatos (palavra utilizada por um dos Ministros). Tal surpreende, já que, em julgados recentes, o STF vinha glorificando a negociação coletiva, cogitando a possibilidade de esta inclusive suplantar o mínimo legal. Enfim, o tradicional Direito do Trabalho (individual e coletivo) parece encolher a cada julgado.

As razões pelas quais o artigo 7, VI, da Constituição Federal prevê a necessidade de negociação coletiva para excepcionar a irredutibilidade salarial remontam à origem do Direito do Trabalho, pois esse ramo do Direito surgiu exatamente para evitar que a liberdade contratual absoluta entre contratantes com absoluto desequilíbrio de forças ferisse os direitos humanos mais basilares.[148] No sentido, ainda, da impossibilidade de aceitação de argumentos econômicos para relativizar direitos sociais vinculados ao trabalho, remete-se ao conteúdo do Capítulo 2 supra, especialmente quanto à centralidade do valor do trabalho e da dignidade da pessoa humana na Constituição Federal, e ao princípio da não mercantilização do trabalho, alicerce da Organização Internacional do Trabalho.

[148] A esse respeito, remete-se ao seguinte texto, escrito em 2013, quando a flexibilização do Direito do Trabalho ainda se consistia em mera pretensão: KRUSE, Martha Diverio. A PRETENSÃO DE DESREGULAMENTAÇÃO DA JORNADA COMO EXPRESSÃO DO ESQUECIMENTO DAS ORIGENS DO DIREITO DO TRABALHO. In: Revista do Tribunal Regional do Trabalho da 18ª Região, Ano XIII, 2013. Disponível em: https://bibliotecadigital.trt18.jus.br/bitstream/handle/bdtrt18/13495/Revista_2013-atual-digital1.pdf. Acesso em: 02 set. 2020.

Muito embora se intente ter uma visão positiva acerca da força do movimento sindical e de sua insubstitutibilidade, nas palavras de Baylos (2019), é preciso analisar esses três desafios apresentados como um conjunto que de fato impõem sérios prejuízos à atuação dos entes sindicais na prática. Um sindicato enfraquecido pela súbita redução de suas despesas, submetido a controle estatal decorrente da unicidade e da organização por categoria, que precisa renovar as negociações coletivas a cada período, e que foi excluído da participação na negociação coletiva em um momento de maior fragilidade do trabalhador[149], certamente não estará em condições ideais para bem exercer a sua função constitucional de proteção e representação do trabalhador.

Nesse cenário, além da criatividade e da superação pelos entes sindicais, torna-se cada vez mais relevante, para a proteção do trabalhador e da própria liberdade sindical, a atuação do Ministério Público do Trabalho, que será abordada no próximo capítulo.

[149] Observa-se que o trabalhador é, em última análise, o mais afetado pela indigitada crise econômica aventada como fundamento da decisão do Plenário do Supremo Tribunal Federal, conforme já abordado no Capítulo 2.

CAPÍTULO 4
ATUAÇÃO DO MINISTÉRIO PÚBLICO DO TRABALHO NA PREVENÇÃO E REPRESSÃO DO ATRASO CONTUMAZ DE SALÁRIOS

A promulgação da Constituição da República de 1988 inaugurou um novo capítulo para o Ministério Público brasileiro, que passou a ser reconhecido como instituição permanente e essencial à função jurisdicional do Estado. O Parquet adquiriu, ainda, garantias próprias, como a autonomia funcional e administrativa, e princípios institucionais (unidade, indivisibilidade e independência funcional).[150] A Constituição não só elevou o Ministério Público a esse *status* de Instituição garantidora de direitos fundamentais, como também dispôs sobre os seus instrumentos de atuação, nomeadamente o inquérito civil e a ação civil pública.[151] Depreende-se do texto constitucional que a enumeração dos instrumentos é *numerus apertus*[152], e que a atuação do Ministério Público ocorre em âmbito administrativo e judicial.

O Ministério Público do Trabalho, que passa a integrar estrutura do Ministério Público da União[153] a partir de 1988, foi redesenhado[154], não

150 Artigo 127 da Constituição Federal.

151 Artigo 129, "III" da Constituição Federal.

152 Artigo 129, "IX" da Constituição Federal

153 Artigo 128, "I", "b", da Constituição Federal.

154 Essa mudança é enfatizada por Melo (2018, p. 50): Certamente o Ministério Público do Trabalho foi o ramo que mais cresceu e evoluiu pós Constituição de 1988 e a razão é simples: antes, pela CLT, o seu papel era basicamente emitir pareceres em todos os processos perante os tribunais regionais do trabalho e o TST (art. 746 da CLT). Além disso, ajuizava ações de dissídio coletivo, especialmente de greve, atuava em eleições sindicais e propunha poucas reclamações individuais em favor de menores que não tinham representante legal.

só adquirindo independência, como assumindo protagonismo na defesa de direitos fundamentais[155]. Atua não só provocando o Poder Judiciário, como também na qualidade de garantia orgânica em sentido amplo, aproximando-se da figura do *Ombudsman*[156] para os direitos humanos violados na relação de trabalho (Cruz, 2019). Para tanto, utiliza os instrumentos previstos na Constituição e na Lei Complementar 75, de 20 de maio de 1993 (LOMPU), que detalhou a sua estrutura interna, suas atribuições e seus instrumentos de atuação.

Destarte, o Ministério Público do Trabalho, por determinação da Constituição e da LOMPU, tem o dever de defesa dos direitos sociais constitucionalmente garantidos.[157] Dentre estes, figura o salário, que tem um aspecto fulcral na Constituição, como consequência da funda-

[155] Sobre a situação anterior à promulgação da Constituição de 1988, traz-se a síntese apresentada por João Pedro Ferraz dos Passos (2018, p. 37): "Destacavam-se entre as atribuições do Ministério Público do Trabalho até o advento da nova Carta, principalmente, mas não de forma exaustiva: 1) defender a política econômica do governo, tendo como dever apresentar recurso contra as decisões que fossem contrárias a política econômica estabelecida para reajustes de salários, especialmente quando os Tribunais, em Dissídios Coletivos, concediam reajustes, diretos ou indiretos, que fossem superiores aos índices estabelecidos pelas leis econômicas de salários; 2) fiscalizar as eleições das entidades sindicais, presidindo mesa apuradora, julgando recursos e homologando resultados das eleições; 3) ajuizar reclamação trabalhista a favor de menor de 18 anos sem representante legal; 4) iniciar processo de reclamação por falta de assinatura de carteira de trabalhador menor; 5) instaurar instância de dissídio coletivo quando ocorresse suspensão do trabalho; 6) executar as decisões proferidas pelos Tribunais; 7) cobrar a dívida ativa da União referente às multas impostas pelas autoridades administrativas e judiciárias do trabalho em ação executiva, entre outras competências estabelecidas na Consolidação das Leis do Trabalho e em leis esparsas. Importante verificar que as atribuições do Ministério Público do Trabalho eram, na verdade, voltadas para a defesa dos interesses do governo, mais próximas das funções de advogado do que de defensor das instituições, atrelado a premissa – falsa às vezes – de que o governo está sempre do ao lado dos interesses do Estado e da sociedade".

[156] Nesse sentido, Mazilli (2018) refere-se às funções conferidas pelo artigo 129, II e III da Constituição Federal como funções de *ombudsman,* e assevera que se encontram refletidas nos incisos II, IV e V da Lei Complementar n. 75/93.

[157] Artigo 83, III da Lei Complementar n. 73/95 (LOMPU).

mentalidade do valor social do trabalho para o Estado Democrático de Direito.[158]

Importante verificar que o Parquet Laboral atua, na maioria das vezes, face a violações de direitos cometidas por particulares, em uma relação em que há desequilíbrio entre as partes, conforme se observou nos capítulos anteriores. Cruz (2019) traz dois exemplos dessas relações não equitativas entre particulares: a relação de consumo e a relação de trabalho. Amparado por Bilbao Ubilos, evidencia a persistência do binômio poder-subordinação nas relações entre empregador e empregado como uma ameaça a direitos fundamentais. O autor define essa modalidade de atuação do Ministério Público como vertente proativa, enquanto Melo (2014, p. 52) a descreve como "proteção dos fracos, bem como dos direitos e das situações de abrangência comunitária, ao atuar como verdadeiro 'advogado da sociedade'".

No exercício desse mister, o Ministério Público do Trabalho busca a efetivação dos direitos fundamentais constitucionais, integrando o sistema de proteção laboral. Nas palavras de Rodrigo Carelli (2011, p. 61):

> Para resguardo do Direito do Trabalho, foi criado o sistema de proteção laboral, do qual fazem parte, além dos sindicatos dos trabalhadores, a Inspeção do Trabalho, a Justiça do Trabalho e, entrando recentemente no rol de instituições, o Ministério Público do Trabalho. Com base nos estudos de Cardoso e Lage (2007), demonstra-se a importância da atuação dessas instituições no sistema de proteção para a efetividade dos direitos trabalhistas. Sem elas, ou com a sua atuação ineficiente, incentiva-se o capitalista a deslegitimar o Direito do Trabalho, negando o seu cumprimento. Quanto mais dura for a punição e mais frequente for a fiscalização da observância de suas normas, mais efetivo será o Direito do Trabalho.

A imprescindibilidade da existência de instituições e instrumentos capazes de fazer cumprir a lei é frisada por Cruz (2019). O autor propõe a utilização do conceito de "*effective enforcement*[159]", oriundo dos juristas de

[158] Conforme abordado no Capítulo 2, item 2.1.

[159] Explica Linda Dickens (2012): "*by which is meant giving substantive effect to formal rights, reducing the likelihood of adverse treatment and promoting fairer workplaces*". Em tradução livre:

língua inglesa, ao regramento constitucional brasileiro acerca do Ministério Público do Trabalho. A sua função é garantir a aplicação prática dos direitos do trabalhador constitucionalmente previstos. Nesse ponto, Ricardo Britto Pereira (2012, p. 113) reforça: "Não apenas o MPT desponta no texto constitucional, mas todos os atores do mundo do trabalho, vinculados que estão à missão constitucional de elevar o trabalho ao pedestal que a constituição lhe reserva". Tem-se, então, que o papel primordial do Ministério Público do Trabalho é um paralelo da centralidade do valor social do trabalho na Constituição, demonstrado no item 2.1.

Nesse cenário, a busca da efetivação do direito fundamental ao percebimento tempestivo do salário desenvolve-se em três eixos principais de atuação: a administrativa, a judicial e a interinstitucional. O presente capítulo visa a analisar os principais aspectos e fundamentos dessas formas de agir do Ministério Público do Trabalho, com base em revisão da doutrina e apresentação de exemplos práticos selecionados como representativos.

4.1 Atuação administrativa do MPT

Com o papel do Ministério Público do Trabalho redefinido pela Constituição, houve um aumento considerável da demanda pela atuação extrajudicial. Essa vertente abrange não apenas os atos de investigação para instrução de eventual ação a ser ajuizada, mas também a busca pela solução extrajudicial do conflito (Cruz, 2019). A possibilidade e até mesmo a prioridade pela solução das questões em sede administrativa ensejou a designação de "Ministério Público Resolutivo", em contraposição à expressão "Ministério Público Demandista" (Gravonski, 2006).

Assim, o Ministério Público Resolutivo ambiciona não apenas investigar, mas solucionar os problemas que atentam contra os direitos constitucionalmente garantidos.[160] A proatividade, a autonomia são as caracte-

o que significa atribuir efeitos substantivo a direitos formais, reduzindo a probabilidade de tratamento adverso e promovendo ambientes de trabalho mais justos.

[160] Nesta toada, pode-se mencionar a Resolução 118, de 1º de dezembro de 2014, que instituiu a Política Nacional de Incentivo à Autocomposição no âmbito do Ministério Público, da qual se frisam os seguintes "Considerandos": "Considerando que o acesso à Justiça é direito e garantia fundamental da sociedade e do indivíduo e abrange o acesso ao Judiciário, mas vai além para incorporar, também, o direito de acesso a outros mecanismos e meios autocompositivos de resolução dos conflitos e controvérsias, inclusive

rísticas desse perfil. (Musse; Pessoa; Souza, 2019). Para tanto, utiliza os instrumentos postos à sua disposição que prescindem de judicialização, principalmente o inquérito civil, a recomendação e o Termo de Ajuste de Conduta (Melo, 2018; Gravonski, 2006). São estas algumas das ferramentas que podem ser utilizadas para a solução da questão do atraso contumaz de salários, objeto da presente pesquisa. Passa-se à análise de cada uma delas.

4.1.1 Inquérito Civil

O Inquérito Civil, elevado a instrumento constitucional em 1988, é regido também pela Lei n. 7.347/85 e pela Lei Complementar n. 75/93, no âmbito do Ministério Público da União. Está sujeito, ainda, ao regramento da Resolução n. 23, de 17 de setembro de 2007 do Conselho Nacional do Ministério Público (CNMP). Na esfera trabalhista, a regulamentação é veiculada pela Resolução n. 69, de 12 de dezembro de 2007 do Conselho Superior do Ministério Público do Trabalho (CSMPT) (Melo, 2014; Pereira, R. 2016).

A Resolução n. 69/2007 do CSMPT, de maneira congruente com a Resolução 23/2007 do CNMP, dispõe em seu artigo 1º, sobre a natureza unilateral e facultativa do inquérito civil, referindo que serve como preparação para o exercício das atribuições inerentes às funções institucionais.[161] Da redação do artigo nota-se que não é feita distinção entre as

o acesso ao Ministério Público como garantia fundamental de proteção e de efetivação de direitos e interesses individuais indisponíveis e sociais (art. 127, caput, da CR/1988); Considerando que a adoção de mecanismos de autocomposição pacífica dos conflitos, controvérsias e problemas é uma tendência mundial, decorrente da evolução da cultura de participação, do diálogo e do consenso". Merece destaque, ainda, o respectivo artigo 8º: Art. 8º A negociação é recomendada para as controvérsias ou conflitos em que o Ministério Público possa atuar como parte na defesa de direitos e interesses da sociedade, em razão de sua condição de representante adequado e legitimado coletivo universal (art. 129, III, da CR/1988); Parágrafo único. A negociação é recomendada, ainda, para a solução de problemas referentes à formulação de convênios, redes de trabalho e parcerias entre entes públicos e privados, bem como entre os próprios membros do Ministério Público.

161 Artigo 1º. O inquérito civil, de natureza unilateral e facultativa, será instaurado para apurar fato que possa autorizar a tutela dos interesses ou direitos a cargo do Ministério Público do Trabalho nos termos da legislação aplicável, servindo como preparação para o exercício das atribuições inerentes às suas funções institucionais.

funções institucionais exercidas em âmbito administrativo ou judicial, prestando-se o instrumento como preparatório para ambas as situações.

Hugo Nigro Mazilli (2018) ensina que o inquérito civil busca apurar a materialidade e a autoria de uma infração a interesses transindividuais, que possa ensejar o ajuizamento de ação civil pública ou qualquer atuação do Ministério Público em área não penal. Raimundo Simão de Melo (2014, p. 60) assim define o mecanismo no âmbito do Ministério Público do Trabalho:

> É o Inquérito Civil trabalhista um procedimento administrativo (1) e inquisitorial (2), informal (3), a cargo do Ministério Público do Trabalho (4), destinado a investigar sobre a ilegalidade do ato denunciado (5), a colher elementos de convicção para ajuizamento da Ação Civil Pública ou de qualquer outra medida judicial (6) e, convencido o órgão condutor, da irregularidade denunciada, a tomar do inquirido termo de ajustamento de conduta às disposições legais (7).

Neste ritmo, grande parte da doutrina ressalta a natureza inquisitorial do Inquérito Civil, associada a seu objetivo principal: a colheita de provas para embasamento de medidas judiciais (MELO, 2014; OLIVEIRA NETO, 2008). Com efeito, instrumento dispõe de "valor probatório" (WAKAHARA, 2017, p. 139), com "presunção qualificada de veracidade e legitimidade" (MELO, 2014, P. 94). Sobre a questão, disserta Ricardo Tadeu Marques da Fonseca (2011, p. 9):

> A natureza da prova obtida no inquérito civil, em nossa opinião é, em muito diferente daquela amealhada nos inquéritos penais, porque o membro do MP tanto como o juiz, e agente político que age imparcialmente por impulso legal; também é diferente daquela obtida pela parte no processo comum, eis que nesta hipótese os interesses são restritos a esfera privada e, por isso mesmo, ensejam maior cautela quanto aos efeitos que possam produzir no processo.

Não obstante, para além das funções preparatória e instrutória, no contexto de resolutividade do Ministério Público antes mencionado, o Inquérito assume um caráter de promoção da solução dos conflitos coletivos em seu próprio âmago (LIMA, B. 2017; CAVACO, 2015). Para Bruno Choairy Cunha de Lima (2017), o inquérito civil é dotado de uma fase resolutiva, consubstanciando-se em um meio de efetivação da ordem jurídica, pela via da tutela coletiva adequada.[162] Nessa perspectiva, o inquérito civil consiste em meio de acesso à ordem jurídica justa[163], em cumprimento ao disposto na Resolução 118 do CNMP antes referida (CAVACO, 2015). Visando a desenvolver esse potencial resolutivo, Bruno de Sá Barcelos Cavaco (2015) recomenda a inserção da dialética e do contraditório no bojo do inquérito civil, preconizando a sistemática do "*cards on the table approach*".[164]

O contraditório, todavia, não é essencial à validade do inquérito civil público no que toca a seu aspecto instrutório. O Supremo Tribunal Fede-

[162] As formas de resolução do conflito a partir e durante a própria tramitação do Inquérito Civil abrangem a Recomendação e o Termo de Ajuste de Conduta, que serão objetos, respectivamente, dos itens 4.1.2. e 4.1.3 do presente capítulo.

[163] Kazwo Watanabe (2019, p. 10) leciona que: "a) o direito de acesso à Justiça é, fundamentalmente, direito de acesso à ordem jurídica justa; b) são dados elementares desse direito: (1) o direito à informação e perfeito conhecimento do direito substancial e à organização de pesquisa permanente a cargo de especialistas e orientada à aferição constante da adequação entre a ordem jurídica e a realidade socioeconômica do País; (2) direito de acesso à Justiça adequadamente organizada e formada por juízes inseridos na realidade social e comprometidos com o objetivo de realização da ordem jurídica justa; (3) direito à preordenação dos instrumentos processuais capazes de promover a efetiva tutela de direitos; (4) direito à remoção de todos os obstáculos que se anteponham ao acesso efetivo à Justiça com tais características.

[164] O que equivaleria, em português, à "sistemática de cartas à mesa", ou seja, sem ocultações ou máscaras entre as partes do conflito. Amita Chohan (2019) comenta a decisão da Royal Court of Justice (Reino Unido) no caso CMC Holdings Ltd & Anor v Forster, RBC Trust Company (International) Limited and Regent Trust Company & Ors [2019] JRC 004A, destacando a posição da Corte de que A tendência recente das cortes de encorajar as partes a exercitar o "cards on the table approach" impõe limites, inclusive, ao *litigation privilegie* (sigilo na comunicação entre os litigantes e seus advogados). A mesma estratégia foi adotada na Nova Zelândia, como consequência do Tax Administration Act 1994, Part IVa, que entrou em vigência em 1º de outubro de 1996, dispondo sobre o intercâmbio de informações em formas prescritas de maneira a ensejar o entendimento pelas partes das divergências acerca da interpretação e da aplicação das leis tributárias. O procedimento administrativo passou a contar com alguns passos administrativos não vinculantes (*non-binding*) (KEATING, 2012, Tradução livre)

ral assim decidiu: "Como já demonstrado, a Súmula Vinculante 14[165] é aplicada apenas a procedimentos administrativos de natureza penal, sendo incorreta sua observância naqueles de natureza cível".[166]

O Tribunal Superior do Trabalho compartilha do mesmo entendimento, conforme se vê, *exempli gratia*, das seguintes decisões:

> INQUÉRITO CIVIL PÚBLICO. VALIDADE DA PROVA PARA APURAÇÃO DO DANO MORAL COLETIVO. VIOLAÇÃO DO CONTRADITÓRIO E DA AMPLA DEFESA NÃO CONFIGURADA (ART. 5º, LIV E LV, DA CONSTITUIÇÃO FEDERAL). O inquérito civil é procedimento administrativo, previsto nos arts. 8º, § 1º e 9º, da Lei nº 7.347/85 e 129, III, da Constituição Federal, que objetiva apurar informações e elementos probatórios acerca das denúncias que chegam ao Ministério Público do Trabalho sobre a ocorrência de lesões a direitos difusos, coletivos ou individuais homogêneos. Os documentos nele produzidos, posteriormente, poderão instruir o ajuizamento de ação civil pública, em caso de restar frustrada a assinatura do Termo de Ajustamento de Conduta. A jurisprudência tem atribuído valor probatório relativo às provas produzidas no inquérito civil, porquanto colhidas sem observância do contraditório, mas somente quando houver contraprova de hierarquia superior ou em desarmonia com o conjunto probatório produzido nos autos da ação civil pública. No caso em análise, ficou demonstrado que os depoimentos prestados administrativamente corroboram integralmente aqueles colhidos em juízo, inexistindo margem à alegação de violação dos incisos LIV e LV do art. 5º da Constituição Federal, a pretexto de não observância das garantias constitucionais do contraditório e da ampla defesa.[167]

> INQUÉRITO CIVIL PÚBLICO. AUSÊNCIA DE CONTRADITÓRIO. INEXISTÊNCIA DO CERCEAMENTO DE DEFESA. O objetivo do inquérito

[165] Dispõe a Súmula Vinculante n. 14 do Supremo Tribunal Federal: direito do defensor, no interesse do representado, ter acesso amplo aos elementos de prova que, já documentados em procedimento investigatório realizado por órgão com competência de polícia judiciária, digam respeito ao exercício do direito de defesa (Publicada em 09/02/2009).

[166] Rcl 8.458 AgR, voto do rel. min. **Gilmar Mendes**, P, j. 26-6-2013, *DJE* 184 de 19-9-2013.

[167] (RR-9890500-89.2004.5.09.0007, 1ª Turma, Relator Ministro Walmir Oliveira da Costa, DEJT 18/10/2013)

civil, além de instrumento preparatório para a ação civil pública, também é o de buscar uma solução extrajudicial para o conflito, prevenindo, assim, as partes envolvidas da demora do trâmite judicial. Considerando que se trata de um procedimento administrativo facultativo, ostenta natureza unilateral e inquisitorial, razão pela qual a jurisprudência foi pacificada no sentido de que o contraditório é prescindível. Precedentes. Recurso de revista não conhecido.[168]

Sucintamente, conclui-se que a ausência de espaço para o contraditório e para a ampla defesa durante a tramitação do inquérito civil não o invalida em sua vertente de colheita de provas. Todavia, pretendendo-se impingir-lhe um eixo resolutivo, torna-se relevante e pertinente a inclusão do investigado nos debates, abrindo-se o contraditório e o diálogo amplo, na busca de solução para o conflito em regime de cooperação, como se extrai da Resolução n. 118 do CNMP já mencionada (Lima, 2017; Cavaco, 2015).

Frisa-se que dentre os legitimados para o ajuizamento das ações coletivas, apenas ao Ministério Público é atribuída a possibilidade de instauração do inquérito civil (Pereira, R. 2016). Os demais produzem provas antes e durante o trâmite das respectivas ações, mas não podem se valer do inquérito civil. Destarte, este mecanismo não é condição de procedibilidade para o ajuizamento das ações a cargo do Ministério Público do Trabalho[169], pois não seria adequado exigir do Parquet condição não requerida dos outros possíveis autores da ação. Na prática, porém, é raro o ajuizamento de ações sem a prévia instauração do inquérito civil, inclusive em função da sua potencialidade resolutiva antes mencionada.

O inquérito civil pode ser instaurado de ofício, mediante requerimento ou representação, ou por designação dos órgãos superiores da Instituição.[170] Raimundo Simão de Melo (2014) salienta o poder-dever de o Ministério Público do Trabalho atuar caso se tenha ciência, por qualquer forma, de fatos que constituam lesão aos interesses ou direitos cole-

[168] (ARR-673-37.2010.5.10.0002, 2ª Turma, Relatora Ministra Maria Helena Mallmann, DEJT 15/06/2018).

[169] Consoante parágrafo único do artigo 1º da Resolução 69 do CSMPT.

[170] Artigo 2º da Resolução 69 do CSMPT.

tivos. Em oposição ao papel do Judiciário, que espera ser demandado, o Ministério Público tem o dever de agir provocando não só o juiz, mas todas as autoridades, pessoas físicas ou jurídicas visando a resolver a violação de direitos que lhe foi apresentada, seja por protocolo formal, seja pela imprensa escrita, falada ou televisiva (FONSECA, 2011). Poder-se-ia incluir, hoje, a possibilidade de conhecimento de violações de direitos por meio das denominadas redes sociais, uma vez que se ressalta sempre o "conhecimento por qualquer meio".

Em sendo assim, aventa-se a possibilidade de recebimento de denúncias anônimas, mormente em uma perspectiva em que os denunciantes estão em situação de subordinação em relação aos denunciados, como sói ocorrer na relação de trabalho (PEREIRA, R. 2016). Ora, se o conhecimento dos fatos pode ocorrer por qualquer forma, nesta amplitude está inserta a possibilidade de a notícia ser veiculada sem identificação do noticiante. Nesse diapasão, há disposição expressa no §6º do artigo 2º da Resolução n. 69 do CSMPT: "§ 6º O conhecimento por manifestação anônima não implicará ausência de providências, desde que obedecidos os mesmos requisitos para as representações em geral, constantes no artigo 2º, inciso II, desta Resolução".

Ricardo Britto Pereira (2016) explana que não há incompatibilidade da norma supramencionada com a vedação constitucional ao anonimato (artigo 5º, IV), pois se trata de comunicação de violação de direitos, justamente para respaldar a tutela da ordem jurídica, em proveito da sociedade como um todo, diferenciando-se da hipótese de liberdade de pensamento. Assim, recebida a notícia de fato, ainda que anônima, deverá o (a) Procurador (a) do Trabalho diligenciar na adoção de providências, podendo, ainda, para tanto, utilizar-se do procedimento preparatório, previsto e regulado nos §§ 7º a 10º do artigo 2º da Resolução n. 69 do CSMPT.[171]

Outrossim, aplica-se o princípio da publicidade dos atos, com exceção das hipóteses de sigilo legal ou em que possa acarretar prejuízo às investi-

[171] Conforme se vê da redação dos parágrafos mencionados, o Procedimento Preparatório, como revela sua designação, destina-se a buscar complementações das informações antes da instauração do inquérito civil, podendo apurar elementos para identificação dos investigados ou do objeto da investigação.

gações, devendo-se, sempre, motivar a decretação de sigilo.[172] A publicidade é decorrente do interesse da sociedade nos fatos investigados e nos direitos metaindividuais objeto da tutela. Deve-se, entretanto, observar a ponderação entre a garantia à sociedade o direito elementar à informação e a não exposição excessiva ou injusta do inquirido (Melo, 2014).

Todos esses aspectos do inquérito civil na esfera trabalhistas são aplicáveis àqueles inquéritos em que se busca a apuração e a solução do problema objeto da presente pesquisa. O atraso contumaz de salários, inclusive, foi mencionado expressamente por Bruno Choairy Cunha de Lima (2017, p.4):

> Um exemplo, na área trabalhista, calha apontar. Suponha-se hipótese de denúncia de atraso do pagamento de salários, a afetar a coletividade de trabalhadores de uma determinada empresa, seguindo-se a instauração de inquérito civil e a requisição à investigada para apresentar os comprovantes de pagamento de salário dos últimos três meses. Apresentados os documentos e constatada a ilicitude com impacto coletivo (pagamento intempestivo de salários a uma coletividade de empregados, em contrariedade à obrigação contida no art. 459 da CLT, é facultada a propositura imediata de ação civil pública, voltando-se contra a ilicitude verificada, ou a continuidade do inquérito civil, propondo-se termo de ajuste de conduta ou mesmo expedindo-se recomendação para cumprimento dessa obrigação específica.

A atuação do Ministério Público do Trabalho quanto ao atraso ou não pagamento de salários está prevista no Temário Unificado[173] respectivo, sob o número 9.14.2, associado à nota explicativa, da qual se sublinha a seguinte passagem:

> O salário tem caráter alimentar. Portanto, seu atraso ou não pagamento, causa sérios problemas ao empregado, como prejuízo no seu sustento, e, na maioria dos casos, de sua família. Ademais, há os problemas de ordem finan-

[172] Artigo 7º da Resolução 69 do CSMPT.

[173] O Temário Unificado do Ministério Público do Trabalho foi criado pela Resolução n. 76 do CSMPT, de 24 de abril de 2008.

ceira, pois em muitos casos o empregado é obrigado a deixar de honrar os seus compromissos. (Ministério Público do Trabalho, 2011)

Assim, eventual inquérito civil a ser instaurado sobre atraso de salários será classificado de acordo com o tema supramencionado. A classificação serve para orientar a distribuição interna dos inquéritos civis, pelos critérios estabelecidos na Resolução n. 132 do CSMPT, de 25 de outubro de 2016. É útil, ainda, para que se possa aferir o quantitativo de procedimentos sobre determinada temática, seja para planejar estrategicamente a atuação, seja para subsidiar pesquisas. Assim, consultou-se o sistema "MPT Gaia", acessível aos Membros do Ministério Público do Trabalho, buscando o número de notícias de fatos e inquéritos civis autuados em 2016, 2017, 2018 e 2019 relativos ao assunto "atraso ou não ocorrência de pagamentos". A partir dessa consulta, elaborou-se o seguinte resumo:

Tabela 5

	Total de NFS[174] recebidas	NFs recebidas com o tema atraso de salários	Percentual de NFs com atraso de salários	Total de ICP[175] instaurados	ICPs instaurados com o tema atraso de salários	Percentual de ICPs instaurados com o tema atraso de salários
2016	96.405	17.097	17,7%	30.682	4.621	15%
2017	108.196	17.723	16,3%	31.597	4.110	13%
2018	96.957	14.578	15%	27.993	3.197	11,4%
2019	94.138	12.999	13,8%	28.001	3.124	11,1%

Fonte: Elaborada pela autora.

Os dados mostram que mais de dez por cento das notícias de fato e inquéritos civis autuados e instaurados de 2016 a 2019 envolvem o tema de atraso ou não pagamento de salários, o que evidencia que o Ministé-

174 Notícias de Fato.

175 Inquéritos Civis Públicos.

rio Público do Trabalho vem sendo provocado na busca de uma solução para essa mácula aos direitos fundamentais.[176] Esta demanda é atendida por meio da utilização dos instrumentos judiciais e extrajudiciais ora estudados.

Diversas diligências podem ser realizadas durante a tramitação do inquérito civil para apurar atrasos de salários. Evidentemente, elas serão definidas pelo (a) Membro (a) que o presidir, conforme prescreve o princípio da independência funcional. Trazem-se alguns exemplos das diligências já adotadas, sem a pretensão de as exaurir, pois a dialética e a dinâmica dos fatos impossibilitam o estabelecimento prévio e estanque das diligências possíveis.

Uma das medidas viáveis é a requisição dos recibos de pagamento, devidamente assinados e datados pelo empregado. Há uma ressalva a ser feita, conforme adiantado no item 3.1.2 supra[177], há casos em que a notícia de fato traz em paralelo ao atraso de salários a informação de que há coação para assinatura retroativa dos recibos. Nesse caso, há perda da verossimilhança dos recibos, devendo se utilizar de outros meios para averiguar a tempestividade do pagamento, *exempli gratia*, a exigência de comprovante de depósito bancário, ou a oitiva de testemunhas. A lei possibilita o pagamento em dinheiro (em espécie), não exigindo que ocorra por comprovante bancário, o que dificulta esse requerimento. No entanto, abertos os diálogos, é possível que a própria parte investigada tenha interesse em adotar esse método, para demonstrar a regularidade ou a adequação da conduta.

Outra forma de avaliar se o salário é efetivamente pago em dia, é a exigência do comprovante de pagamento de salário no dia subsequente ao do vencimento. Assim, tendo notícia de atraso, pode se exigir, mensalmente, que a empresa apresente a comprovação de pagamento logo após o quinto dia útil do mês, não proporcionando, pois, tempo para a confecção retroativa dos recibos. Por vezes, ainda, o atraso de salários é amplamente divulgado pela imprensa, tornando-se fato notório, e passando a

[176] A caracterização do direito tempestivo ao pagamento de salários como direito fundamental social foi objeto de estudo no Capítulo 1.

[177] Vide Nota de Rodapé n. 73

prescindir de provas, nos termos do artigo 374 do Código de Processo Civil de 2015.

Em outras situações, a parte investigada confessa o atraso salarial, e apresenta justificativas atinentes à crise econômica, em argumento já analisado no item 2.3.4 supra, como se pretendesse atribuir aos empregados o risco da atividade econômica, ou mesmo, tomar o valor do salário como um tipo de empréstimo para a subsistência da empresa, em detrimento das necessidades do empregado e do caráter forfetário[178] do salário. Nessa hipótese, entende-se que a confissão do atraso torna desnecessário maior esforço na colheita de provas, sendo o caso de se adentrar na fase de tentativa de resolução do problema, em conjunto com o investigado, ou, em caso de resistência, por meio da adoção das medidas judiciais pertinentes.

Em outro giro, a simples ciência de que a situação está sendo devidamente acompanhada pelo Ministério Público e o temor de se tornar réu em ações civis públicas podem acarretar a adequação da conduta. Isso ocorre em casos nos quais havia a priorização de outros débitos com maiores penalidades por atraso, e a notificação ministerial acarreta a revisão dessa escala de prioridades pelo empregador. Esse cálculo feito pelo empregador, das vantagens e desvantagens no descumprimento da legislação trabalhista foi demonstrado no item 2.3.5. A atuação ministerial, nesse particular, tem o condão de infringir penalidades para que se possa compelir o empregador a pagar tempestivamente os salários, trazendo o *effective enforcement* antes referido, seja pela tomada do Termo de Ajuste de Conduta, seja pela Ação Civil Pública, na busca do restabelecimento da ordem jurídica violada.

A conclusão do inquérito civil ocorre pelo arquivamento, pela tomada do Termo de Ajuste de Conduta[179] ou pelo ajuizamento de ação civil pública.[180] O arquivamento pode decorrer da não verificação da irregularidade, da adequação da conduta no curso do procedimento, ou, ainda, da existência de investigação idêntica já iniciada. Nesse último caso, a

[178] Explana Márcio Túlio Viana (2014, p. 21): "o seu caráter forfetário (do Francês: à *forfait*) vem do fato de que o seu valor é prefixado e o seu pagamento é sempre devido".

[179] Abordado no item 4.1.3.

[180] Analisada no item 4.2.1.

denúncia deverá ser juntada aos autos do procedimento preexistente, para ciência do membro do Ministério Público do Trabalho com atribuição originária para o caso.[181] O arquivamento, quando for o caso, deve ser promovido em peça autônoma e fundamentada, com remessa à Câmara de Coordenação e Revisão, a quem caberá decidir pela homologação ou não da promoção de arquivamento.

4.1.2 Recomendação

A Recomendação não está prevista de forma literal na Constituição, mas pode ser depreendida da expressão "medidas necessárias" contida em seu artigo 129, II[182] (Sartori; Bialle, 2016; Ávila, 2017). Há previsão expressa no artigo 6º, XX, da Lei Complementar n. 75/93, que define o objetivo das recomendações: "a melhoria dos serviços públicos e de relevância pública, bem como ao respeito, aos interesses, direitos e bens cuja defesa lhe cabe promover"[183], além de incluí-las no rol de instrumentos de atuação do Ministério Público da União.

A Recomendação é objeto, ainda, da Resolução n. 164 do Conselho Nacional do Ministério Público, de 28 de março de 2017, que a conceitua, em seu artigo 1º, como instrumento de atuação extrajudicial do Ministério Público, funcionando como mecanismo de prevenção de responsabilidade ou correção de condutas, não tendo caráter coercitivo.[184] No âmbito do Ministério Público do Trabalho, o artigo 15 da Resolução n. 69/2007 faculta a expedição de recomendações por seus Membros.[185]

[181] Resolução n. 69 do CSMPT.

[182] "II – zelar pelo efetivo respeito dos Poderes Públicos e dos serviços de relevância pública aos direitos assegurados nesta Constituição, promovendo as medidas necessárias a sua garantia";

[183] Sartori e Bialle (2016) ressaltam que a Recomendação serve para buscar o cumprimento das normas constitucionais e, além disso, para conferir maior celeridade e racionalização aos processos administrativos.

[184] Merece realce na fundamentação da referida Resolução, o seguinte trecho, que correlaciona o instituto da recomendação com a autocomposição: "Considerando a acentuada utilidade da recomendação para a autocomposição conflitos e controvérsias envolvendo os direitos de cuja defesa é incumbido o Ministério Público, sendo importante instrumento de redução da litigiosidade, e de ampliação do acesso à justiça em sua visão contemporânea".

[185] Art. 15. O Ministério Público do Trabalho, nos autos do inquérito civil ou do procedimento preparatório, poderá expedir recomendações devidamente fundamentadas,

Fernando Barbugiana (2020, p. 66) assim define a medida ora em estudo:

> [...] o expediente de atuação eminentemente externa, voltado à exortação, ao conselho, à orientação, ao apontamento de como proceder, sem vinculação de seu conteúdo, mas indicando as prováveis consequências do não acatamento. Ou seja, um meio capaz de promover a solução amigável (extrajudicial) de conflitos transindividuais.

Salienta-se, ainda, que se trata de ato praticado de forma unilateral, de caráter preventivo, que não consubstancia título executivo extrajudicial, e que a legitimidade para a sua expedição é exclusiva do Ministério Público (Ávila, 2017).

A Recomendação deve ser fundamentada, conforme se extrai dos artigos 2º, I, e 7º da Resolução n. 164/2017 do CNMP e do artigo 15 da Resolução 69/2007 do CSMPT. Além da obrigatoriedade prevista na Resolução, a fundamentação é inerente à natureza do ato, sendo uma oportunidade de convencimento do destinatário a adotar determinada conduta, por meio da exposição de razões de fato e de direito que justifiquem a sua exigibilidade.

Por outro lado, Ávila (2017) argumenta que a Recomendação não pode ser entendida como simples sugestão ou conselho, uma vez que, comprovada a reiteração da irregularidade da conduta após o seu recebimento, fortalece-se a prova de que a parte tinha ciência da inadequação e intenção de descumprir a norma objeto da atuação ministerial. Já Mazilli (2018) focaliza em dois aspectos: a Recomendação é proveniente de uma instituição que adquiriu respeito e tradição na defesa da comunidade, tendo força política muito grande; e o não-atendimento da obrigação acarretará a tomada das medidas subsequentes pelo Ministério Público, dentre os quais figura o ajuizamento da ação civil pública.

A expedição de recomendações torna-se conveniente, pois pode acarretar diminuição da litigiosidade, por meio da exposição das razões do

visando à melhoria dos serviços públicos e de relevância pública, bem como aos demais interesses, direitos e bens cuja defesa lhe caiba promover

Ministério Público perante o destinatário. A expedição de Recomendações aproxima-se, destarte, do *cards on the table approach.*[186]

A expedição deve ocorrer em momento anterior ao ajuizamento da medida judicial pertinente (Sartori; Biale, 2016). Assim determina o artigo 6º da Resolução n. 164 de 2017 do CNMP, inclusive com menção à utilização preferencial da Recomendação. Em caso de não atendimento, o Ministério Público adotará as medidas judiciais pertinentes.[187] No âmbito do Ministério Público do Trabalho, o parágrafo único do artigo 15 da Resolução 69 de 2007 do CSMPT dispõe, expressamente, que: "É vedada a expedição de recomendação como medida substitutiva ao termo de ajuste de conduta ou à ação civil pública".

Tem-se, então, que a expedição de Recomendação visa a evitar que seja necessário o ajuizamento da ação civil pública ou medida judicial pertinente, mas esse efeito somente será gerado pelo efetivo atendimento da advertência nela contida. Nesse sentido, o Enunciado n. 16 da Câmara de Coordenação e Revisão do Ministério Público do Trabalho:

> NOTIFICAÇÃO RECOMENDATÓRIA. NECESSÁRIA AVERIGUAÇÃO DO ATENDIMENTO DOS SEUS TERMOS. A mera expedição de Notificação Recomendatória, sem quaisquer subsídios posteriores que indiquem a regularidade da empresa denunciada, não serve como fundamento para arquivamento da investigação. Necessidade de complementação investigatória a fim de averiguar seu atendimento.

Raimundo Simão de Melo (2014) destaca que a despeito das Recomendações não disporem de caráter vinculante, podem ensejar implicações práticas pela sua força moral, psicológica e política. Isso ocorre principalmente nos casos daquelas empresas que consideram que o simples fato de figurarem como investigadas pelo Ministério Público pode trazer prejuízos à sua imagem ou empecilhos, por exemplo, à participação em processos licitatórios. Os efeitos da recomendação são sintetizados por Sartori e Bialle (2016, p. 346):

[186] Vide nota de rodapé n. 161.

[187] Artigo 11 da Resolução n. 164, de2017.

a) condiciona comportamentos jurídicos, influenciando na tomada de decisões; b) tem um caráter psicologicamente conformador e influi nos mecanismos psicológicos de escolha, sem tolher a liberdade decisória do destinatário; c) gera o efeito dever de pronunciamento do destinatário (a nossa lei prevê a possibilidades de exigir dele uma resposta escrita); d) quando acatada, pode ser útil como elemento atenuador de certas responsabilidades ou repercutir na esfera jurídica de terceiros (nomeadamente nos casos que envolvem direitos supraindividuais); e) quando não acatada, pode servir de elemento demarcador da responsabilidade civil e criminal e não impede que os fatos venham a construir objetos de outras medidas; f) no campo interno, as recomendações vinculam o próprio Ministério Público.

A Recomendação pode ser utilizada, portanto, para apresentar ao investigado a fundamentação jurídica da exigência do pagamento tempestivo de salários, e, para adverti-lo de que na persistência da situação de atraso contumaz de salários, serão adotadas as medidas judiciais pertinentes, nomeadamente a Ação Civil Pública. Além disso, em caso de necessidade de ajuizamento, a comprovação do envio da Recomendação demonstrará a reiteração da conduta ilícita.

A título de exemplo, menciona-se a Recomendação expedida pela Procuradora do Trabalho Jéssica Marcela Schneider nos autos do Inquérito Civil n. IC 000001.2016.23.004/9, no Município de Alta Floresta, que, de forma sintética e precisa, recomendou a observação do prazo legal para pagamento do salário pela empresa investigada, apresentando a fundamentação pertinente:

O MINISTÉRIO PÚBLICO DO TRABALHO, por seu órgão que ao final subscreve, com fundamento nos arts. 127 e 129, inciso III, da Constituição da República; e no art. 6º, inciso XX, da Lei Complementar n.º 75/93; Considerando a legitimidade do Ministério Público do Trabalho para instaurar inquérito civil e ajuizar ação civil pública em defesa dos direitos sociais constitucionalmente garantidos no âmbito das relações de trabalho; Considerando a notícia de fato emergente das peças informativas existentes nos autos, relacionas aos temas: TEMAS: 09.14.02. – Atraso ou não ocorrência do Pagamento; CONSIDERANDO que o artigo 7º, inciso X, da Constituição Federal aduz ser direito de todos os trabalhadores, urbanos e rurais , "a

> proteção do salário na forma da lei, constituindo crime sua retenção dolosa"; CONSIDERANDO que o artigo 459, parágrafo 1º, da Consolidação das Leis do Trabalho dispõe que o salário mensal deverá ser efetuado " o mais tardar, até o quinto dia útil do mês subsequente ao vencido"; CONSIDERANDO que o pagamento do salário é o dever contratual mais básico do empregador em uma relação de emprego e o direito mais fundamental do trabalhador, já que é através do salário que ele proverá a si e à sua família, bem como cumprirá com suas obrigações hodiernas; CONSIDERANDO que, nos termos do art. 2º, § 1º, do Decreto-Lei nº 368/68,considera-se mora contumaz o atraso ou sonegação de salários devidos aos empregados, por período igual ou superior a 3 meses, o que, nos termos doart. 483, 'd', da CLT, pode inclusive ensejar a rescisão indireta do contrato de trabalho; O Ministério Público do Trabalho, por meio da Procuradora do Trabalho signatária, com fundamento nos artigos 129, XXX e VI, da Constituição Federal e 6º, inciso XX, da LC 75/1993, RECOMENDA a Vossa Senhoria que proceda ao pagamento integral dos salários de seus empregados até o quinto dia útil do mês subsequente ao vencido, mediante recibo discriminando especificamente cada parcela paga, a fim de adequar sua conduta definitivamente aos dispositivos

Houve a adequação da conduta da empresa, e o consequente arquivamento do inquérito civil, homologado pela Câmara de Coordenação e Revisão do Ministério Público do Trabalho.[188] A recomendação foi, neste caso, suficiente para a adequação da conduta, surtindo os efeitos de garantir o direito e evitar a litigiosidade.

Por outro lado, há casos em que a Recomendação não é seguida, mas que a expedição é referida na petição inicial de ação civil pública, para demonstrar a resistência da empresa em adequar a sua conduta, reforçando os elementos de prova acerca da ilicitude. Foi o que ocorreu nos autos da Ação Civil Pública n. 0000681-86.2016.5.20.0014, ajuizada pela Procuradora Clarisse de Sá Farias Malta perante a Vara do Trabalho de Lagarto, Sergipe. A tutela antecipada fora deferida e confirmada pela sentença, que julgou parcialmente procedentes os pedidos do Ministério Público do Trabalho, condenando a ré em ao pagamento dos salários em

[188] Conforme andamento do Procedimento Administrativo verificado no sistema MPT Digital.

dia, entre outras obrigações de fazer, e, ainda, ao pagamento de indenização por danos morais coletivos.

Assim, a despeito da fragilidade da recomendação, por se tratar de uma medida não vinculante, em alguns casos, ela pode se mostrar útil, seja para obter da empresa a adequação espontânea da conduta, seja para registrar a resistência da empresa em fazê-lo, para fins de instrução de futura ação civil pública.

4.1.3 Termo de Ajustamento de Conduta (TAC)

A tendência do Conselho Nacional do Ministério Público de incentivar a autocomposição, expressa nas suas Resoluções n. 118 e n. 164 já mencionadas, pode ser observada também na fundamentação da Resolução n. 179, de 26 de julho de 2017, que regulamenta os Compromissos de Ajustamento de Conduta.[189] O instrumento está previsto no §6º do artigo 5º da Lei n. 7.347/85, com redação dada pela Lei n. 8.078/90.[190]

Não há previsão direta e literal do Termo de Ajuste de Conduta (TAC) na Constituição, mas ele exerce um papel importante na concretização do mandamento constitucional de pluralidade objetiva e subjetiva resolução dos conflitos de interesses (Pereira, R., 2016). O mecanismo tem o condão de pacificar os conflitos, prevenindo litígios, e evitando demandar as vias judiciais, as quais, por estarem sobrecarregadas, podem não representar o melhor caminho para a tutela dos direitos difusos (MELO, 2014; NERY, 2017). A força de título executivo extrajudicial atribuída legalmente faz com que mesmo na hipótese em que se faça necessária

[189] Nota-se a similitude da fundamentação, com referência à efetividade e à redução da litigiosidade: "Considerando a necessidade de garantir a efetividade dos compromissos de ajustamento de conduta; Considerando a acentuada utilidade do compromisso de ajustamento de conduta como instrumento de redução da litigiosidade, visto que evita a judicialização por meio da autocomposição dos conflitos e controvérsias envolvendo os direitos de cuja defesa é incumbido o Ministério Público e, por consequência, contribui decisivamente para o acesso à justiça em sua visão contemporânea; Considerando a conveniência institucional de estimular a atuação resolutiva e proativa dos membros do Ministério Público para promoção da justiça e redução da litigiosidade (...)

[190] § 6º Os órgãos públicos legitimados poderão tomar dos interessados compromisso de ajustamento de sua conduta às exigências legais, mediante cominações, que terá eficácia de título executivo extrajudicial. (Incluído pela Lei nª 8.078, de 11.9.1990).

a judicialização, como no caso de descumprimento e consequente execução do termo de ajuste, diminua-se o ônus e a duração da demanda, atalhando-se a fase de conhecimento (Melo, 2014).

A Resolução n. 179 do CNMP conceitua o TAC em seu artigo 1º: é instrumento de garantia de direitos coletivos *lato sensu* e de outros direitos, tem natureza jurídica de negócio jurídico, objetiva a adequação da conduta às exigências legais e constitucionais e dispõe de eficácia de título executivo extrajudicial. Acrescenta-se que é vedada qualquer negociação que importe em renúncia aos direitos ou interesses transindividuais, conforme disposto no §1º do mesmo dispositivo (Bitencourt, 2020).

Na seara juslaboral, também o artigo 876 da CLT garante a exequibilidade do instrumento (Pereira, R. 2016; Melo, 2014). A regulamentação nesse âmbito é trazida pelo artigo 14 da Resolução n. 69 do CSMPT. O dispositivo acrescenta que a firmatura do TAC visa à reparação do dano, à adequação da conduta às exigências legais ou normativas, e, ainda, à compensação e/ou indenização pelos danos que não possam ser reparados.

Geisa de Assis Rodrigues (2011) assim define o Termo em análise:

> O Termo de Ajustamento de Conduta é uma forma de solução extrajudicial de conflitos, promovida por órgãos públicos, tendo como objeto a adequação do agir de um violador ou potencial violador de um direito transindividual (direito difuso, coletivo ou individual homogêneo) às exigências legais, valendo como título executivo extrajudicial. É um negócio jurídico bilateral, um acordo, que tem apenas o efeito de acertar a conduta do obrigado às determinações legais. Independentemente do seu rótulo, não pode ter como resultado disposição nem transação do direito transindividual.

O Termo de Ajuste de conduta representa a forma pela qual o violador da norma se compromete ao cumprimento respectivo, perante uma autoridade, na forma e com as penalidades estabelecidas no próprio termo. Houve discussão doutrinária acerca da natureza jurídica do instituto. Já foi classificado como ato administrativo e ato jurídico bilateral (Melo, 2014), como transação híbrida (Pereira, R, 2016; Nery, 2017) e como negócio jurídico bilateral (Rodrigues, 2011). Cristiane Aneolito Ferreira (2011, p. 62) sintetiza a polêmica na doutrina:

Assunto controvertido refere-se à natureza jurídica do termo de compromisso de ajustamento de conduta, citando-se, dentre elas, as principais correntes doutrinárias pertinentes, quais sejam: a) transação; b) ato ou negócio jurídico diverso e c) título executivo extrajudicial.

Geisa de Assis Rodrigues (2011) adverte que não se pode perder de vista o mais importante: a prática efetiva do instituto, que deve honrar sua teleologia. Frisa a autora que ele é importante para a concreção dos objetivos do Estado Democrático de Direito, por permitir a participação do cidadão, favorecer o amplo acesso à justiça dos direitos transindividuais, para além da tutela jurisdicional, e por servir de instrumento para a promoção da defesa dos direitos e da sociedade pelo Ministério Público. Concorda Ana Luiza Nery (2011), trazendo que o compromisso de ajustamento foi criado pelo legislador para atender ao interesse público, evitando o nascimento ou impedindo o prosseguimento de demanda coletiva.

No Direito do Trabalho, Raimundo Simão de Melo (2014) sustenta que o TAC, além de eficaz instrumento de efetivação dos direitos dos trabalhadores, é uma nova forma de solução dos conflitos coletivos de trabalho. Ricardo Britto Pereira (2016) enfatiza a potencialidade dessa modalidade de resolução de conflitos ao afirmar que é instrumento à disposição e alguns atores para o cumprimento de sua missão constitucional, e que há espaço para a construção da solução de forma participativa.

O estabelecimento da interação entre o Ministério Público e o investigado, com amplo diálogo e aproximação, traz uma maior probabilidade de adimplemento das obrigações previstas no Termo de Ajuste, que são, também, mais previsíveis, e, em certa medida, mais flexíveis. Não é mandatório oferecer o Termo de Ajuste de Conduta de forma prévia ao ajuizamento da Ação Civil Pública ou de outra medida judicial pertinente. Todavia, a judicialização tem sido deixada como última opção, como expressão do perfil Resolutivo do Ministério Público (Pereira, R., 2016).

O Termo de Ajuste de Conduta, pela sua natureza peculiar, segue uma amplitude de princípios. Deve observar os comandos atinentes à esfera pública, como a legalidade, a impessoalidade, a publicidade, a moralidade, a eficiência e a razoabilidade. Precisa respeitar, ainda, princípios de direito privado, dentre eles a solidariedade, a autonomia privada, a livre iniciativa, a imputação civil dos danos, a função social dos institutos e a lealdade (Nery, 2017). Em âmbito juslaboral, pode-se acrescentar ainda a necessidade de observância dos postulados do valor social do trabalho, da não mercantilização do labor, da proteção ao trabalhador, da dignidade da pessoa humana, entre outros.

Não se olvide que se trata de forma de resolução de conflitos coletivos, razão pela qual são também aplicáveis os princípios atinentes ao direito processual coletivo, assim resumidos por Nery (2017, p. 40)

> São eles: (a) princípio do interesse jurisdicional no conhecimento do mérito do processo coletivo; (b) princípio da máxima prioridade jurisdicional da tutela coletiva; (c) princípio da disponibilidade motivada da ação coletiva; (d) princípio da presunção da legitimidade *ad causam* ativa pela afirmação do direito; (e) princípio da não taxatividade da ação coletiva; (f) princípio do máximo benefício da tutela jurisdicional coletiva comum; (g) princípio da máxima efetividade do processo coletivo; (h) princípio da máxima amplitude da tutela jurisdicional coletiva comum; e, finalmente, (i) princípio da obrigatoriedade da execução coletiva pelo Ministério Público.

Cristiane Aneolito Ferreira (2011, p. 87) aponta que detém legitimidade para tomar o Termo de Ajuste de Conduta:

> a) O Ministério Público; a União, os Estados, os Municípios e, também, o Distrito Federal; c) autarquias e fundações de direito público e d) as entidades e órgãos da administração pública direta ou indireta, ainda que sem personalidade jurídica, especificamente destinados à defesa dos interesses e direitos protegidos pelo Código de Defesa do Consumidor.

Ricardo Britto Pereira (2016) ressalva que a Consolidação das Leis do Trabalho atribuiu força executiva apenas ao TAC firmado perante o Ministério Público do Trabalho. Refere que em princípio não há obrigatoriedade de participação do MPT para a validade do instrumento celebrado por outros órgãos públicos, mas que se recomenda que seja dada ciência ao Parquet, para que haja harmonia na atuação.

O diálogo entre os legitimados é salutar para evitar instrumentos contraditórios, e para observar a pluralidade de agentes envolvidos na solução do conflito coletivo. Nesse sentido, Raimundo Simão Melo (2014) reforça a necessidade de atuação em conjunto do Ministério Público com a Fiscalização do Trabalho, de modo a fortalecer ambas as instituições e conferir segurança ao jurisdicionado.

Na esfera trabalhista, ademais, esse diálogo pode e deve ir além, envolvendo os sindicatos, cuja importância para solução dos conflitos coletivos de trabalho fora ressaltada no Capítulo 3. A participação dos sindicatos não é condição de validade do Termo de Ajuste de Conduta, pois a sua proposição e firmatura se insere na esfera de discricionariedade e de independência funcional do (a) Membro (a) do Ministério Público oficiante. Sem embargo, as entidades sindicais têm integrado os diálogos e as negociações, por razão de política institucional.

Soma-se que esse acompanhamento tem o efeito de evitar futuras impugnações judiciais, e ainda, de fomentar a atuação mais direta dos sindicatos na empresa, com uma fiscalização mais próxima e o cumprimento do papel constitucional a ele reservado (Melo, 2014).

Esse diálogo mostra-se ainda mais relevante no que tange à temática de atraso contumaz de salários, mormente pois os mesmos fatos objetos da investigação ministerial podem ter ensejado a deflagração de greve[191] ou de outras providências pela entidade sindical.

Como exemplo prático dessa abertura, menciona-se Termo de Ajuste de Conduta n. 45/2019 firmado pelo Procurador do Trabalho Fernando Henrique Ferreira Santos com a Sociedade Barramansense de Ensino Superior nos autos do Inquérito Civil n. 000362.2017.01.001/8, que tramita em Volta Redonda (RJ).[192] O Termo de Ajuste de Conduta contou, expressamente com a participação do Sindicato dos Professores do Sul Fluminense. A proposta foi levada pelo sindicato à respectiva categoria profissional, que a aprovou em sua integralidade. O Termo abrange a obrigação de pagamento das verbas atinentes ao 13º salário dos anos de 2018 e de 2019 (obrigação de pagar quantia certa), que estavam em atraso, bem como a obrigação de pagamento tempestivo do salário (obrigação de fazer). Colacionam-se os seguintes trechos do Instrumento, dada a sua relevância e representatividade para o objeto da presente pesquisa:

[191] Vide item 3.2 retro.

[192] Firmado em 1º de outubro de 2019.

> CLÁUSULA TERCEIRA: A empresa efetuará o pagamento dos salários dos seus professores dentro do prazo legal, sem atrasos, ou seja, até o 5º (quinto) dia útil do mês subsequente ao mês trabalhado, nos moldes do art. 459, §1º, da CLT, mediante recibo.
> CLÁUSULA QUARTA: A empresa deverá comprovar o pagamento tempestivo das verbas diretamente ao Sindicato dos Professores do Sul Fluminense, a quem caberá comunicar o Ministério Público do
> Trabalho em caso de descumprimento.
> PARÁGRAFO ÚNICO: A comprovação do pagamento deverá ser feita pela empresa ao Sindicato dos Professores do Sul Fluminense no prazo de 15 (quinze) dias após o vencimento de cada parcela.
> CLÁUSULA QUINTA: Fica estabelecida cláusula penal no valor de 50% (cinquenta por cento) sobre as parcelas em caso de inadimplemento, a serem pagas a cada um dos empregados prejudicados.
> PARÁGRAFO ÚNICO: No caso de inadimplemento superior a 20 dias, o percentual mencionado no *caput* da presente cláusula incidirá sobre todas as parcelas vincendas.

Verifica-se que para além de envolver o Sindicato na construção da solução para o conflito, o incluiu como verdadeiro agente de fiscalização do adimplemento das obrigações. O procedimento encontra-se "em acompanhamento", ou seja, o adimplemento das obrigações está sendo fiscalizado, com contínua interação entre o Sindicato e o Ministério Público do Trabalho.

Como se notou do exemplo prático, foi estipulada multa para a hipótese de não cumprimento. É por meio dessa cominação que se alcança a efetividade e a coercitividade das obrigações contidas no Termo de Ajuste de Conduta, e é o que o diferencia da Recomendação.[193] Essa posição é respaldada por Cristiane Aneolito Ferreira (2011), para quem na ausência de "astreintes" o título executivo extrajudicial estaria desprovido de eficácia em caso de inadimplemento.

No mesmo sentido, Raimundo Simão de Melo (2014) sustenta a obrigatoriedade da fixação de multa de natureza cominatória, de modo a esti-

[193] Objeto do item 3.1.2.

mular o cumprimento das obrigações fixadas no instrumento. Diz, ainda, que o valor deve ser compatível com a relevância e a repercussão do dano e com o porte econômico do compromitente, e que a fixação deve ocorrer separadamente para cada cláusula do ajuste. Explana que a natureza da multa é cominatória, e não compensatória, equivalendo às astreintes.[194] Ana Luiza Nery (2017) confirma ser cominatória, distinguindo-a da cláusula penal e da multa de natureza alternativa. Não se trata de cláusula penal compensatória, posto que não visa a compensar as ameaças ou efetivas lesões a bem de natureza transindividual por meio de pagamento, mas compelir o interessado ao cumprimento das obrigações. Tampouco a multa tem natureza alternativa, pois a pretensão buscada é sempre a satisfação da obrigação, servindo a pena imposta apenas como meio para viabilizar tal cumprimento.

Em outras palavras, não cabe ao compromitente optar entre satisfazer a obrigação ou pagar a multa correspondente. Ricardo Britto Pereira (2016) adiciona que convém que seja esse aspecto, de independência entre o pagamento da cominada e a necessidade de cumprimento da obrigação, incluído expressamente no instrumento. Essa tem sido a prática, até mesmo por segurança e para fins de informar o compromissário, que nem sempre está acompanhado por um advogado. Pode-se trazer, a título exemplificativo, o Termo de Ajuste firmado tomado da empresa Cesar Roninski Ind Imp e Exp EPP pelo Procurador do Trabalho Rafael Foresti Pego, nos autos do IC 000080.2014.14.0008, que tramita em Porto Velho. Dentre outras obrigações, o Termo contém a de "Proceder dentro do prazo legal (até o quinto dia útil do mês subsequente), ao pagamento dos salários e décimo terceiros de seus(as) empregados(as), mediante recibo devidamente datado, conforme arts. 459, § 1º e 464, da CLT e art. 2º da Lei n. 4.749/65". A multa foi fixada, constando da cláusula respectiva que a cobrança ocorrerá sem prejuízo das obrigações de fazer e não fazer:

[194] Esclarece-se, nas palavras de Marinoni, Arenhart e Mitidiero (2018): "A astreinte tem por fim forçar o réu a adimplir (arts. 500 e 537, CPC), enquanto o ressarcimento diz respeito ao dano (art. 499, CPC)".

> 4.1 O descumprimento do presente Termo de Compromisso de Ajustamento de Conduta sujeitará a COMPROMISSÁRIA ao pagamento de multa no valor de R$ 10.000,00 (dez mil reais) por cada cláusula descumprida, ainda que em parte, aplicada em dobro, no caso de reincidência, bem como à multa de R$ 5.000,00 (cinco mil reais) por trabalhador em condição irregular com as cláusulas estabelecidas no TAC, as multas serão corrigidas monetariamente (pelo Índice Nacional de Preços ao Consumidor – INPC), nos termos dos arts. 5º, § 6º e 13, da Lei n. 7.347/85, combinados com o art. 585, inciso II, do Código de Processo Civil (redação dada pela Lei n. 8.953/94), **sem prejuízo da execução das obrigações de fazer e não fazer.** (grifo nosso).

Observados os princípios e requisitos, o TAC é um instrumento bastante eficaz e prático, tendo o condão de desobstrução da justiça. Representa um acesso a ordem jurídica justa, de maneira mais ampla que o acesso ao Judiciário. Nesse sentido, Cruz (2019) refere-se à importância dos mecanismos extrajudiciais de garantia de direitos, dada a sua celeridade e a sua menor onerosidade.

Para que o instituto possa bem desempenhar esse papel, na sua constituição devem ser observados determinados requisitos de validade, assim enumerados por Melo (2014, pp. 118-119):

> a) Agente capaz; b) objeto lícito, possível, determinado ou determinável; c) forma adequada, prescrita ou não defesa em lei; d) legitimidade do órgão público proponente; e) aceitação da proposta de ajuste pelo compromissário inquirido; f) não transação dos direitos metaindividuais, em razão da sua natureza indisponível; g) necessidade de integral reparação do dano, quando fizer parte do ajuste cláusula nesse sentido; h) obrigatoriedade de estipulação de multa cominatória para a hipótese de descumprimento das obrigações assumidas.

Reforça-se, também, que a assinatura do Termo de Ajuste de Conduta não prejudica os terceiros, seguindo a lógica da tutela coletiva, qual seja, do *transporte in utilibus.*[195] Terceiros podem ser beneficiados pelos coman-

[195] Diz Cristiane Aneloito Ferreira (2011, p. 184): Os terceiros interessados que, de alguma forma sejam atingidos pelas obrigações pactuadas no termo de compromisso poderão

dos contidos no instrumento, mas jamais prejudicados (Melo, 2014). Por essa razão, e também para atender aos princípios de direito público acima mencionados, deve ser dada publicidade ao Termo.

Por fim, tem-se que a assinatura do Compromisso deve ser voluntária, não podendo ser imposta à parte. Abertos os diálogos, o (a) Membro (a) oficiante pode se utilizar de técnicas de persuasão, mas sem adotar uma postura autoritária (Pereira, R., 2016). Um dos fatores a serem esclarecidos ao causador do dano é que na hipótese de discordância, restará como alternativa a via judicial (Ferreira, 2011). Com efeito, apuradas as irregularidades e não se logrando êxito na propositura do compromisso de ajustamento, será necessário o ajuizamento da ação civil pública para bem tutelar os direitos coletivos afrontados.

4.2 Atuação judicial

Paralelamente à atuação administrativa, ao Ministério Público do Trabalho cabe, ainda, a defesa em juízo dos direitos e interesses por ele tutelados. A atuação ocorre como agente ou interveniente. A atuação judicial é de suma importância, ainda que se adote um perfil mais resolutivo e menos demandista, pois, como se viu acima, em muitas das vezes, é a sinalização de que há a via judicial para a resolução do conflito que acarreta a solução extrajudicial. Além disso, mesmo nas hipóteses que firmado o Termo de Ajuste de Conduta, pode-se tornar necessária sua execução judicial.

A interação entre as atuações judicial e extrajudicial é detectada por Ricardo Britto Pereira (2016, p. 182). O autor alerta que:

> De qualquer forma, há um jogo recíproco entre resolução judicial e resolução via TAC que não convém desaparecer. A resolução via TAC, sem suporte do Judiciário em algum momento, é o que pode efetivamente enfraquecer o instrumento ministerial. A via judicial, sem o TAC, entraria em colapso, considerando o elevado número de termos que são celebrados em todas as unidades do Ministério Público.

executar o ajuste na parte que lhes couber [...].

As principais ações manejadas com o intuito de proteção ao direito ao pagamento tempestivo de salário são: a ação civil pública, a execução de termo de ajuste de conduta e a ação anulatória de cláusula de acordo ou convenção coletiva. Além disso, o Parquet Laboral participa, ainda, em algumas ações em que não é parte, como órgão interveniente (atuação *custos legis*). A seguir, analisa-se cada uma dessas medidas.

4.2.1 Ação civil pública

A promoção da ação civil pública para a proteção de interesses difusos e coletivos está inserta no artigo 129 da Constituição da República como função institucional do Ministério Público (inciso III). Encontra, ainda, previsão expressa nos incisos I e III do artigo 83 da Lei Complementar 75/93, que apresenta as atribuições do Ministério Público do Trabalho perante a Justiça Laboral. A ação civil pública é o principal e mais amplo instrumento à disposição do Parquet para a defesa em juízo de interesses transindividuais (BARBUGIANI, 2020).

Sendo a ação civil pública de legitimidade concorrente[196], os aspectos dissertados no item 3.3.3 aplicam-se também à ação civil pública ajuizada pelo próprio Ministério Público do Trabalho, *mutatis mutandis*. Neste particular, torna-se despicienda a repetição. Outrossim, trazem-se alguns aspectos adicionais, e, principalmente, exemplos práticos de atuação.

Inicialmente, sublinha-se que o processo coletivo tem o espírito de democratização do acesso à Justiça (BARBUGIANI, 2020). Kazuo Watanabe (2019, p. 416) elucida a vinculação entre a tutela coletiva e o acesso à Justiça:

> A ação coletiva possibilita que os conflitos de natureza molecular possam ter acesso à justiça em sua configuração plena, original, sem fragmentá-los em demandas-átomo, para que o Judiciário possa decidir de uma forma igual para todos os interessados e de forma mais eficiente. Como toda a ação coletiva tem força política, é de suma importância essa lógica de tratamento unitário dos conflitos de interesses.

[196] Nos termos do multicitado artigo 5º da Lei n. 7.347/85.

Em atenção a essa potencialidade da tutela coletiva, a Constituição de 1988 instituiu inúmeros instrumentos coletivos. Nesse sentido, são inoportunas as resistências à aceitação dos mecanismos de tutela coletiva, pois elas importam em prejuízo à efetividade do ordenamento jurídico (Pereira, R. 2016).

A tutela coletiva é, ainda, um campo fértil para que haja a despersonalização do cidadão que busca o acesso ao Judiciário, o que é vital para o trabalhador, que conforme dito alhures, tem justo receio de retaliação, tanto durante o contrato de trabalho como após o seu encerramento, dada a existência das nefastas "listas discriminatórias".[197] Esses fatores atinentes à situação do trabalhador podem ser considerados óbices ao acesso à justiça[198], e a tutela coletiva é um dos principais meios de superá-los, proporcionando uma tutela judicial efetiva (Santos, 2019).

Tem-se, pois, que a efetiva atuação do Parquet Laboral é, muitas vezes, a forma pela qual alguns trabalhadores alcançarão a tutela judicial, notadamente durante a relação de emprego. Aplica-se plenamente ao contexto da relação laboral a lição de Teixeira e Busiquia (2017, p. 21):

> É verdade que, muitas vezes, **a pessoa lesada individualmente em seu direito não se sente encorajada a acessar a Justiça** por considerar o dano sofrido irrisório e **por detectar a posição social e econômica do potente adversário.** Ademais, seria impraticável, tanto do ponto de vista do custeio da ação, como do ônus probatório, que cada pessoa lesada se valesse de ação ordinária para a tutela do seu direito violado. (grifo nosso).

No caso específico da mora salarial, não se logrando a solução extrajudicial do conflito coletivo, será necessário o ajuizamento de ação civil

[197] Essas listas são ilegais, e o Ministério Público do Trabalho busca combatê-las com vigor. Impera reconhecer, entretanto, que muitas vezes, persistem por diversos meios de comunicação até serem identificadas pelas autoridades, e assombram o trabalhador, que teme não alcançar outro posto de trabalho se buscar a proteção jurisdicional de seus direitos.

[198] Ressalto que esse problema não é exclusividade do cenário brasileiro. Linda Dickens (2012) apresenta o problema da procura relativamente baixa aos "Employment Tribunals" do Reino Unido. Informa que grande parte do problema, além da falta de consciência acerca dos direitos, é que muitas vezes os empregados são relutantes no que tange à reivindicação, por medo de represálias.

pública. Nesta, pode-se postular, *inter alia*, a condenação da empresa ao pagamento de salários no prazo legal (obrigação de fazer)[199], a cominação de multa para o caso do inadimplemento respectivo (astreinte), a condenação ao pagamento de indenização por danos morais coletivos decorrentes do atraso contumaz de salários.

É viável, ainda, pedir que seja a empresa compelida a pagar os salários em atraso quando do ajuizamento da ação, e a pagar danos morais individuais decorrentes do atraso. Esses pedidos refletem a busca pela proteção a direitos individuais homogêneos. Convém traçar algumas linhas acerca da legitimidade do Ministério Público para vindicar, em juízo, tais espécies de direitos coletivos.

Ronaldo Lima dos Santos (2019) defende de forma veemente a legitimidade do Ministério Público do Trabalho para vindicar em juízo direitos individuais homogêneos. Argumenta o autor: (1) o termo direitos individuais homogêneos foi trazido ao ordenamento jurídico brasileiro em 1990, pelo Código de Defesa do Consumidor, razão pela qual não poderia ter sido referido dois anos antes, em 1988, quando da promulgação da Constituição; (2) o vocábulo "coletivo" inserto no inciso III do artigo 129 deve ser tomado em seu sentido amplo (como gênero, do qual são espécies os direitos individuais homogêneos, os direitos coletivos *stricto sensu* e os direitos difusos), em atenção ao princípio da máxima efetividade; (3) o inciso IX do artigo 129 deixa espaço para o estabelecimento de "outras funções", o que foi feito pelo Código de Defesa do Consumidor (artigo 81 e 82) e pela Lei Complementar n. 75/93 (artigo 6º, VII, "d" e XII); 4) o vocábulo "sociais" da dicção do *caput* do artigo 127 da Constituição implica na legitimação do Ministério Público do Trabalho para buscar a tutela dos direitos previstos no Capítulo II do Título II da Constituição (Direitos Sociais), no qual se encontra o artigo 7º, que enumera os direitos dos trabalhadores; 5) a despersonalização dos trabalhadores, importante para propiciar a efetividade de direitos sociais, é alcançada

[199] Trata-se de tutela inibitória, assim descrita por Marinoni, Arenhart e Mitidiero (2018): "A tutela inibitória visa a inibir a prática, a repetição ou a continuação de um ilícito. É uma tutela genuinamente preventiva. Tem como pressuposto a probabilidade da prática, da repetição ou da continuação de ato contrário ao direito".

por meio da tutela coletiva, o que fundamenta a legitimação do Ministério Público do Trabalho para tanto.

A decisão do Supremo Tribunal Federal no conhecido caso "das mensalidades escolares"[200] é apontada como importante marco para a afirmação da legitimidade do Ministério Público do Trabalho. Com a definição do Supremo Tribunal Federal, houve a paulatina evolução da jurisprudência do Tribunal Superior do Trabalho, com o acolhimento da legitimidade do MPT para a defesa de interesses individuais homogêneos (Santos, 2019; Pereira, R., 2016). Nessa toada, menciona-se a seguinte decisão, a título exemplificativo:

> AGRAVO. AGRAVO DE INSTRUMENTO EM RECURSO DE REVISTA. ACÓRDÃO PUBLICADO NA VIGÊNCIA DA LEI Nº 13.015/2014. LEGITIMIDADE ATIVA AD CAUSAM DO MINISTÉRIO PÚBLICO DO TRABALHO. AÇÃO CIVIL PÚBLICA. DIREITOS INDIVIDUAIS HOMOGÊNEOS. O entendimento jurisprudencial pacificado nesta Corte Superior é de que o Ministério Público tem legitimidade para o ajuizamento de ação civil pública inclusive para a defesa de interesses individuais homogêneos, cuja iniciativa encontra-se calcada na defesa dos interesses sociais e individuais indisponíveis, conforme disposição dos arts. 127 e 129, III, da Constituição da República. No caso, os interesses defendidos pelo Ministério Público do Trabalho ultrapassam a esfera individual, sendo coletivos e mesmo difusos, uma vez que se relacionam a causa comum de violação de direitos (indenização por dano moral coletivo e cumprimento da legislação trabalhista referente à duração do trabalho e ao meio ambiente de trabalho). Registre-se, ainda, que a determinação dos sujeitos envolvidos não constitui óbice ao exercício do direito de ação pelo Ministério Público, uma vez que o direito tem origem comum e afeta vários indivíduos da categoria, não podendo ser considerado individual heterogêneo, sendo certo que o fato de ser necessária a individualização para apuração do valor devido a cada empregado não descaracteriza a natureza homogênea da pretensão. Precedentes. Agravo não provido. (RRAg-2670-82.2013.5.15.0011, 5ª Turma, Relator Ministro Breno Medeiros, DEJT 11/09/2020).

[200] RE 163.231, DJ de 29.06.2001.

A decisão menciona expressamente a pacificação do entendimento do Tribunal Superior do Trabalho no sentido de acolhimento da legitimidade do Parquet Laboral para buscar a tutela de direitos individuais homogêneos. Enfatiza, ainda, a determinação dos sujeitos envolvidos não tem o condão de transformar os direitos em individuais heterogêneos, por subsistir a origem comum. Confirma-se, pois, que a titularidade dos interesses e direitos individuais homogêneos é também da coletividade, considerada de maneira indivisível, e que a condenação será genérica (PEREIRA, R., 2016).

Não obstante teoricamente superada a questão nos tribunais superiores, a legitimidade ainda precisa ser debatida e sustentada. Isso porque ainda há quem acolha a tese de ilegitimidade do Ministério Público do Trabalho em primeira e segunda instâncias. O Tribunal Regional do Trabalho da 24ª Região, por exemplo, havia acolhido a preliminar de ilegitimidade do Ministério Público, fundamentando na suposta natureza heterogênea dos direitos postulados. A decisão, entretanto, fora reformada pela Corte Superior:

> AÇÃO CIVIL PÚBLICA – LEGITIMIDADE ATIVA DO MINISTÉRIO PÚBLICO. DIREITOS INDIVIDUAIS HOMOGÊNEOS. ORIGEM COMUM. Agravo a que se dá provimento para examinar o agravo de instrumento em recurso de revista. Agravo provido. AGRAVO DE INSTRUMENTO EM RECURSO DE REVISTA. ACÓRDÃO PUBLICADO NA VIGÊNCIA DA LEI Nº 13.015/2014. AÇÃO CIVIL PÚBLICA – LEGITIMIDADE ATIVA DO MINISTÉRIO PÚBLICO. DIREITOS INDIVIDUAIS HOMOGÊNEOS. ORIGEM COMUM. Em razão de provável violação ao artigo 129, III, da Constituição, dá-se provimento ao agravo de instrumento para determinar o prosseguimento do recurso de revista. Agravo de instrumento provido. RECURSO DE REVISTA. AÇÃO CIVIL PÚBLICA – LEGITIMIDADE ATIVA DO MINISTÉRIO PÚBLICO. DIREITOS INDIVIDUAIS HOMOGÊNEOS. ORIGEM COMUM. **O Regional manteve a sentença que reconheceu a ilegitimidade ativa do Ministério Público, no tocante a pretensão relativa ao registro da CTPS dos trabalhadores, ao fundamento de que constitui direito individual heterogêneo**, bem como quanto aos pedidos constantes nos itens III.4, III.5, III.6, III.7, III.8, III.12 e III.13 da ação civil pública, ao concluir que, por serem decorrentes do

reconhecimento do vínculo empregatício, não pertencem a um grupo, mas a cada trabalhador individualmente. O Ministério Público do Trabalho detém legitimidade *ad causam* para ajuizar a ação civil pública na defesa dos interesses individuais homogêneos, difusos e coletivos. No caso, o parquet intenta o reconhecimento de direito decorrente de origem comum, ante a narrativa de fraude imputada à reclamada na contratação de trabalhadores sem carteira assinada, quando presentes os requisitos da relação de emprego. O entendimento jurisprudencial desta Casa já se pacificou no sentido de que o Ministério Público tem legitimidade para o ajuizamento de ação civil pública inclusive para a defesa de interesses individuais homogêneos. Precedentes. Registre-se, ainda, que o fato de ser necessária dilação probatória para aferição dos substituídos enquadrados na situação descrita na inicial não constitui óbice à atuação do Ministério Público, uma vez que tal fato não descaracteriza a natureza homogênea da pretensão. Recurso de revista conhecido e provido" (ARR-1327-20.2013.5.24.0005, 5ª Turma, Relator Ministro Breno Medeiros, DEJT 20/03/2020) (grifo nosso).

No âmbito interno do Ministério Público do Trabalho, estabeleceu-se que a atuação ou não no que tange aos direitos individuais homogêneos insere-se no campo de discricionariedade do (a) Procurador (a) oficiante, devendo observar a conveniência e a repercussão social. Nesse sentido, o voto da Subprocuradora Geral do Trabalho e Titular da Câmara de Coordenação e Revisão (CCR-MPT), Sandra Lia Simon, esclarece que "não cabe ao MPT a defesa judicial de todo e qualquer direito trabalhista, ainda que de índole constitucional – o que, por sua vez, é inviável, ainda que desejável".[201]

A esse respeito, adverte Kazuo Watanabe (2019) que não se pode ir ao extremo de permitir que o Ministério Público tutele interesses sem qualquer relevância social, sob pena de desmerecimento da relevância institucional do Parquet. Essa visão é refletida no Enunciado n. 5 da CCR-MPT:

[201] Voto proferido nos autos do IC 001716.2018.10.000/6, em 5 de agosto de 2020.

ENUNCIADO Nº 05/CCR (49ª Sessão Extraordinária, realizada nos dias 25/2 e 10/3/2015 – DOU Seção 1 – 26/03/15 – págs. 76/77) VIOLAÇÃO DE DIREITOS INDIVIDUAIS HOMOGÊNEOSATUAÇÃO DO MINISTÉRIO PÚBLICO DO TRABALHO DISCRICIONARIEDADE DO PROCURADOR OFICIANTE. Mantém-se, por despacho, o arquivamento da Representação quando a repercussão social da lesão não for significativamente suficiente para caracterizar uma conduta com consequências que reclamem a atuação do Ministério Público do Trabalho em defesa de direitos individuais homogêneos. A atuação do Ministério Público deve ser orientada pela 'conveniência social'. Ressalvados os casos de defesa judicial dos direitos e interesses de incapazes e população indígena.

Em outra decisão, a CCR- MPT frisa que em se tratando de direitos individuais homogêneos, a atuação do Ministério Público do Trabalho não é obrigatória, uma vez que há a possibilidade de tutela dos referidos direitos pelo Sindicato da categoria.[202]

Compreende-se, a partir das decisões do Tribunal Superior do Trabalho e da Câmara de Coordenação e Revisão do MPT supramencionadas que: a) O (a) Procurador (a) Oficiante tem discricionariedade para deci-

[202] NF 000582.2020.09.000/7 RECORRENTE: SINPOSPETRO – SINDICATO DOS EMPREGADOS EM POSTOS DE SERVIÇOS DE COMBUSTÍVEIS E DERIVADOS DE PETRÓLEO E LOJAS DE CONVENIÊNCIAS EM POSTOS DE CURITIBA RECORRIDO: TUCUMANTEL LOJA DE CONVENIÊNCIAS LTDA ME RECURSO. NOTÍCIA DE FATO. INDEFERIMENTO LIMINAR. DESCUMPRIMENTO DE CLÁUSULAS DE CONVENÇÃO COLETIVA DE TRABALHO. DIREITOS INDIVIDUAIS HOMOGÊNEOS. LEGITIMAÇÃO DO SINDICATO PROFISSIONAL. PRESCINDIBILIDADE DE ATUAÇÃO DO MINISTÉRIO PÚBLICO DO TRABALHO. APLICAÇÃO DO ENTENDIMENTO EXPOSTO NO ENUNCIADO 05 DA CCR. RECURSO CONHECIDO E NÃO PROVIDO. ARQUIVAMENTO LIMINAR HOMOLOGADO. 1. Notícia de fato que denuncia descumprimento de cláusulas de Convenção Coletiva de Trabalho desafia o ajuizamento de Ação de Cumprimento pelo Sindicato profissional, nos termos do art. 8º, III, da Constituição Federal, art. 872, parágrafo único, da CLT e a Súmula n. º 286 do c. TST. 2. Discricionariedade do Membro Oficiante para atuar na defesa de direitos individuais homogêneos, tuteláveis pela entidade sindical, nos termos do Enunciado nº 5/CCR. Recurso conhecido e não provido. Arquivamento liminar que se homologa. Brasília, 07 de julho de 2020. SANDRA LIA SIMÓN Subprocuradora-Geral do Trabalho Titular da CCR – Relatora.

dir acerca da necessidade ou não de atuação em caso de mácula a direitos individuais homogêneos, devendo, para tanto, considerar a repercussão social da lesão; b) optando-se pela atuação, é viável o ajuizamento da ação civil pública correspondente, dado que a legitimidade do MPT para tanto foi acolhida pela jurisprudência pacificada do Tribunal Superior do Trabalho; c) é viável, ainda, que os interesses individuais homogêneos sejam tutelados pelos entes sindicais, razão pela qual não é obrigatória a atuação do Parquet na espécie.

Há, pois, relativa abertura para decisão do titular da notícia de fato ou do inquérito civil, decorrente da independência funcional e da discricionariedade mencionada pelo Enunciado "5" da CCR-MPT. Todavia, é preciso se considerar, na verificação da repercussão social, o teor do Enunciado nº 28 da CCR, *in verbis:*

> REPERCUSSÃO SOCIAL RELEVANTE. ESPECIFICIDADE DA MATÉRIA. IMPACTO NA EFETIVIDADE DA CONCRETIZAÇÃO DOS DIREITOS HUMANOS. Consideram-se de repercussão social relevante para atuação do Ministério Público do Trabalho as notícias de fato envolvendo as situações relativas às seguintes matérias, independentemente do número e da vulnerabilidade dos trabalhadores envolvidos: a) a segurança e a saúde no trabalho, exceto quando houver pequeno potencial de risco; b) o atentado ao exercício do direito de greve; c) a inclusão da pessoa com deficiência ou reabilitada; d) a exploração do trabalho infantil em qualquer de suas formas; e) a verificação do cumprimento da cota de aprendizagem; f) a submissão de pessoas à condição análoga a de escravo; g) o tráfico de pessoas, visando o trabalho forçado ou a exploração sexual comercial; h) a discriminação de trabalhadores em qualquer de suas formas; i) o assédio moral, o assédio sexual e o abuso do poder hierárquico do empregador; j) a prática de atos antissindicais; k) a fraude na relação de trabalho: l) o trabalho do indígena; **m) o não pagamento de salário, caracterizando mora salarial;** n) a ameaça à liberdade de expressão, religiosa, de pensamento, de privacidade ou de reunião/associação[203] (grifo nosso).

203 (268ª Sessão Ordinária, realizada em 30/04/19 – DOU Seção 1 – 09/05/19 – págs. 87/88)

Relevante a consolidação do enunciado supra, pois reconhece que a mora salarial tem impacto na efetividade da concretização dos direitos humanos.[204] Além disso, traz parâmetros para, observada a independência funcional, recomendar que haja atuação do Parquet quando ocorrer as situações nele enumeradas, dentre as quais se destacou o atraso de salários em razão do objeto da presente pesquisa.

Nessa toada, trazem-se alguns exemplos de ações civis públicas ajuizadas pelo Ministério Público do Trabalho com o objetivo de tutelar o direito ao percebimento tempestivo do salário. Os casos selecionados representam o potencial de efetividade da medida judicial em comento.

4.2.1.1 O caso do Hospital de Santa Casa de Uruguaiana. Ação Civil Pública n. 0020475-36.2018.5.04.0801[205]

Ante a repetidas notícias de atraso de salários na instituição hospitalar, mesmo após diversas intervenções e mediações realizadas pelo Ministério Público do Trabalho a pedido do Sindicato da categoria, foi instaurado o Inquérito Civil n. IC 000022.2018.04.005/0 – 100, fazendo-se menção à notoriedade da situação de atraso de salários na comunidade municipal, e exigindo que se comprovassem os pagamentos referentes aos meses de janeiro, fevereiro e março de 2008 até o dia 10 de abril de 2008.

Neste caso, o pagamento não fora efetivado, e ante ao histórico de reiterações do atraso contumaz de salários, foi ajuizada, de imediato, a Ação Civil Pública n. 0020475-36.2018.5.04.0801. Apontou-se a reincidência da conduta ilícita, persistente mesmo após a notificação pelo Ministério Público do Trabalho. Sublinhou-se que o atraso de salários era tido como *modus operandi*: "Assim, é de se notar que a Santa Casa de Uruguaiana adotou a cultura de não priorizar o pagamento de salários, e de inadimpli-los,

[204] V. Capítulo 1.

[205] Ajuizada pela autora da presente pesquisa, em 13 de abril de 2018. Tramita na 1ª Vara do Trabalho de Uruguaiana (RS). Optou-se por fazer menção expressa a esse caso, pois a difícil situação vivenciada pelos trabalhadores e acompanhada pela autora na condição de Procuradora do Trabalho responsável pelo caso fomentou a reflexão sobre o direito tempestivo ao pagamento de salário e sobre qual seria o papel a ser desempenhado pelo Ministério Público do Trabalho no particular. Essa reflexão culminou na elaboração do projeto da presente pesquisa.

seguidamente, mesmo quando instado a pagar pelo Ministério Público do Trabalho".

Para alicerçar a busca pela proteção ao salário, foi destacado o artigo 7º, X, da Constituição Federal, os artigos 11 e 12 da Convenção n. 95 da OIT e o artigo 459, §1º da CLT. Apresentou-se, ainda, argumentação no sentido de que o salário do empregado estava sendo retido, como se fosse um "empréstimo sem qualquer encargo", enquanto as prestações de financiamento obtido junto ao sistema bancário estavam sendo pagas rigorosamente em dia.

Postulou-se, em caráter de urgência, a condenação da ré a pagar os salários mensais no prazo legal, sob pena de multa; a comprovar o pagamento dos salários em atraso quando do ajuizamento da ação, no prazo de quinze dias, tudo sob pena de multa diária de R$ 1.000,00 para cada obrigação descumprida. Em caráter definitivo, pleiteou-se a confirmação da tutela de urgência e a condenação da ré ao pagamento de indenização por danos morais coletivos no valor de R$ 504.000,00 (quinhentos e quatro mil reais).[206]

A ação foi julgada procedente em parte, impondo-se ao hospital requerido a obrigação de pagamento da remuneração no prazo legal, sob pena de incidência de multa de 2% (dois por cento) ao mês. Quanto ao dano moral coletivo, a sentença não o fixou em valores, ressaltando a situação financeira da instituição hospitalar, tendo determinado a realização de atos e palestras de conscientização em prol da comunidade:

[206] Esse valor foi calculado com base nos juros que a ré deixou de pagar ao sistema bancário por ter priorizado aquele contrato, em detrimento do pagamento da folha salarial: "Desde a denúncia, passaram-se quatro meses, sem regularização da conduta. A empresa tem aproximadamente 700 empregados. A média salarial é de R$ 1.500,00. Assim, se calcularmos, de uma forma muito simples e aproximada, a empresa atrasou por quatro meses o salário de 700 empregados, a uma média de R$ 1.500,00 por mês, o que significa o pagamento em atraso de uma quantia de R$ 1.050.000,00. Calculando os juros que teria sido pago a qualquer entidade bancária para que a dívida fosse adimplida a tempo, à razão de 12 % ao mês, teríamos, sem sequer considerar o anatocismo (juro sobre juro) cobrado pelo sistema bancário, a incidência de 48% de juros sobre o valor calculado, o que totalizaria R$ 504.000,00. O dano moral coletivo, portanto, precisa ser fixado neste valor, para desestimular a conduta de não pagar os salários, justamente pois são pagos intempestivamente e sem a aplicação de quaisquer juros".

> Por outro lado, também não é possível ao Juízo esquecer que a condenação do reclamado em pecúnia ficará eternamente sem cumprimento, dada a situação do hospital, que nada mais é que simples quebra, considerando que seu passivo é sempre superior aos ingressos, gerando um estado de insolvência que numa sociedade comercial levaria à falência. Todavia, o hospital não pode falir, considerando sua natureza e os serviços que presta. Mas tampouco tem condições de pagar qualquer condenação, que resultaria numa sentença sem eficácia real. Pior ainda, agravaria a situação já extrema das contas da instituição. E mesmo que eventualmente houvesse de alguma forma a apreensão de quantias destinadas ao hospital para a satisfação do dano moral coletivo, sua destinação terminaria por ser fundo a disposição do Ministério Público ou da fazenda pública, que apesar de terem uma função tão meritória quanto essencial na prevenção e repressão aos danos coletivos e na defesa dos direitos dos trabalhadores, acabaria não retornando para a população. E, ainda que fosse destinado valor em pecúnia de dano moral coletivo, esse valor sairia da área de saúde, já tão carente e muitas vezes deficiente, para outros fins que não atenderiam as necessidades já carentes nessa área da cidade.

A sentença fora confirmada pelo Tribunal Regional do Trabalho da 4ª Região, que acresceu à fundamentação da condenação ao pagamento de multa por atraso de salários o disposto no artigo 139, IV, do Código de Processo Civil. Esse dispositivo possibilita ao juiz a determinação, de maneira criativa, de medidas que assegurem o cumprimento da ordem judicial (indutivas, coercitivas, mandamentais ou sub-rogatórias).

Após o ajuizamento da ação, o próprio Sindicato dos Trabalhadores da Saúde de Uruguaiana e Itaqui noticiou que a folha referente ao salário de julho de 2019 foi adimplida em 6 de agosto de 2019, portanto, dentro do prazo legal, o que demonstrou que se passou a priorizar o pagamento tempestivo da folha de salários, mesmo ante o cenário de crise econômica reiteradamente alegado pela instituição hospitalar.[207]

[207] Conforme publicação em sua página na rede social *Facebook:* https://web.facebook.com/Sindisaude-de-Uruguaiana-e-Itaqui-771901152837806. Acesso em: 28 set. 2020.

4.2.1.2 O caso da OZZ SAÚDE – EIRELI e Estado do Rio de Janeiro: Ação civil pública com pedido de tutela provisória de urgência de natureza cautelar incidental n. 0100533-08.2020.5.01.0003[208]

A partir de denúncia formulada pelo Sindicato dos Médicos (SINMED) em face da Ozz Saúde – Eireli, empresa contratada pelo Estado do Rio de Janeiro/Secretaria de Estado da Saúde (SES) para realizar a gestão operacional do Serviço de Atendimento Móvel de Urgência (SAMU 192), no Município do Rio de Janeiro, o MPT instaurou o Inquérito Civil nº 006105.2020.01.000/0 para apurar a ausência de pagamento pela OZZ dos serviços prestados pelos médicos, pessoas jurídicas, cuja data estabelecida nos Contratos de Prestação de Serviços para quitação era 15/06/2020.

Inexitosa a tentativa de resolução extrajudicial, foi ajuizada ação civil pública. O objetivo da ação é compelir a OZZ-SAÚDE, assim como o seu único sócio e o Estado do Rio de Janeiro a pagar os salários atrasados a, aproximadamente, 1.400 (mil e quatrocentos) trabalhadores que prestam serviços junto ao SAMU, dentre eles, médicos, enfermeiros, técnicos em enfermagem, condutores de ambulância, rádio operadores, condutores socorristas, entre outros. Além da questão salarial, buscou-se também o reconhecimento de fraude à relação de emprego. Todavia, dado o recorte do presente trabalho, apresenta-se breve resumo enfocado no que concerne ao atraso salarial.

Nota-se da narrativa constante da petição inicial que ocorreu a situação aventada no item 4.1.1: a empresa Ozz Saúde confessou a mora salarial, e intentou a utilização de argumento econômico. Comunicado subscrito pela OZZ SAÚDE e dirigido aos 'colaboradores' e profissionais de saúde reconheceu o não-pagamento das contraprestações devidas aos trabalhadores no dia 15/06/2020, sob a alegação de que havia sofrido prejuízos financeiros decorrentes do inadimplemento contratual pela Secretaria do Estado do Rio de Janeiro. Os atrasos contumazes no pagamento das parcelas contratuais e legais foram confirmados por meio dos depoimentos de testemunhas.

[208] Ajuizada em 8 de julho de 2020 pela Procuradora do Trabalho Guadalupe Louro Turos Couto. Tramita na 3ª Vara do Trabalho do Rio de Janeiro (RJ).

A mora salarial ocorreu em um contexto de questionamento da regularidade do contrato firmado entre o Estado do Rio de Janeiro e a empresa Ozz, com base em denúncia de superfaturamento questionado pelo Ministério Público Estadual perante o Juízo Cível em Ação de Improbidade Administrativa n. 0100533-08.2020.5.01.0003. A Procuradora do Trabalho titular do inquérito destacou que essa discussão não pode onerar os trabalhadores que efetivamente trabalharam:

> As discussões com o Estado do Rio de Janeiro serão longas, na medida em que há notícia de superfaturamento do contrato de prestação de serviços firmado com a OZZ. E, após anos de disputas judiciais, será esclarecimento se houve ou não superfaturamento. Diante desse cenário a pergunta que se faz é: enquanto se discute se houve ou não superfaturamento, os trabalhadores que despenderam suas forças de trabalho vão ficar sem receber salário? E se, realmente, houve superfaturamento e a OZZ já se apropriou e gastou todo dinheiro, como devolver a força de trabalho despendida pelos 1.400 trabalhadores, que prestaram importantes serviços junto à sociedade por meio do SAMU? Pois bem, não se pode relegar o término da lide, que trata do superfaturamento do contrato de prestação de serviços firmado entre a OZZ e o Estado do Rio de Janeiro, e desconsiderar a natureza salarial das parcelas ora pleiteadas.

Como fundamentos, apontaram-se, dentre outros, a dignidade da pessoa humana, a proteção ao trabalhador, a Declaração da Filadélfia (Organização Internacional do Trabalho), o abuso do poder diretivo do empregador, e a natureza alimentar das parcelas pleiteadas.

Houve pedido expresso de direitos individuais homogêneos (pagamento dos danos morais individuais e quitação das verbas em atraso), e esclarecimento sobre a não limitação do pedido aos trabalhadores mencionados expressamente na inicial. Ressaltou-se que os direitos decorrem de origem comum, abarcando todos os trabalhadores que passaram pela mesma situação de fato, ainda que não estivessem, até então, determinados.

Pediu-se, ainda, a retenção da garantia contratual, o bloqueio de verbas depositadas em estabelecimento bancário, e a aplicação da penalidade prevista no artigo 1º do Decreto-Lei 368/68.[209] Incluiu-se no polo passivo o único sócio da empresa OZZ – Saúde, requerendo-se, também, o bloqueio e indisponibilidade dos respectivos valores depositados em contas correntes, veículos e imóveis porventura encontrados. Houve pleito, também, de que os tomadores de serviços da empresa OZZ fizessem o depósito em conta à disposição do juízo dos créditos. Ademais, postulou-se a condenação dos réus a pagarem as verbas salariais e rescisórias em atraso no prazo de 48 horas, sob pena de multa diária no valor de R$ 10.000,00 (dez mil reais) por infração e por trabalhador flagrado em situação irregular (astreinte).

Foi deferida em parte a tutela provisória de urgência de natureza cautelar, da seguinte forma:

> Por fim, por entender que estão presentes os requisitos do art. 300 do CPC, defiro parcialmente a tutela provisória de urgência de natureza cautelar (pedido 1.1 parte inicial); (pedido 1.3 parcial) e (pedido 1.5), devendo a secretaria expedir MANDADO DE PENHORA em face do Estado do Rio de Janeiro (Secretaria de Estado de Saúde), para que proceda COM URGÊNCIA à penhora da quantia de R$10.198.531,89 (dez milhões cento e noventa e oito mil quinhentos e trinta e um reais e oitenta e nove centavos), valor incontroverso dos salários em atrasos, reconhecidos pela Empresa OZZ SAÚDE – EIRELI,- CNPJ: 12.370.575/0001-85, e coloque à disposição deste Juízo. Quanto ao pedido 1.5, devem ser intimados por mandado com urgência o 1º e 2º reclamado para apresentarem apólice de garantia no valor correspondente a folha salarial integral de todo o período contratual, com possibilidade de resgate imediato já dos meses em atraso reconhecidos, no prazo de 10 dias, sob pena de bloqueio dos créditos existentes em contas bancárias em nome da OZZ saúde e do sócio.

A decisão foi questionada pelo Estado do Rio de Janeiro, por meio da oposição de embargos de declaração. Na decisão que rejeitou os embargos, foi enfatizada a mácula a direitos fundamentais:

> Inicialmente, é imprescindível mencionar que estamos diante de um gravíssimo quadro de lesão a direitos fundamentais básicos durante a maior crise

[209] Vide item 2.3.3.

sanitária nos últimos cem anos. Inúmeros trabalhadores, que estão na linha de frente de combate à pandemia sujeitos ao contágio da COVID-19, estão sem receber seus salários. Evidente, portanto, que o Poder Judiciário deve agir energicamente para garantir a necessária prestação de serviços e os direitos desses trabalhadores.

Após a manutenção da determinação da penhora, o Estado do Rio de Janeiro noticiou que adotou as medidas administrativas visando ao cumprimento do mandado, e o processo foi encaminhado para a CEJUSC (Centro Judiciário de Métodos Consensuais de Solução de Disputas), para tratativas conciliatórias. Em 11 de agosto de 2020, foi confirmado o depósito judicial, e autorizado o repasse dos valores diretamente aos profissionais da saúde, conforme planilhas anexadas com a exordial.

Sendo o ajuizamento recente, não houve até o momento a prolação de sentença. Mas já é possível notar a efetividade da atuação ministerial no caso concreto, que garantiu o pagamento das verbas salariais em atraso em caráter de urgência. Sublinha-se que em um contexto conflituoso entre o empregador (empresa Ozz) e o tomador de serviços (Estado do Rio de Janeiro) como o descrito, dificilmente esse resultado seria obtido em ações individuais, notadamente durante o contrato de trabalho. Além disso, pelo grande número de trabalhadores e trabalhadoras prejudicados, eventual ajuizamento de múltiplas ações individuais teriam o condão de sobrecarregar ainda mais o Judiciário, prejudicando a celeridade em relação a este caso e afetando, também, as demais demandas trabalhistas. Haveria, ainda, o risco de decisões divergentes, pois as ações seriam distribuídas aleatoriamente entre as diversas Varas do Trabalho do Rio de Janeiro. Esse caso, portanto, demonstra, na prática, a importância e a potencialidade da tutela coletiva.

4.2.1.3 O caso da Rapid-X Distribuidora e Serviços Ltda. ME: Ação Civil Pública n. 1000168-15.2017.5.02.0064[210]

A partir de denúncia sigilosa, noticiando o atraso no pagamento de salários de mais de 140 (cento e quarenta) trabalhadores, foi instaurado o

[210] Ajuizada em 6 de fevereiro de 2017, pela Procuradora do Trabalho Adelia Augusto Domingues. Tramita na 64ª Vara do Trabalho de São Paulo (SP).

Inquérito Civil nº 009264.2015.02.000/1 em face da empresa Rapid X Distribuidora e Serviços LTDA. ME. Inicialmente, foi provocada a Gerência Regional do Trabalho e Emprego (GRTE), para que fiscalizasse a empresa. Foi lavrado Auto de Infração referente ao atraso de salários, e convolada a notícia de fato em inquérito civil. No mesmo ato, foi determinada a intimação da empresa para que se manifestasse com relação à possibilidade de firmar Termo de Ajustamento de Conduta. Após sucessivas notificações, não houve resposta da empresa, o que ocasionou a necessidade de ajuizamento da Ação Civil Pública.

Foram apontados como fundamento da ação: o artigo 459, §1º, da CLT, no artigo 7º, X, e no caráter alimentar da verba salarial. Frisou-se: "O não pagamento de salário ou sua quitação a destempo, como verificado no presente caso, reverbera no exercício de inúmeros outros direitos dos trabalhadores, prejudicando o sustento do empregado e, consequentemente, de sua família".

Em resumo, no que tange aos salários, foi postulado que a ré fosse condenada: a) ao pagamento dos salários de seus empregados até o quinto dia útil do mês subsequente ao vencido, sob pena de pagamento de multa diária no valor correspondente a R$ 2.000,00 (dois mil reais) por trabalhador prejudicado; b) ao pagamento de indenização face aos danos morais coletivos já causados por suas condutas ilegais, em valor não inferior a R$ 200.000,00 (duzentos mil reais). Foi pedida a antecipação de tutela em relação à obrigação de fazer, e expedição de ofício à Fiscalização do Trabalho para que acompanhasse constantemente o cumprimento respectivo.

A apreciação da tutela antecipada foi postergada para a audiência, na qual não se logrou a conciliação. Prolatada a sentença, foram julgados procedentes, em parte, os pedidos formulados, fixando-se a multa de R$ 100,00 (cem reais) por dia, por evento e por número de empregados prejudicados para os casos de mora quanto ao pagamento dos salários dos empregados até o quinto dia útil do mês subsequente ao vencido. A pretensão à concessão de tutela de urgência foi indeferida. O pleito de condenação da ré no pagamento de indenização por dano moral coletivo, da mesma forma, foi julgado improcedente.

O Ministério Público do Trabalho interpôs Recurso Ordinário, pleiteando a condenação da ré ao pagamento de indenização por danos morais coletivos. O Tribunal Regional do Trabalho da 2ª Região negou provimento ao recurso ordinário interposto pelo P*arquet*, pois não reconheceu a existência de dano moral coletivo, argumentando que:

> Dentro desse contexto, verifica-se que, na hipótese dos autos, não existe dano moral coletivo a ser ressarcido, uma vez que não se constata nos autos que a ilicitude perpetrada pela demandada – não quitação de créditos trabalhista – tenha extrapolado a esfera individual dos envolvidos e repercutido nos interesses extrapatrimoniais da coletividade.

Interposto Recurso de Revista, foi provido pela Oitava Turma do Tribunal Superior do Trabalho[211], em acórdão assim ementado:

> RECURSO DE REVISTA INTERPOSTO PELO MINISTÉRIO PÚBLICO DO TRABALHO. AÇÃO CIVIL PÚBLICA. INDENIZAÇÃO POR DANO MORAL COLETIVO. ATRASO NO PAGAMENTO DOS SALÁRIOS E NO RECOLHIMENTO DO FGTS. 1. A reparação do dano moral coletivo tem por objetivo prevenir a ocorrência de danos morais individuais, facilitar o acesso à justiça, à ordem jurídica justa, bem como assegurar a proteção da moral coletiva e da própria sociedade. 2. Assim, tem-se que o dano moral coletivo é a ofensa antijurídica de valores coletivos, pois decorre da violação do patrimônio moral de uma coletividade em decorrência de fato capaz de lesionar um grupo, classe ou comunidade de pessoas. 3. *In casu,* **a atitude antijurídica da reclamada alusiva ao atraso no pagamento dos salários e no recolhimento do FGTS configura desrespeito ao princípio da proteção do salário (CF, art. 7º, X) e violação de direito indisponível dos trabalhadores, resultando em ofensa aos direitos transindividuais da coletividade trabalhadora. 4. Com efeito, são inegáveis os constrangimentos de ordem moral acarretados pela situação financeira que decorre do não pagamento do salário no prazo legal, pois se trata da própria subsistência do trabalhador e de sua família, além dos notórios atrasos em relação aos seus compromissos financeiros.** 5. Logo, visando à cessação dessa conduta, tem-se por devida a indenização por danos morais coletivos,

[211] Acórdão publicado em 11 de setembro de 2020. Relatora Ministra Dora Maria da Costa.

mormente porque a referida indenização visa evitar a repetição do ato ilícito, servir como meio socioeducativo e reparar a lesão à segurança jurídica da sociedade. Recurso de revista conhecido e provido. (grifo nosso).

Esta decisão recente do Tribunal Superior do Trabalho, provocada pelo ajuizamento da competente Ação Civil Pública pelo Ministério Público do Trabalho é significativa. Reconhece que a mora salarial desrespeita o princípio da proteção ao trabalho e viola direitos indisponíveis dos trabalhadores, afetando a coletividade dos trabalhadores. Ainda, condena a ré ao pagamento de danos morais coletivos, realçando o caráter pedagógico-punitivo dessa condenação, de modo a prevenir a repetição do ilícito pela ré, e a desestimular a adoção da mesma conduta (atrasar salários) por outras empresas.

4.2.2 Ação de execução de Termo de Ajuste de Conduta

Outra situação é o inadimplemento do Termo de Ajuste de Conduta firmado. Nesse contexto, apesar de aparentemente bem-sucedida a resolução extrajudicial do conflito por meio do Termo de Ajuste de Conduta[212], não se verifica a implementação prática das obrigações nele contidas. Surge, pois, a necessidade de execução. Adverte Edilson Vitorelli (2020, p. 166), ao comentar os critérios de aferição de resolutividade da atuação do Ministério Público[213]: "o que deve contar é a efetiva resolução da controvérsia, no mundo real".

O termo de ajustamento de conduta constitui título executivo extrajudicial, para possibilitar a rápida e efetiva execução das obrigações pactuadas em caso de inadimplemento. Assim, independentemente da modalidade de obrigação envolvida, há a possibilidade de abertura de processo de execução autônomo (Nery, 2017).

O descumprimento de TAC, dotado de certeza, liquidez e exigibilidade, enseja, então, o ajuizamento de ação de execução. A referida ação é o meio de alcançar a efetividade das obrigações pactuadas, pois tem a finalidade, além de cobrar o valor devido, fazer com que as obrigações

[212] Vide item 4.1.3 supra.

[213] A Recomendação n. 54, do CNMP, de 28 de março de 2017, dispõe sobre a Política Nacional de Fomento à Atuação Resolutiva do Ministério Público brasileiro.

sejam cumpridas. Ainda que represente uma demanda ao Poder Judiciário, economiza-se todo o tempo destinado ao conhecimento e à instrução de ação civil pública. (Barbosa, 2019).

No processo do trabalho, o *caput* do artigo 876 da Consolidação das Leis do Trabalho, com redação dada pela Lei n. 9.958, de 12 de janeiro de 2000, dispõe que:

> Art. 876 – As decisões passadas em julgado ou das quais não tenha havido recurso com efeito suspensivo; os acordos, quando não cumpridos; **os termos de ajuste de conduta firmados perante o Ministério Público do Trabalho** e os termos de conciliação firmados perante as Comissões de Conciliação Prévia **serão executados pela forma estabelecida neste Capítulo.** (grifo nosso).

Mesmo antes da Lei que alterou a redação do dispositivo supra, a doutrina já vinha defendendo a competência da Justiça do Trabalho para a execução dos Termos de Ajuste de Conduta firmados pelo Ministério Público do Trabalho (Souto Maior, 1998). Carlos Henrique Bezerra Leite (2017) reforça que a competência da Justiça do Trabalho para a ação de Execução de TAC decorre da sua competência material competente para conhecer e julgar ação civil pública trabalhista, cujo objeto repousa na defesa dos interesses difusos, coletivos ou individuais homogêneos decorrentes das relações de emprego ou de trabalho.

Realça o autor que esta espécie de ação, de natureza executiva, tem também o potencial de adequada e efetiva tutela aos direitos difusos, coletivos e individuais homogêneos decorrentes das relações trabalhistas. Logo, consiste em uma nova forma de acesso à Justiça Laboral, atendendo o comando inserto no art. 5º, XXXV, da Constituição da República (Leite, 2017).

Na execução do Termo de Ajuste de Conduta, a ré pode ser compelida ao cumprimento das obrigações de fazer e não fazer, bem como condenada a pagar a multa pelo inadimplemento respectivo. Quanto à obrigação de pagamento de quantia certa, destaca-se a necessidade de observar o rito previsto pelo Capítulo V do Título X da CLT, que estipula as regras próprias atinentes ao procedimento de execução na Justiça do Trabalho.

No que pertine à execução das obrigações de fazer, tendo em mente o disposto no artigo 769 da CLT e o artigo 15 do Código de Processo Civil, haverá a aplicação subsidiária do direito processual comum, ante a omissão celetista. Logo, deverá ser observado o teor do artigo 814 do Código de Processo Civil, que determina que o juiz fixará multa por período de atraso no cumprimento da obrigação e a data a partir da qual será devida.[214]

Em relação à execução de quantia certa, destaca-se a imperiosidade da garantia do juízo para possibilitar a oposição de embargos à execução, nos termos do artigo 884 da CLT. Embora essa afirmação decorra da simples leitura do dispositivo legal, tem ocorrido, em alguns casos, a simples intimação do executado para impugnar a execução, sem garantia do juízo e com atribuição de prazo diverso do constante no dispositivo consolidado.

É o que ocorreu nos autos do processo n. 0016600-20-2020.5.16.0004, que tramita perante a 4ª Vara do Trabalho de São Luís (MA), em que a Magistrada, ao receber petição inicial de Ação de Execução de TAC, proferiu o seguinte despacho: "Intime-se a parte executada para, querendo, no prazo de 10 (dez) dias, impugnar a presente execução".

É preciso uma breve incursão na linha cronológica dos fatos que ensejaram a distribuição da ação de execução para verificar o que representa esse simples despacho em termos de desproteção do trabalhador.

A empresa vinha descumprido a legislação trabalhista, tendo sido instaurado inquérito em 2008 (000145.2008.16.000/0), para averiguar questões relativas à saúde do trabalhador e à jornada de trabalho. Instruído o inquérito civil, logrou-se firmar Termo de Ajustamento de Conduta com a empresa, que se comprometeu a adequar a situação. Em 2016, a fiscalização do trabalho realizou fiscalização no estabelecimento e detectou descumprimento das cláusulas constantes do instrumento.

[214] Marinoni, Arenhart e Mitidiero (2018) comentam esse dispositivo, ressaltando a importância das astreintes: Multa Coercitiva. Astreintes. O juiz pode determinar a execução das prestações de fazer e não fazer mediante a imposição de multa coercitiva, destinada a constranger a vontade do executado. A disciplina do art. 537, CPC, a respeito do assunto é aplicável (art. 771, parágrafo único, CPC) no que não conflitar com a disciplina do art. 814, CPC.

Após diversas oportunidades dada a empresa, restou consolidado o insistente descumprimento não só da legislação trabalhista como do Termo de Ajuste de Conduta, ensejando o ajuizamento de ação de execução do Termo. Foi postulada a condenação da empresa ao pagamento da multa imposta, no prazo de 48 horas, conforme determinado pelo artigo 884 da CLT.

Com a intimação para apresentar impugnação aos embargos, sem qualquer condicionamento à garantia do juízo, abriu-se nova oportunidade de discussão dos fatos pela empresa. Desconsiderou-se a natureza de título executivo extrajudicial do Termo de Ajuste de Conduta, pois, sem a citação para pagamento ou garantia do juízo, não se iniciou, de fato, a execução. Houve afronta, ainda, ao núcleo do inciso LXXVIII da Constituição Federal: a celeridade processual.

A despeito de alguns contratempos, como o narrado acima, a ação de execução do termo de ajuste de conduta é normalmente o remédio adequado para se buscar a efetividade do instrumento no plano dos fatos. Menciona-se como exemplo a Ação de Execução n. 0001528-41.2017.5.12.0058.[215] O descumprimento do Termo de Ajuste de Conduta firmado pela empresa S.W. UNIFORMES LTDA – EPP fora flagrado pela Fiscalização do Trabalho, tendo sido lavrado Auto de Infração respectivo. Instruída a ação com o Título Executivo Extrajudicial e a prova do seu descumprimento, o Procurador do Trabalho destacou a certeza, a exigibilidade e a liquidez das obrigações contidas no Termo de Ajuste. Pontificou que a multa não é substitutiva das demais obrigação previstas. Postulou a citação da executada para o cumprimento das obrigações de fazer (pagamento dos salários no prazo legal), sob pena de multa, e para o pagamento do valor de R$ 28.500,00 (vinte e oito mil e quinhentos reais) referente às multas previstas no TAC.

A execução segue em trâmite, tendo sido a execução no que tange à obrigação de pagar quantia certa unificada com outra execução da mesma natureza já em trâmite. Tomando ciência dessa decisão, o Procurador oficiante destacou a necessidade de prosseguimento da execução no que toca às obrigações de fazer. Sublinhou a possibilidade de medidas

215 Ajuizada pelo Procurador do Trabalho Marcelo Goss Neves, em 13 de dezembro de 2017. Tramita na 4ª Vara do Trabalho de Chapecó (SC).

coercitivas diversas da penalidade pecuniária, sempre na busca da efetiva implementação da proteção do trabalhador:

> Nesse contexto, pugna-se pelo prosseguimento da execução da obrigação de fazer nestes autos, devendo a parte executada ser intimada para que comprove, em prazo fixado pelo Juízo, o recolhimento tempestivo de FGTS e o pagamento dos salários, sem prejuízo da manutenção dos atos expropriatórios nos autos 0000594-49.2018.5.12.0058 em relação às obrigações de pagar quantia certa já liquidadas e que porventura venham a surgir.

A postulação de continuidade da execução no que tange às obrigações de fazer foi acolhida pelo juízo, que determinou, em 9 de março de 2020:

> Ante o requerimento de ID a4c99c8, intime-se a executada para que, no prazo de 20 dias, comprove o recolhimento tempestivo do FGTS e pagamento dos salários.

Essa separação da execução da obrigação de pagar quantia certa (dada a necessidade de centralização) e da execução de obrigação de fazer é situação peculiar. Esse desmembramento, no entanto, demonstra de forma didática a independência entre as obrigações. Reforça o entendimento de que não basta pagar as multas previstas no instrumento, é imperioso que se cumpram as obrigações de fazer e de não fazer nele contidas, sob pena de não se efetivar a proteção ao trabalhador.

4.2.3 Ação anulatória de cláusulas de acordo ou convenção coletiva

Antes de adentrar na análise desse instrumento, convém trazer algumas considerações. A atuação do Ministério Público do Trabalho e dos entes sindicais é, em regra, convergente. É missão institucional e prioridade estratégica do Ministério Público do Trabalho a promoção e a defesa da liberdade sindical.[216] Em 28 de maio de 2009, foi criada a Coordenadoria Nacional De Promoção Da Liberdade Sindical (CONALIS), com objetivo de conjugar esforços para harmonizar a ação desenvolvida pelo MPT na

[216] Vide item 3.1.1.

defesa da liberdade sindical e na pacificação dos conflitos coletivos de trabalho.[217]

Em 24 de agosto de 2020, a Coordenadoria teve seu nome alterado para Coordenadoria Nacional de Promoção da Liberdade Sindical e do Diálogo Social.[218] Procurador-Geral do Trabalho, Alberto Balazeiro, destacou, em mensagem dirigida ao Colégio de Procuradores e Procuradoras que a CONALIS tem sido fundamental para a construção do consenso negociado na solução dos grandes conflitos de trabalho do país. Sublinhou a importância "da promoção de direitos fundamentais nos acordos e convenções coletivas, por meio de diálogo social amplo que evite retrocesso social e permita a construção de cláusulas normativas promocionais de direitos fundamentais".

Tem-se, pois, que o caminho ideal e prioritário é o caminho do diálogo, do apoio aos entes sindicais e da promoção da negociação coletiva. Assim, a ação anulatória de cláusulas normativas, mesmo com a compatibilidade com a Constituição definida pelo Supremo Tribunal Federal[219], deve ser utilizada com parcimônia. Deve ser resguardada para casos em que os instrumentos normativos desrespeitam a própria teleologia[220], restringindo os direitos fundamentais dos trabalhadores. A atuação do MPT não pode se tornar um óbice ao efetivo exercício da negociação coletiva. Toda a intervenção tem de ser ponderada e fundamentada, sob pena de afronta a um dos princípios nucleares da Declaração da Organização Internacional do Trabalho de 1998.[221]

Seguindo essa linha de pensamento, Pamplona Filho (2020) pondera:

[217] Foi então designado como Coordenador Nacional Dr. Ricardo Jose Macedo Britto Pereira, e Vice-Coordenador o Dr. Omar Afif.

[218] Portaria n. 1272, de 24 de agosto de 2020, do Ministério Público do Trabalho.

[219] Ricardo Britto Pereira (2016) relata que a polêmica em torno da ação anulatória ensejou o ajuizamento da ADI 1.852 (DJ 21.11.2003). A ação foi proposta pela Confederação Nacional Dos Trabalhadores Metalúrgicos – CNTM. O Supremo Tribunal Federal definiu que "a ação é compatível com a finalidade do MPT, de modo que não implica cerceamento à autonomia sindical assegurada na Constituição" (Pereira, 2016, p. 98).

[220] V. item 3.1.2.

[221] V. item 3.1.1.

Sendo assim, é certo que a intervenção do Poder Judiciário não deve ocorrer de forma indiscriminada, já que as relações coletivas possuem instrumentos para a solução de suas controvérsias, bem como instrumentos de pressão de ambos os lados, fazendo com que as partes se encontrem em equivalência técnico jurídica.

Todavia, com o cenário descrito no Capítulo anterior[222], há uma certa fragilização dos entes sindicais, que mitiga essa suposta equivalência. Em certos casos, prevalece a pressão socioeconômica, e se intenta promover a flexibilização (ou renúncia) de direitos fundamentais indisponíveis por meio dos instrumentos normativos.[223] Nesses casos, como guardião da ordem jurídica, o Ministério Público do Trabalho pode e deve buscar a declaração de nulidade das cláusulas que ocasionem prejuízos aos trabalhadores, sendo a ação anulatória[224] um dos instrumentos para tanto.

A ação encontra previsão legal no inciso IV do artigo 83 da Lei Complementar n. 75/93, que estabelece como uma das atribuições do Ministério Público do Trabalho a propositura "das ações cabíveis para declaração de nulidade de cláusula de contrato, acordo coletivo ou convenção coletiva que viole as liberdades individuais ou coletivas ou os direitos individuais indisponíveis dos trabalhadores".

Zélia Maria Cardoso Montal (2016, p. 171) assim conceitua a ação anulatória de cláusulas normativas:

> [...] é o remédio jurídico posto à disposição do Parquet trabalhista e de outros legitimados destinado a declarar a nulidade de cláusula de contrato, acordo coletivo ou de convenção coletiva que viole as liberdades individuais ou coletivas ou os direitos individuais indisponíveis dos trabalhadores.

[222] V. item 3.4.

[223] V. item 3.1.2.

[224] O nome "ação anulatória de cláusulas normativas" consagrou-se na prática (MONTAL, 2016). Essa designação é objeto de críticas. Raimundo Simão de Melo (2013, p. 249) sustenta que se trata de "ação de declaração de nulidade de cláusula de contrato, acordo ou convenção coletiva de trabalho, cuja diferença, na forma do Código Civil, com relação aos efeitos práticos de ambas, é significativa". A despeito da aventada falta de rigor técnico, a doutrina e a jurisprudência vêm adotando o nome "ação anulatória" (MELO, 2013, p. 249).

Em suma, a finalidade da ação anulatória é a proteção dos trabalhadores nas relações de trabalho, quando forem prejudicados por qualquer agente, inclusive seus sindicatos representativos. O seu objeto é, pois, a busca pela declaração judicial de nulidade de qualquer norma coletiva autônoma que ao regulamentar as relações de trabalho, represente mácula a direitos fundamentais dos trabalhadores.[225] É mais um instrumento processual de caráter coletivo, direcionado à tutela dos direitos e dos interesses metaindividuais, à disposição do Ministério Público do Trabalho (Melo, 2013; Montal, 2016; Santos, R., 2019).

A legitimidade ativa do Ministério Público do Trabalho decorre do texto da lei e é pacífica nos Tribunais. Carlos Henrique Bezerra Leite (2017) diz que não haveria melhor opção, uma vez que o interesse buscado é destinado aos integrantes da categoria, em posição de conflitualidade perante o próprio sindicato que os representa. A legitimidade passiva é atribuída às partes que firmaram o acordo coletivo ou a convenção coletiva de trabalho, em litisconsórcio passivo necessário. A competência material é da Justiça do Trabalho. Já a competência funcional ou hierárquica observa a abrangência da norma coletiva impugnada: se circunscrita à base territorial de Tribunal Regional do Trabalho, será deste a competência originária, tendo dimensão que ultrapasse esse limite, a competência originária caberá ao Tribunal Superior do Trabalho (Leite, 2017; Melo, 2013).[226]

[225] Exemplo pertinente ao da presente pesquisa é o de cláusula estipulando o elastecimento do prazo legal para pagamento do salário. Nesse sentido, a já mencionada decisão da Subseção Especializada em Dissídios Individuais do Tribunal Superior do Trabalho nos autos do Processo n. 86400-85.2008.15.0101 (v. item 3.1.2).

[226] Melo (2013, p. 277) apresenta duas correntes sobre a temática, pontificando que os Tribunais acolheram a segunda, correlacionando a competência para o julgamento da ação anulatória com o exercício do poder normativo da Justiça do Trabalho: "Aqueles que defendem a competência dos órgãos de primeira instância, sustentam que a Lei Complementar n. 75/1993 (art. 83, inciso IV), ao se referir a órgãos da Justiça do Trabalho, não indicou quais seriam esses órgãos, pelo que, diante da regra geral, só podem ser os de primeira instância. A segunda corrente defende que, mesmo não dizendo a lei qual o órgão competente, este deve ser os Tribunais do Trabalho, que, no sistema jurídico brasileiro atual têm, excepcionalmente, a competência para criar, modificar, manter ou extinguir condições de trabalho por meio do chamado poder normativo. Sustentam que se os tribunais são os únicos competentes para criar tais condições de trabalho, depois de malograda a

A medida judicial ora estudada é uma ação de conhecimento, com natureza jurídica constitutiva negativa (Melo, 2013). A ação não se limita a declarar a nulidade, ela afasta a cláusula declarada nula do mundo jurídico, assumindo natureza constitutiva negativa ou desconstitutiva (Montal, 2016).

Ronaldo Lima dos Santos (2019, p. 397) critica o apego demasiado dos Tribunais à natureza jurídica constitutiva negativa, com a consequente recusa de pleitos de natureza condenatória no bojo da ação anulatória:

> Numa postura imanentista, os tribunais trabalhistas vêm recusando pleitos de natureza condenatória nas ações anulatórias de cláusulas convencionais, por considerar que estas se limitam a provimentos declaratórios e desconstitutivos. Não há óbice, porém, salvo o apego a um tecnicismo exacerbado e injustificável, para a condenação em obrigações de fazer e não fazer (abstenção da inserção da cláusula anulada nos futuros instrumentos normativos) e de dar (devolução de quantias ilegalmente recebidas a título de contribuições sindicais) em sede de ação anulatória de cláusulas convencionais, considerando-se que o nomen iuris da demanda não vincula o julgador, pois o conteúdo de uma ação é determinado pelo pedido e pela causa de pedir.

Em adição, Leite (2017) sustenta a possibilidade de cumulação de pedido de não inclusão da cláusula impugnada nas convenções e acordos coletivos futuros. Frisa se tratar de tutela inibitória, e aponta como fundamento os princípios da economia processual e da segurança jurídica. Detecta a inadequação da necessidade de ajuizamento de novas e sucessivas ações a cada instrumento constituído.

Raimundo Simão de Melo (2013) e Ricardo Britto Pereira (2016) também defendem que deveria haver maior amplitude de pedidos cabíveis em sede de ação anulatória. Constatam, entretanto, que a jurisprudência

negociação coletiva que levaria à elaboração de um acordo coletivo ou de uma convenção coletiva de trabalho, logicamente, somente eles podem desfazer ou desconstituir um desses instrumentos normativos, sendo incoerente atribuir-se tal competência aos órgãos de primeira instância, que não desfrutam da competência normativa. Portanto, somente quem pode criar, manter, extinguir ou modificar condições de trabalho – instrumentos normativos – pode declarar a sua nulidade definitiva, para afastá-los do mundo jurídico".

caminha em sentido contrário: restringe a eficácia da ação anulatória à declaração *in abstracto* de nulidade do instrumento coletivo. Em decorrência dessa limitação, relatam os autores que muitas vezes é feita a opção pela utilização da ação civil pública, em busca de resultado mais abrangente.

A medida pode ser pertinente à proteção do direito ao pagamento tempestivo do salário. É o caso, por exemplo, de ação anulatória buscando o reconhecimento de nulidade de cláusulas normativas que admitem o elastecimento do prazo para pagamento do salário, ou o respectivo parcelamento.

Traz-se, a título exemplificativo, a Ação Anulatória de Cláusulas Convencionais n. 0001445-81.2020.5.09.0000, ajuizada pelo Procurador Regional do Trabalho Luis Carlos Cordova Burigo em 25 de junho de 2020. A ação tramita perante o Tribunal Regional do Trabalho da 9ª Região. Busca-se a declaração de nulidade de cláusulas de acordo coletivo firmado entre o Sindicato dos Empregados nas Empresas de Transporte de Passageiros Intermunicipal, Interestadual e turismo de Cascavel (Sinetrapitel) e seis empresas de turismo da região.[227] A ação foi ajuizada face a todos os firmatários do acordo coletivo.

O Ministério Público do Trabalho recebeu, em sua Procuradoria situada no Município de Cascavel, notícia de que a segunda Ré, Empresa União Cascavel de Transporte e Turismo Ltda. (EUCATUR), a capitanear o grupo econômico acima retratado, estaria a praticar irregularidades trabalhistas, inclusive atraso de salários. Um dos empregados despedidos foi informado de que a empresa teria assinado um acordo com o Sindicato, primeiro Réu, para que a rescisão dos funcionários fosse parcelada em até 10 (dez) vezes. Intentada a solução autocompositiva, com a designação de audiência, não foi logrado êxito.

Dentre as cláusulas impugnadas, realçam-se as seguintes:

[227] Empresa União Cascavel de Transporte e Turismo Ltda. (Eucatur); Agência União Cascavel de Turismo Ltda. (Aucatur); Unep Transportes Ltda.; Transportes Coletivo Serra Azul Ltda.; Viação Nova Integração Ltda.; Solimões Transportes de Passageiros e Cargas Ltda.

CLÁUSULA TERCEIRA – DO PARCELAMENTO DAS VERBAS RESCISÓRIAS Durante o estado de calamidade pública reconhecido pelo Decreto Legislativo nº 6, de 20 de março de 2020, a empregadora está autorizada a pagar as verbas rescisórias, acrescidas dos depósitos atrasados do FGTS e multa rescisória de 40% (quarenta por cento), em até 10 (dez) parcelas, nos casos em que o pagamento for devido. Parágrafo Primeiro: Os pagamentos poderão ser realizados diretamente nas respectivas contas correntes dos empregados, sendo que a parcela mínima (já incluindo verbas rescisórias, FGTS em atraso e multa de 40% do FGTS) não poderá ser inferior a R$ 1.000,00 (um mil reais). Parágrafo Segundo: No caso de rescisão efetivada nos termos do art. 486 da CLT, o parcelamento desta cláusula não abrange as verbas indenizatórias que ficarão a cargo do governo responsável.

CLÁUSULA DÉCIMA PRIMEIRA – DA LICENÇA NÃO REMUNERADA Conforme dispositivo do art. 444 da CLT onde estabelece que as relações contratuais de trabalho podem ser objeto de livre estipulação das partes, fica autorizada a pactuação de licença não remunerada ao trabalhador que solicitar por escrito o pedido e, mediante anuência da empresa, tiver autorização para o gozo. Parágrafo Primeiro: A licença não remunerada poderá ser concedida pelo período mínimo de 60 dias e terá validade até a data de 31/12/2020. O início da licença não remunerada dar-se-á a partir do pedido por escrito feito pelo empregado com anuência da Empresa. Parágrafo Segundo: O início da licença não remunerada suspende o contrato de trabalho, sem a ocorrência da rescisão contratual. Fica, portanto, o empregado dispensado da prestação de serviços acordada entre as partes, bem como fica a empresa dispensada do pagamento da respectiva remuneração. Parágrafo Terceiro: Uma vez solicitada pelo empregado e concedida pelo empregador, o período correspondente à Ministério Público do Trabalho Procuradoria Regional do Trabalho da 9ª Região licença não remunerada não produz nenhum efeito no contrato de trabalho, não gerando, portanto, direito ao pagamento dos consectários de férias e 13º salários do período em que o mesmo não estiver trabalhando. Após o término da suspensão do contrato, ficam restabelecidas a contagem dos avos correspondentes. Da mesma forma, a empresa fica dispensada, durante este período, de efetuar os depósitos do FGTS, bem como de recolher as contribuições para o INSS. Parágrafo Quarto: O período de concessão de licença não remunerada deverá ser anotado em CTPS do empregado.

A ação foi ajuizada já no contexto da designada "pandemia" mencionado no item anterior. Pontuou o Procurador Regional do Trabalho titular da ação que muito embora o acordo coletivo se refira às Medidas Provisórias 927 e 936 de 2020[228], cujo objetivo era fomentar a manutenção do emprego e da renda, de forma contraditória e contra toda a principiologia da norma federal, o grupo econômico com a incongruente anuência do ente sindical e sem nenhuma compensação social aos demitidos, prevê a possibilidade de parcelamento das verbas rescisórias. Ponderou:

> Fica evidente, assim, que as empresas demandadas, mesmo tendo um arsenal de medidas criadas pelo Governo Federal e previstas nas Medidas Provisórias 927 e 936, tais como, redução salarial, suspensão contratual, antecipação de férias individuais, concessão de férias coletivas, banco de horas, suspensão de exigências administrativas em segurança e saúde no trabalho, diferimento do recolhimento do FGTS etc, pretende, na verdade, realizar demissões e, ao que tudo indica, em massa, no período de calamidade, e, ainda mais, sem cumprir o determinado no artigo 477 da CLT, que se apresenta como única garantia legal do trabalhador, juntamente com o seguro desemprego, para manter a si próprio e à sua família durante a pandemia.

Quanto às licenças não remuneradas, pontificou o Procurador Regional que eram desprovidas de qualquer amparo legal e pretendiam, na verdade, obstar a incidência da normativa protetiva constante da MP 936/2020. A licença não remunerada deixaria o empregado à margem de qualquer proteção, sem qualquer renda mensal e sem garantia de manutenção do emprego no retorno.

Foi requerida a concessão de tutela de urgência para suspender de imediato os efeitos das cláusulas questionadas. O pedido definitivo foi de confirmação da tutela de urgência e de declaração, com efeitos *ex tunc*, a nulidade das cláusulas.

Em decisão proferida em 26 de junho de 2020, o Desembargador do Trabalho Cássio Colombo Filho concedeu a tutela provisória de urgência antecipada para suspender imediatamente e desde a edição, os efeitos

[228] Detalhes dessas Medidas Provisórias serão objeto de análise no item 4.3.

das cláusulas tocantes ao parcelamento das verbas rescisórias e à instituição da licença não remunerada, entre outras. Ao fundamentar a decisão, o Desembargador detectou, com precisão, que estavam sendo priorizadas as questões econômicas às custas do sofrimento dos trabalhadores.[229]

Esse caso representa de forma emblemática a potencialidade da ação anulatória de cláusulas normativas para a efetiva tutela dos direitos dos trabalhadores. Veja-se, não fosse a suspensão dos efeitos do indigitado acordo coletivo narrado, trabalhadores restariam à margem de qualquer proteção, pois o Sindicato que o representa assentiu na renúncia de seus direitos fundamentais.

4.2.4 Atuação interveniente

A atividade interveniente deixou de ser o eixo principal do Ministério Público do Trabalho, tendo em vista o novo perfil desenhado pela Constituição de 1988. Como já destacado, o MPT passou a desempenhar com intensidade o papel de órgão agente e assumiu uma postura proativa e resolutiva. Houve aumento da demanda, decorrente da ampliação da missão institucional e da multiplicidade de violações a direitos indispo-

[229] Sopesando os termos dos acordos coletivos juntados aos autos é possível concluir que os réus se valeram destes importantes diplomas normativos e da presente situação de catástrofe econômica causada pela pandemia mundial COVID-19 para **legitimar medidas pérfidas e completamente desprovidas de amparo legal, a exemplo da concessão de licença não remunerada** pelo período mínimo de sessenta dias, com a dispensa dos depósitos de FGTS e recolhimento das contribuições previdenciárias (cláusula décima primeira).
Outro exemplo emblemático de cláusula ilegal é a autorização de parcelamento das verbas rescisórias em até dez vezes, o que além (cláusula terceira) de ir totalmente na contramão do intuito de preservação do emprego e da renda, propalado pelas MP's em questão, **sujeita o trabalhador ao martírio de receber seus haveres em longas prestações, enquanto está desempregado, sem renda e sem qualquer perspectiva, considerando o cenário atual.**
Note-se que em audiência administrativa realizada por videoconferência perante a Procuradoria do Trabalho no Município de Cascavel (PRT da 9ª Região) os representantes das empresas que integram o polo passivo da presente relação processual [...] **deixando muito claro que priorizaram o caixa, realizando demissões em massa quando há substrato legal para a adoção de medidas menos drásticas.** (grifo nosso).

níveis dos trabalhadores perpetradas pelas empresas.[230] Surgiu, pois, a necessidade de escolha de prioridades por parte dos (as) Membros (as). (Pereira, R., 2016).

Nesse diapasão, a Resolução n. 34, de 5 de abril de 2016, do Conselho Nacional do Ministério Público, dispõe sobre a atuação do Ministério Público como órgão interveniente no processo civil. Estabelece, que os (as) Membros (as) devem priorizar o planejamento das questões institucionais, a avaliação da relevância social dos temas e processos em que atuem e a busca da efetividade em suas ações e manifestações (art. 1º). Enumera como casos de destacada relevância social, dentre outros: ações que envolvam acidentes de trabalho, quando o dano tiver projeção coletiva; ações em que se discuta a ocorrência de discriminação ou qualquer prática atentatória à dignidade da pessoa humana do trabalhador, quando o dano tiver projeção coletiva; ações relativas à representação sindical, na forma do inciso III do artigo 114 da Constituição da República (artigo 5º).

A previsão de atuação interveniente está fundamentada no inciso II do artigo 83 da Lei Complementar n. 75/93, que estabelece como atribuição do MPT manifestar-se em qualquer fase do processo trabalhista, acolhendo solicitação do juiz ou por sua iniciativa, quando entender existente interesse público que justifique a sua intervenção.

Costuma-se designar essa vertente da atuação como "fiscal da lei" ou *custos legis*. No entanto, é preciso tomar a expressão em um sentido mais amplo, sendo o Ministério Público o defensor não apenas da lei, mas da ordem jurídica. Nela, estão contidas não só as leis, mas os princípios, os valores e objetivos fundamentais da República, assim como as normas de direito internacional incorporadas ao Direito Brasileiro. O caput do artigo 178 do Código de Processo Civil observa essa designação que melhor espelha o delineamento atual do Parquet (Leite, 2017; Villela, 2015; Mazilli, 2018).

A atuação *custos legis* ocorre em qualquer fase do processo trabalhista. Portanto, poderá ocorrer perante as Varas do Trabalho, os Tribunais Regionais e o Tribunal Superior do Trabalho (Savaget, 2000). Quanto ao Supremo Tribunal Federal, a atuação neste âmbito, é reservada ao

[230] A frequência dessas máculas a direitos representa praticamente uma cultura de rejeição dos direitos trabalhistas, em completa oposição aos ditames legais e constitucionais

Procurador-Geral da República, conforme restou decidido nos autos da Reclamação 5873 AgR/ES, da relatoria do Ministro Celso de Mello:

> O Ministério Público do Trabalho – MPT não dispõe de legitimidade para atuar perante o Supremo Tribunal Federal, porque a representação institucional do Ministério Público da União – MPU, nas causas instauradas nesta Corte, inclusive em tema de reclamação, está inserida na esfera de atribuições do Procurador-Geral da República, chefe do MPU (CF, art. 128, § 1º) e em cujo âmbito está estruturado o MPT. Com base nesse entendimento, o Tribunal, por maioria, não conheceu de agravo regimental interposto pelo MPT contra decisão que deferira pedido de medida liminar em reclamação proposta pelo Instituto Estadual de Meio Ambiente e Recursos Hídricos – Iema do Espírito Santo. A reclamante sustenta que o Juízo da 10ª Vara do Trabalho de Vitória/ES – ao reconhecer, em sede de ação civil pública ajuizada pelo MPT, a competência da Justiça do Trabalho para apreciar e julgar referida ação, que veio a ser declarada procedente, em tema de contratações, sem concurso público, de pessoal temporário e de investidura, alegadamente inconstitucional, de servidores públicos em cargos comissionados – teria desrespeitado a eficácia vinculante que é inerente aos pronunciamentos do Supremo em sede de fiscalização normativa abstrata (ADI 3395/DF). Vencido o Min. Marco Aurélio que conhecia do recurso, admitindo o interesse de agir do MPT. Rcl 5873 AgR/ES, rel. Min. Celso de Mello, 9.12.2009.

Na sequência, importa abordar o conteúdo da expressão "interesse público" cunhada no inciso II do artigo 83. Trata-se do interesse da própria sociedade, que não se confunde com o interesse do administrador público. Ricardo Britto Pereira (2016) reitera que o interesse público primário equivale ao interesse social, ou seja, atinente à sociedade e não ao aparato estatal. O autor aponta, ainda, para o artigo 129, IX, da Constituição Federal, que expressa o engajamento do Parquet com o interesse primário e a sua isenção em relação ao secundário. Esclarece que essa concepção não impede que o Ministério Público do Trabalho e a administração pública atuem somando esforços para o alcance de objetivos em comum.[231]

[231] Essa atuação interinstitucional articulada será objeto do item 4.3.

O interesse público primário a ensejar a atenção ministerial pode advir da natureza da lide, como no caso de demanda de índole coletiva, ou naquela em que se vislumbre violação de direitos individuais indisponíveis de caráter fundamental. Também as ações de competência originária dos Tribunais Regionais prescindem de participação do MPT na condição de fiscal da ordem jurídica. São exemplos o mandado de segurança, a ação rescisória, e o dissídio coletivo. Por outro lado, pode se verificar interesse primário a partir da qualidade da parte: determinadas pessoas necessitam de uma proteção especial. É o caso, por exemplo, das causas que envolvem interesses de crianças ou adolescentes (Villela, 2015).

Quanto à participação do Ministério Público do Trabalho em ações civis coletivas, é preciso apresentar algumas reflexões a respeito de decisão do Tribunal Superior do Trabalho que entendeu pela desnecessidade do acompanhamento pelo Parquet. A decisão foi assim ementada:

> RECURSO ORDINÁRIO EM AÇÃO RESCISÓRIA PROPOSTA NA VIGÊNCIA DO CPC/1973. AÇÃO CIVIL COLETIVA. INTERVENÇÃO OBRIGATÓRIA DO MINISTÉRIO PÚBLICO DO TRABALHO. VIOLAÇÃO DOS ARTS. 92 DA LEI 8.078/90 (CDC), 5º, § 1º, DA LEI 7.347/85 (LACP) E 84 E 246, PARÁGRAFO ÚNICO, DO CPC/73. INCIDÊNCIA DO ÓBICE DO ITEM I DA SÚMULA 83 DO TST. Esta colenda 2ª Subseção Especializada, na sessão do dia 14/3/2017, decidiu, como em caso idêntico, que "o sindicato, ao ajuizar ação coletiva para defesa dos direitos dos empregados de sua categoria, agiu na condição de substituto processual, como autorizado nos artigos 8º, III, da CF/88 e 195, § 2º, e 513, ' a' , da CLT, não se tratando da hipótese prevista na Lei nº 8.078/90, que trata de ações civis coletivas, que objetivam a defesa do consumidor, devendo ser aplicada subsidiariamente tão somente nos casos de omissão das normas de processo do trabalho, que não é o caso em questão. Ademais, conforme dispõe o artigo 794 da CLT, ' Nos processos sujeitos à apreciação da Justiça do Trabalho só haverá nulidade quando resultar dos atos inquinados manifesto prejuízo às partes litigantes'. Dessa forma, ainda que se considerasse aplicável ao caso em questão o contido no artigo 92 da Lei nº 8.078/90 – que prevê a obrigatoriedade da intimação do parquet nas ações civis coletivas em que não seja parte, sob pena de nulidade – o mesmo deve ser interpretado conjuntamente com os dispositivos contidos na CLT. Assim, a eventual ausência de

intimação do MPT somente acarretaria nulidade quando restar comprovado o manifesto prejuízo às partes, ônus da prova que compete a quem alega a nulidade, in casu, ao Ministério Público, o que não ocorreu no presente caso. De outra parte, a análise acerca da aplicação, ou não, da norma contida no artigo 92 da Lei nº 8.078/90 ao processo do trabalho nos casos de ajuizamento de ação coletiva pelo sindicato atuando como substituto processual tem construção meramente jurisprudencial, cuja interpretação até o momento continua sendo passível de controvérsia nos Tribunais. Portanto, a pretensão rescisória calcada no artigo 485, V, do CPC/73, em razão de suposta ofensa aos artigos 92 da Lei nº 8.078/90, 5º, § 1º, da Lei nº 7.347/85 e 84 e 246, parágrafo único, do CPC/73, com relação à necessidade de intimação do Ministério Público para atuar como fiscal da lei nas ações coletivas ajuizadas pelo sindicato na condição de substituto processual e seu caráter de nulidade de pleno de direito (independente de prejuízo) encontra óbice na Súmula 83 desta Corte" (trecho do acórdão proferido nos autos do Proc. nº TST-RO-136-62.2014.5.08.0000, Redator designado: Min. Renato de Lacerda Paiva, DEJT de 11/4/2017) . Recurso ordinário não provido" (RO-100-20.2014.5.08.0000, Subseção II Especializada em Dissídios Individuais, Relatora Ministra Maria Helena Mallmann, DEJT 16/02/2018).

O ordenamento jurídico exige a participação do Ministério Público nas ações coletivas, já que é a instituição voltada para a defesa da ordem jurídica, do regime democrático e dos interesses sociais e individuais indisponíveis (art. 127, caput, da CF/88). Às ações coletivas aforadas na Justiça do Trabalho aplicam-se as normas do microssistema formado, especialmente, pela aplicação da Constituição da República, Lei 7.347/85, Código de Defesa do Consumidor, Código de Processo Civil e o art. 769 da CLT. Se de um lado a Constituição da República, em seu art. 8º, III, incumbiu ao sindicato a representação da categoria como protagonista da relação obreira, de outro exigiu a intervenção do Parquet laboral, por força das atribuições dispostas em seu art. 127. É por isso que a intervenção ministerial deve ocorrer nos processos coletivos em que não figurar como autor.

Respaldam esse entendimento, entre outros, Ricardo Britto Pereira (2016), que realça o papel de destaque do Ministério Público nas ações coletivas ainda que não seja parte, e Fábio Goulart Villela (2015, p. 2), que assevera:

> Frise-se, ainda, que se o MPT não for parte em ações de natureza coletiva, como a ação civil pública e a ação civil coletiva, este deve atuar obrigatoriamente como *custos legis*, nos exatos termos dos artigos 5º, § 1º, da Lei 7.347/85 (Lei da Ação Civil Pública) e 92 da Lei 8.078/90 (Código de Defesa do Consumidor).

Nesse sentido já decidiu o Tribunal Regional do Trabalho da 12ª Região (SC), conforme se vê, e.g., da seguinte decisão:

> NULIDADE DO PROCESSO POR AUSÊNCIA DE INTERVENÇÃO DO MINISTÉRIO PÚBLICO DO TRABALHO. Na ação coletiva, tem-se como requisito de validade do processo a intimação do Ministério Público do Trabalho para intervir como "custos legis" nos moldes preconizados na Lei nº 7.347/1985, no Código de Defesa do Consumidor e no Código de Processo Civil. Sem a intimação do MPT para intervir no feito após a audiência de instrução, a sentença deve ser tida por nula, conforme preceituado nos arts. 179, I, c/c 279, ambos do CPC. (PROCESSO nº 0000943-12.2018.5.12.0039 (ROT), 17/07/2020, Relator Wanderley Godoy Junior).

Sobressai a relevância de participação do Ministério Público do Trabalho, somando esforços com as entidades sindicais, visando sempre à tutela dos direitos transindividuais dos trabalhadores, o que não restou respaldado pela decisão do Tribunal Superior do Trabalho acima citada.

Para demonstrar essa atuação, menciona-se parecer exarado pela Procuradora do Trabalho Ana Lucia Stumpf Gonzalez nos autos da Ação Civil Coletiva n. 0020919-06-2017-5-04.0122. A ação foi ajuizada pelo Sindicato dos Trabalhadores em Transportes Rodoviários de Rio Grande em face de CODEL Operadora De Terminais Ltda., pugnando a condenação da ré ao pagamento dos salários vincendos dos substituídos até o quinto dia útil do mês subsequente, sob pena de multa em caso de descumprimento e da correção, bem como pagamento de indenização por danos morais decorrente de atraso no pagamento.

A reclamada confessou o atraso de salários e alegou a ilegitimidade do Sindicato para ajuizar a ação. A Procuradora opinou pela rejeição da preliminar a legitimidade da entidade sindical. Quanto ao mérito, apontou para a natureza alimentar do salário, protegido pelas normas constitucionais e pela Convenção n. 95 da Organização Internacional do Trabalho. Opinou pela procedência da ação.

A ação civil coletiva fora julgada procedente, com deferimento de tutela inibitória. A demandada foi condenada em obrigação de fazer, pagar os salários dos empregados até o quinto dia útil do mês subsequente, sob pena de multa diária de 1/30 (um trinta avos) do salário mensal do empregado, por dia de atraso. Houve, ainda, condenação ao pagamento de correção monetária dos salários pagos em atraso, e ao pagamento de indenização por danos morais, fixados em R$ 1.000,00 (mil reais) por substituído.

Veja-se que mesmo com a evolução jurisprudencial narrada no capítulo anterior, que pacificou o reconhecimento da ampla legitimidade dos entes sindicais para ajuizar as ações competentes para defesa dos direitos coletivos de todas as espécies, há reiteradamente alegações de ilegitimidade dos entes sindicais. A presença do Ministério Público do Trabalho nessas ações, além de prover a fiscalização da ordem pública, representa uma oportunidade de defesa dessa aptidão dos sindicatos a exercerem o poder-dever inserto no artigo 8º da Constituição. A atuação como interveniente não é mais o eixo central, mas seu papel tem relevância, em especial como oportunidade de intentar obter jurisprudência favorável aos direitos e interesses dos trabalhadores, inclusive o direito de serem representados por sindicatos.

Em razão dessa potencialidade, respeitada a independência funcional, convém que a atuação interveniente ocorra em harmonia com a atuação agente, de forma estratégica (PEREIRA, R., 2016).

4.3 Atuação interinstitucional do MPT

Pretendendo esse capítulo retratar, ainda que de maneira breve, a atuação do Ministério Público do Trabalho, não se pode deixar de trazer à baila a vertente de interação com outros órgãos e instituições. Essa articulação vem ganhando cada vez mais espaço, e representando, também, uma forma de defesa dos direitos transindividuais dos trabalhadores.

Essa atuação ocorre por meio de acompanhamento do processo legislativo, celebração de acordos e termos de cooperação técnica com outros órgãos e instituições, *inter alia*.

Exemplo recente de cooperação técnica foi o acordo firmado com o Banco Nacional de Desenvolvimento Econômico e Social (BNDES), visando à preservação de empregos. A efetividade e a observância dos direitos sociais constaram expressamente da definição do objeto do acordo:

> Este instrumento firma a cooperação mútuaentre os partícipes para a realização de estudos, compartilhamento de informações e o aperfeiçoamento institucional mútuo, além de apoio técnico que contribua para o exercício das atribuições institucionais dos partícipes, conferindo maior efetividade na realização e controle das respectivas operações e atividades, no aspecto de observância de direitos sociais trabalhistas constitucional e legalmente assegurados.

Há previsão de intercâmbio de informações; de realização de ações conjuntas para adoção de práticas voltadas à preservação do emprego, renda e dos direitos sociais no âmbito de atuação do BNDES; e de soma esforços conjuntos para formulação de diretrizes nas políticas de concessão de financiamento que induzam comportamentos positivos para observância da *compliance* trabalhista, como o combate ao trabalho infantil e em condições degradantes, prevenção e repressão ao assédio moral e sexual, combate à discriminação e promoção de igualdade de oportunidades nas relações de trabalho, proteção ao meio ambiente do trabalho, dentre outros direitos sociais. Ambas as instituições definiram o acordo como "marco institucional".[232]

A articulação e o diálogo não são novos na realidade do Ministério Público do Trabalho. A Instituição se fez presente, em muitos momentos, fazendo forte oposição aos termos do Projeto de Lei n. 6.787, que deu

[232] O Procurador Geral do Trabalho, assim resumiu a importante articulação: "Pelo acordo, MPT e BNDES se comprometem a adotar medidas de contrapartida social nas operações do banco. A formulação de políticas de empregabilidade será central na política de financiamento do BNDES" (MINISTÉRIO PÚBLICO DO TRABALHO, 2020).

origem à Lei n. 13.467, de 13 de julho de 2017. Na ocasião, foi expedida a Nota Técnica n. 5/2017, da lavra do então Procurador-Geral do Trabalho, Dr. Ronaldo Curado Fleury, em que foram apresentados diversos argumentos contrários ao retrocesso social, e postulada a rejeição total do projeto. Menciona-se, a título exemplificativo, o seguinte trecho:

> A aprovação de medidas que alteram substancialmente a legislação trabalhista sem que outras perspectivas sejam materialmente consideradas, em nada contribui para a construção de um ambiente de pacificação social no país. Nesse sentido, é importante recordar do preâmbulo da Constituição da OIT, quando afirma que "a paz para ser universal e duradoura deve assentar sobre a justiça social.

Apesar de toda a movimentação e articulação, prevaleceu a denominada "pauta econômica", tendo sido aprovada a Reforma Trabalhista. Não se esgotaram, porém, as tentativas de redução cada vez maior dos direitos dos trabalhadores, em atendimento à denominada "pauta econômica", em que se colocam os direitos trabalhistas em suposta oposição ao progresso. Márcio Amazonas Cabral de Andrade (2020) refere-se a um "processo de achatamento do Direito Do Trabalho" que está em curso e não foi encerrado pela Reforma Trabalhista.

O *script* é conhecido, e descrito com minúcias por Eros Roberto Grau (2018, p. 49):

> O Estado é transformado no grande vilão e a receita passada é a seguinte: (i) desregulamentação dos mercados domésticos e eliminação das barreiras à entrada e saída de capital-dinheiro, de modo que a taxa de juros possa exprimir, sem distorções, a oferta e demanda de "poupança" nos espaços integrados da finança mundial; (ii) para os mercados de bens, submissão das empresas à concorrência global, eliminando-se os resquícios do protecionismo e de quaisquer políticas deliberadas de fomento; (iii) **para os mercados de trabalho, flexibilização e remoção das cláusulas sociais.**
>
> [...]
>
> **Quanto ao crescimento, ao emprego e à equidade o resultado é francamente negativo.** (grifo nosso).

Destarte, rememora-se que essa contraposição é falaciosa e afronta os termos do artigo 170 da Constituição Federal, que põe, lado a lado, a valorização do trabalho humano e a livre iniciativa como fundamentos da ordem econômica.

Nesse momento, entra a atuação e articulação do Ministério Público do Trabalho, como a voz dos trabalhadores e trabalhadoras, para trazer à baila a necessidade de observância do valor social do trabalho.[233] Esse eixo tem sido valorizado, conforme se vê, por exemplo, da Carta de Serviços apresentada pelo Ministério Público do Trabalho (2020). Nela, foram apresentados os diversos órgãos e setores da instituição. Sobressai a Secretaria de Relações Institucionais (SRI), integrante do Gabinete do Procurador-Geral do Trabalho. As funções da SRI são assessorar e fornecer elementos técnicos e jurídicos ao Procurador-Geral ou à Procuradora-Geral do Trabalho na interação com os diversos setores da sociedade, o Congresso Nacional, o Conselho Nacional do Ministério Público, o Conselho Nacional de Justiça, os demais ramos do Ministério Público da União, os Ministérios Públicos Estaduais, o Tribunal Superior do Trabalho, o Ministério do Trabalho e Emprego, outros órgãos e instituições, públicos ou privados, e autoridades públicas.

A constante articulação com os órgãos, instituições e entidades da sociedade civil organizada é ressaltada ainda em outros pontos da Carta de Serviços, como na descrição das atividades da Vice-Procuradora Geral do Trabalho. Outrossim, o Plano de Gestão Nacional (2020) estabelece expressamente como objetivos: "estabelecer e fortalecer parcerias estratégicas" e "fortalecer a comunicação, a transparência institucional e o diálogo com a sociedade".

Nessa toada, a Portaria nº 1.555.2019, da Procuradoria-Geral do Trabalho, de 20 de novembro de 2019, instituiu a Comissão Permanente de Acompanhamento do Processo Legislativo pertinente a matérias relevantes para o exercício, a eficácia e o alcance social das atividades finalísticas do Ministério Público do Trabalho, bem como para a preservação das prerrogativas institucionais e processuais dos membros.[234]

233 Artigo 1º da Constituição Federal, abordado no Capítulo 2, supra.

234 Art. 3º Cabe à Comissão: I – monitorar as pautas legislativas e identificar proposições e projetos relevantes para o exercício, a eficácia e o alcance social das atividades finalís-

Houve sucessivas tentativas de mitigar a proteção aos trabalhadores, de macular a liberdade sindical e de restringir as prerrogativas dos Membros do Ministério Público. O Parquet Laboral se fez presente buscando, em suma, a manutenção dos direitos trabalhistas já conquistados, e a observação da vedação ao retrocesso social. Como exemplo, pode-se mencionar o acompanhamento do trâmite das Medidas Provisórias n. 881/2019, que trazia em seu bojo alterações prejudiciais aos trabalhadores, e n. 905/2019, que previa a instituição da "Carteira de Trabalho Verde Amarela". Também de se frisar a atuação durante o trâmite das Medidas Provisórias n. 927 e n. 926, editadas durante a situação de crise gerada pela denominada "pandemia do novo coronavírus", iniciada em março de 2020, e que não havia sido superada até o momento em que se escrevem essas linhas (outubro de 2020). O Ministério Público do Trabalho participou ativamente do diálogo social sobre essas medidas.

O acompanhamento do processo legislativo permite a tutela dos direitos transindividuais dos trabalhadores, ao buscar obstar a inserção de dispositivos precarizantes das relações do trabalho. Na ausência dessa postura proativa e de diálogo, restaria, apenas, alegar a inconstitucionalidade das medidas, seja de maneira incidental, seja por Ação Direita, em ações onerosas e, no mais, das vezes, demoradas. Essa vertente de atuação, portanto, é complementar às atividades extrajudiciais e judiciais do Ministério Público do Trabalho.

A interação dos três eixos ocorre de maneira harmônica, como peças de um sistema de engrenagem, que funciona com o objetivo de salvaguardar os direitos sociais dos trabalhadores, ponto central da Constituição de 1988, conforme salientado ao longo do presente trabalho.

A atuação do Ministério Público do Trabalho aparece como uma alternativa, mas sempre de forma subsidiária e complementar à atuação

ticas do Documento assinado eletronicamente por Ministério Público do Trabalho, bem como para a preservação das prerrogativas institucionais e processuais dos membros; II – acompanhar a tramitação dos processos legislativos referentes às proposições e projetos identificados na forma do inciso anterior; III – elaborar minutas de anteprojetos de lei de interesse do Ministério Público do Trabalho; IV – desenvolver e implementar estratégias de interação institucional com o Congresso Nacional, com suas Casas, Comissões, Bancadas, Frentes e Parlamentares; (...).

sindical, estudada no capítulo anterior. Ambas as instituições enfrentam o problema de atraso contumaz de salários a partir de uma perspectiva coletiva, com maior efetividade do que as soluções individuais disponíveis, desonerando o trabalhador dos riscos da demanda e dos ônus decorrentes do instituto da rescisão indireta, que não é suficientemente eficaz.

CONCLUSÕES

A proposta da presente pesquisa foi averiguar os efeitos do atraso contumaz dos salários na vida trabalhador, especialmente em relação à sua dignidade. Investigou-se, ainda, quais e quão efetivos são os principais instrumentos e meios disponíveis no ordenamento jurídico para coibir a conduta do empregador de atrasar os salários.

A partir dos estudos realizados, concluiu-se que a dignidade da pessoa humana é um valor amplo, que abrange diversos direitos dele decorrentes. A dignidade da pessoa humana pressupõe a autonomia, a capacidade de afirmação social, e a capacidade de prover e satisfazer as necessidades básicas do ser humano, para evitar que lhe sejam impostas arbitrariedades decorrentes de vantagens econômicas, políticas ou sociais, para impedir que o ser humano seja usado como meio ou objeto, e não como fim em sim mesmo.

Por meio da revisão da doutrina e da análise do ordenamento jurídico, verificou-se que o salário é um satisfator das necessidades humanas, reconhecido pela legislação nacional e internacional. No mais das vezes, é a única forma que o trabalhador detém de garantir sua subsistência. Em razão disso, há uma inter-relação entre a dignidade da pessoa humana e o valor social do trabalho, que ensejou a construção do conceito de direito fundamental ao trabalho digno. O salário, como contraprestação do trabalho, integra tanto o valor social do trabalho quanto o conceito de trabalho digno. Receber o salário é, destarte, um direito fundamental social, que possibilita acesso aos demais direitos sociais, como alimentação, moradia, lazer, com respeito à autonomia dos indivíduos.

O fato de o salário ser pago após a efetiva prestação do serviço (pós numeração), torna o trabalhador credor do crédito salarial e inviabiliza o simples restabelecimento do *status quo* ante no caso de inadimplemento da contraprestação ao trabalho. Em decorrência dessas características do salário, apontadas pela doutrina justrabalhista revisada, o seu atraso contumaz representa uma mácula à dignidade da pessoa humana do trabalhador, prejudicando o alcance de bens fundamentais, acentuando a sua vulnerabilidade. A proteção ao direito fundamental social ao salário só se torna efetiva, portanto, com a existência de meios jurídicos aptos a compelir o empregador a cumprir o prazo legal para o pagamento respectivo. Em outras palavras, é necessário que haja instrumentos eficazes para coibir o atraso contumaz de salários para que se possa salvaguardar a dignidade do trabalhador.

Exatamente em razão disso, a Constituição da República de 1988 trouxe como pontos centrais a valorização social do trabalho e a proteção ao salário, ao lado da dignidade da pessoa humana. Há na Carta Magna prescrição expressa de que a retenção dolosa do salário constitui crime. A despeito da omissão na respectiva tipificação pelo legislador, a disposição constitucional apresenta claro comando a respeito da importância de resguardo do direito ao salário.

Observou-se que o tema é igualmente objeto de preocupação de diversas normativas internacionais. A Organização Internacional do Trabalho, desde sua Constituição original, ocupou-se do tema da remuneração, como expressão de seu princípio-base de não mercantilização do trabalho, posteriormente consagrando documentos específicos sobre o salário, tais como as Convenções n. 95 e n. 173.

Foi preciso caracterizar o atraso contumaz para efeitos da presente pesquisa, tendo em mente a natureza alimentar do salário. Demonstrou-se que assim pode ser considerado o atraso ocorrido por alguns dias de forma reiterada (por dois meses consecutivos ou mais), pois gera prejuízos ao trabalhador, que deixa de quitar os seus compromissos financeiros no tempo hábil.

Foram analisadas as alegações de crises econômicas como justificativa para que se tenha uma tolerância maior ao atraso de salários. Deduziu-se, a partir das pesquisas realizadas, que elas não podem ser aceitas. Isso não só dado o caráter de direito fundamental social do salário, mas também porque o empregado está igualmente sujeito aos efeitos e malefícios da crise econômica, não podendo ser duplamente prejudicado. Além disso, a aceitação desses argumentos de cunho econômico violaria não só a valorização social do trabalho como o princípio de que o trabalho humano não é uma mercadoria (não mercantilização do trabalho).

Não obstante a Constituição esteja em posição hierárquica superior, a lei ordinária exerce papel extremamente relevante, porquanto regula o quotidiano do trabalhador na relação de emprego. A solução apresentada pela legislação ordinária para o atraso de salários é o instituto da rescisão indireta. Demonstrou-se, por meio das análises efetuadas, que essa solução não tem efetividade suficiente para salvaguardar direito tão relevante em nosso ordenamento jurídico. Ela impõe dois ônus ao trabalhador para que este possa cobrar o seu crédito salarial: o rompimento do contrato de trabalho, e o ajuizamento de ação trabalhista, geralmente demorada e onerosa. O princípio constitucional da proteção ao salário prescreve uma proteção mais abrangente, que deve ser levada em consideração também durante o contrato de trabalho, e não somente após a sua extinção.

Ainda, constatou-se que as multas administrativas e a correção monetária incidente no caso de atraso de salários não são suficientes para compelir o empregador a pagar tempestivamente os salários, pois possibilitam o cálculo do custo do descumprimento pelo empregador, e estimulam a priorização de outros débitos, com encargos maiores.

Destarte, detectou-se a insuficiência dos instrumentos à disposição do trabalhador, individualmente, para garantir o percebimento de seus salários no prazo legal. A partir disso, passou-se a averiguar a possibilidade de proteção do direito fundamental social ao salário por meio das garantias institucionais estabelecidas, ou seja, pela atuação das entidades sindicais e do Ministério Público do Trabalho, em uma perspectiva coletiva.

Notou-se, ao longo dos estudos da doutrina, da legislação e da jurisprudência, que o papel dos sindicatos na garantia desse direito fundamental social pode ser exercido por meio da negociação coletiva, da deflagração de greve ou de atuação judicial. Realçou-se a responsabilidade dos entes sindicais no âmbito da negociação coletiva, tanto para incluir nos instrumentos coletivos cláusulas protetivas do direito ao percebimento tempestivo do salário (cominando, por exemplo, multas por atraso), quanto para se abster de fazer constar nos instrumentos coletivos renúncias a esse direito, exempli gratia, o elastecimento do prazo para pagamento.

O atraso de salários também atrai a atuação dos sindicatos pela deflagração de greves, as denominadas greves defensivas, que vêm constituindo a maioria dos movimentos paredistas desde 2016, conforme observado a partir de dados consolidados pelo DIEESE. Percebeu-se, ainda, que o livre exercício do direito de greve vem sofrendo algumas restrições, operadas pela jurisprudência do Tribunal Superior do Trabalho. A análise dos julgados evidenciou que paradoxalmente a Corte Superior Trabalhista reconhece a fundamentalidade do direito ao pagamento tempestivo de salários, e, ao mesmo tempo, por vezes, privilegia o enfoque de cessação do movimento em detrimento da resolução da questão de fundo que ensejou a sua deflagração.

Para além da negociação coletiva e da organização de movimentos grevistas, o Sindicato ainda representa os trabalhadores em juízo, na forma preconizada pelo inciso III do artigo 8º da Constituição Federal. Observou-se, com amparo na doutrina e na legislação, a potencialidade de ações de iniciativa do próprio Sindicato, com caráter coletivo, contribuírem para a defesa do direito ao percebimento tempestivo do salário durante o curso do contrato de trabalho. Frisou-se a possibilidade de utilização do dissídio coletivo, da ação de cumprimento e da ação civil pública ou ação coletiva para esse fim. Pontuou-se que em ação civil pública, por exemplo, o Sindicato pode postular seja o empregador compelido a observar o prazo legal para pagamento do salário, a quitar os salários em atraso, a pagar indenização por danos morais coletivos e individuais decorrentes do atraso de salários.

Com alicerce principalmente na revisão bibliográfica e jurisprudencial, verificou-se que os sindicatos enfrentam diversos desafios, como o problema do custeio de suas atividades, a necessidade de renovação das negociações coletivas a cada período sem qualquer possibilidade de ultratividade das normas anteriores, e o reconhecimento, pelo Supremo Tribunal Federal, da validade de acordos individuais firmados com os trabalhadores sem a participação dos entes sindicais. Constatou-se, pois, que a despeito da necessidade e da responsabilidade de exercício do mister constitucional, as condições para tanto não são favoráveis para os sindicatos.

Nesse cenário, além da criatividade e da superação pelos entes sindicais, torna-se cada vez mais relevante, para a proteção do trabalhador e da própria liberdade sindical, a atuação do Ministério Público do Trabalho, sempre em articulação com os demais atores sociais.

Aferiu-se, com espeque na doutrina e na análise de casos práticos, que o Ministério Público do Trabalho, de acordo com seu novo posicionamento constitucional (1988), assumiu um protagonismo na defesa dos direitos sociais constitucionalmente garantidos, que pode ser visto como um paralelo à centralidade do valor social do trabalho na Carta Magna. Em um perfil resolutivo, o Parquet Laboral ambiciona não apenas investigar, mas solucionar os problemas que atentem contra esses direitos, dentre os quais, realça-se, figura o direito ao percebimento tempestivo do salário.

Nessa toada, constatou-se que o Ministério Público do Trabalho vem sendo demandado pela sociedade para atuar no que tange ao atraso contumaz de salários. A atuação ministerial ocorre em três eixos principais: administrativo, judicial e interinstitucional. Concluiu-se que a atuação ministerial tem o condão de trazer o *effective enforcement*, buscando sempre a adequação da conduta irregular do empregador, seja pela tomada do Termo de Ajuste de Conduta, seja pela Ação Civil Pública, seja pelos demais instrumentos analisados ao longo do trabalho.

O diálogo e a primazia da solução autocompositiva tem sido a tônica dessa atuação, incentivada inclusive pelas Resoluções do Conselho Nacional do Ministério Público e do Conselho Superior do Ministério Público do Trabalho. Nesse sentido, dentre os instrumentos de atuação administrativa, percebeu-se, na teoria e em casos práticos, a relevância, a eficácia e a praticidade do Termo de Ajuste de Conduta, que aproxima as partes e facilita o cumprimento das obrigações ajustadas. Concluiu-se, outrossim, que é salutar que atuação seja informada sempre pelo diálogo, nele incluído não apenas o investigado, mas também a fiscalização do trabalho e os sindicatos, dada a sua já destacada importância.

Não obstante tenha assumido esse papel resolutivo, não se pode olvidar a relevância da atuação judicial do Ministério Público do Trabalho. Isso porque há uma interação entre os eixos de atuação, evidenciada ao longo da pesquisa. Não sendo frutíferas as tentativas de resolução autocompositiva, há de existir a possibilidade de adoção das medidas judiciais competentes, que se inserem na denominada tutela coletiva.

Notou-se, a partir das investigações realizadas, que a tutela coletiva é um campo fértil para que haja a despersonalização do cidadão que busca o acesso ao Judiciário, em contraposição ao receio do trabalhador de retaliação no caso de ajuizamento de demandas individuais. As principais ações manejadas com o intuito de proteção ao direito ao pagamento tempestivo de salário são: a ação civil pública, a execução de termo de ajuste de conduta e a ação anulatória de cláusula de acordo ou convenção coletiva. Além disso, o Parquet Laboral participa, ainda, em algumas ações em que não é parte, como órgão interveniente (atuação *custos legis*).

Os casos práticos analisados demonstraram toda a potencialidade e a efetividade dessa forma de acesso à justiça, que promove a celeridade do processo e a igualdade da decisão para todos os envolvidos no conflito. Viabiliza, ainda, a tutela dos direitos trabalhistas no curso do contrato de trabalho, e não apenas após o seu término. Nesse sentido, também a atuação interveniente pode ser vista como uma oportunidade de, em conjugação de esforços com os demais legitimados, intentar-se obter jurisprudência favorável aos direitos e interesses transindividuais dos trabalhadores.

Por fim, estudou-se a atuação interinstitucional do Ministério Público do Trabalho. Essa atuação ocorre por meio de acompanhamento do processo legislativo, celebração de acordos e termos de cooperação técnica com outros órgãos e instituições, *inter alia*. O Parquet Laboral, nesse âmbito, traduz perante os demais atores sociais e políticos a voz dos trabalhadores e trabalhadoras, para trazer à baila a necessidade de observância do valor social do trabalho. É mais um reflexo da postura proativa e resolutiva do Ministério Público do Trabalho, que garantiu, em alguns momentos, a salvaguarda dos direitos dos trabalhadores face a ameaças de reformas precarizantes, como evidenciou-se por meio da análise das recentes intervenções do Parquet laboral, por meio, por exemplo, da expedição de Notas Técnicas acerca de propostas legislativas. A interação dos três eixos ocorre de maneira harmônica, como peças de um sistema de engrenagem, que funciona com o objetivo de salvaguardar os direitos sociais dos trabalhadores, ponto central da Constituição de 1988, conforme destacado ao longo do presente trabalho.

Em síntese, ao longo dessa pesquisa, foi possível verificar que o trabalhador, ao não receber os salários de forma tempestiva, vê-se em situação de extrema vulnerabilidade, não lhe restando opções eficientes na seara individual para a implementação do seu direito fundamental social. O principal instituto previsto para a situação (a rescisão indireta) não é efetivo, e é demasiado oneroso para o trabalhador. Por essa razão, o trabalhador necessita de guarida dos sindicatos e do Ministério Público do Trabalho, que configuram as garantias institucionais previstas pela Constituição da República. Essas instituições representam a possibilidade de acesso à tutela coletiva, uma solução que se mostra vantajosa em relação à opção da demanda individual, conforme evidenciou-se, tanto com base nos fundamentos teóricos revisados quanto com alicerce nos casos práticos analisados.

REFERÊNCIAS

ALCALÁ, Humberto Nogueira. El Principio o Postulado Pro Homine o Favor Persona como Estándar en Materia de Derechos Humanos Parte II. **Revista do Curso de Direito – UFMA,** São Luís, ano 3, n. 6, jul./dez. 2013. Disponível em: http://www.periodicoseletronicos.ufma.br/index.php/rcursodedireito/article/download/5245/3183. Acesso em: 30 abr. 2020.

ALEMÃO, Ivan. **Garantia do Crédito Salarial.** São Paulo: LTR, 1997.

ALVARENGA, Rubia Zanotelli; OLIVEIRA, Felipe Duarte Ribeiro. Princípios fundamentais de direito internacional do trabalho. *In*: EÇA, Vitor Salino de Moura. **Direito Internacional do Trabalho.** Rio de Janeiro: Lume Juris, 2020.

AMORIM, Helder Santos. Os princípios do Direito do Trabalho na Constituição de 1988. *In*: VIANA, Márcio Túlio; ROCHA, Cláudio Jannotti. **Como Aplicar a CLT à luz da constituição:** alternativas apara os que militam no foro trabalhista. São Paulo: LTR, 2016.

ANDRADE, Carlos Drummond. **Amar se aprende amando.** São Paulo: Companhia das Letras, 2018. (Coleção Carlos Drummond de Andrade).

ANDRADE, Márcio Amazonas Cabral de. Alterações na Legislação Trabalhista durante a pandemia do novo coronavírus. *In*: 1º WEBINARIO TEMAS AVANÇADOS DO MPT. **Brasil:** Trabalho em Debate, 19 de setembro de 2020 Disponível em: https://www.youtube.com/watch?v=Y0YBxzisKXM. Acesso em: 3 out. 2020.

ARAUJO, Adriane Reis de; CASAGRANDE, Cassio Luís; PEREIRA, Ricardo José Macedo de Britto. **Ações Civis Públicas No TST**: Atuação Do Ministério Público Do Trabalho e Dos Sindicatos Em Perspectiva Comparada. Rio de Janeiro: Escola Superior Do Ministério Público Da União Centro De Estudos Direito E Sociedade – IUPERJ, 2006. Disponível em: http://www.cis.puc-rio.br/cis/cedes/PDF/cadernos/cadernos%206%20-%20acaocivilmp.pdf. Acesso em: 01 out. 2020.

ARAUJO, Jailton Macena de. Valor Social do Trabalho na Constituição Federal de 1988: Instrumento de Promoção de Cidadania e de Resistência à Precarização. **Revista de Direito Brasileira**, São Paulo, SP, v. 16, n. 7, p. 115-134, jan./abr. 2017. Disponível em: https://www.indexlaw.org/index.php/rdb/article/download/3058/2788. Acesso em: 27 abr. 2020.

ASSOCIAÇÃO NACIONAL DOS PROCURADORES DO TRABALHO (ANPT). **Nota Pública sobre a MP n. 905/2019.** Brasília: ANPT, 12 de novembro de 2019. Disponível em: http://www.anpt.org.br/imprensa/noticias/3604-anpt-critica-carteira-verde-e-amarelo-e-afirma-que-ela-promove-nova-reforma-trabalhista. Acesso em: 04 out. 2020.

ÁVILA, Thiago André Pierobom de. A recomendação ministerial como possível instrumento de delimitação do dolo da improbidade administrativa. **Boletim Científico Escola Superior do Ministério Público da União**, ano 16, n. 49, jan./jul. 2017.

BAYLOS, Antonio. La autonomía colectiva y sus medios de expresión. *In*: EL FUTURO DEL TRABAJO: 100 años de la OIT: CONGRESO AEDTSS, 29. Salmanca 30 y 31 de mayo de 2019. Disponível em: https://www.aedtss.com/wp-content/uploads/2019/04/09-Baylos-Antonio.pdf. Acesso em: 31 ago. 2020.

BARAK, Aharom. **Human Dignity:** The Constitutional Value and the Constitutional Right. Translated by Daniel Kayros. United Kindgom: Cambridge University Press, 2015. Kindle Edition.

BARBOSA, João Geraldo. Execução de multa pelo descumprimento de cláusula de Termo de Ajustamento de Conduta (TAC) para efetividade das obrigações pactuadas. **Revista Juristas,** jan. 2019. Disponível em: https://juristas.com.br/2019/01/16/execucao-de-multa-pelo-descumprimento-de-clausula-de-termo-de-ajustamento-de-conduta-tac-para-efetividade-das-obrigacoes-pactuadas. Acesso em: 29 set. 2020.

BARBOSA, Mariana. MPT recebe 29 mil denúncias trabalhistas relacionadas à covid-19. **Correio Braziliense,** 24 ago. 2020. Disponível em: https://www.correiobraziliense.com.br/economia/2020/08/4870557-mpt-recebe-29-mil-denuncias-trabalhistas.html. Acesso em: 3 out. 2020.

BARBUGIANI, Fernando Augusto Sormani. **As Recomendações administrativas do Ministério Público como instrumento de prevenção e solução de conflitos transindividuais.** Belo Horizonte: D'Plácido, 2020.

BARCELLOS, Ana Paula de. **A eficácia jurídica dos princípios constitucionais:** o princípio da dignidade da pessoa humana. 3. ed. rev. e atual. Rio de Janeiro: Renovar, 2011.

BARCELLOS, Ana Paula de. Normatividade Os princípios e o princípio da dignidade da pessoa humana na Constituição De 1988. **Revista de Direito Administrativo**, Rio de Janeiro, jul./set. 2000.

BARCELLOS, Ana Paula de. **Princípios Constitucionais no Estado Democrático de Direito:** Um estudo de caso: reflexões sobre o Direito do Trabalho e o sistema constitucional. [S. l.]: [s. n.], 2014. *E-book.*

BARCELLOS, Ana Paula de; BARROSO, Luis Roberto. Os valores sociais da livre--iniciativa (Comentários ao Artigo 1º, IV, da Constituição Federal). *In*: CANOTILHO, J.J. Gomes; SARLET, Ingo Wolfgang; STRECK, Lenio Luiz; MENDES, Gilmar Ferreira. **Comentários à Constituição do Brasil.** São Paulo: Editora Saraiva, 2018.

BELSER, Patrick; SOBECK; Kristen. A que nivel los países deberían fijar los salarios mínimos. **Internacional de Investigacion de Investigación Sindical**, v. 4, n. 2m Genebra, Oficina Internacional del Trabajo, 2012.

BENEVIDES, Sara Costa. Impactos da Reforma Trabalhista no Modelo de Custeio das Organizações Sindicais. **Rev. Trib. Reg. Trab. 3ª Reg.,** Belo Horizonte, v. 64, n. 97, p. 167-183, jan./jun. 2018. Disponível em: http://as1.trt3.jus.br/bd--trt3/handle/11103/40465. Acesso em: 02 set. 2020.

BERCOVICI, Gilberto. Constituição econômica e dignidade da pessoa humana. **Revista Da Faculdade De Direito,** Universidade De São Paulo, v. 102, p. 457-467, 2017.

BITTENCOURT, Luiz Antonio da Silva, MISKULIN, Ana Paula Silva Campos, BRASIL, Deilton Ribeiro. Declaração tripartida da OIT sobre os princípios das empresas multinacionais e política social: um diálogo essencial com o direito humano ao trabalho decente. *In*: EÇA, Vitor Salino de Moura. **Direito Internacional do Trabalho.** Rio de Janeiro: Lume Juris, 2020.

BITENCOURT, Marcelo Cintra. **Aplicação do Compromisso de Ajustamento de Conduta na Atividade do Parquet:** Atualizado com a Resolução do CNMP nº 179/2017. Rio de Janeiro: Edição do Kindle, 2020.

BRAMANTE, Ivani Contini. Reforma trabalhista: prevalência do negociado sobre o legislado. *In*: MARTINS, Juliane Caravieri (Org.).; BARBOSA, Magno Luiz (Org.).;

MONTAL, Zélia Maria Cardos (Org.). **Reforma trabalhista em debate:** direito individual coletivo e processual do trabalho [recurso eletrônico]. São Paulo: LTr, 2017.

BRANDAO, Claudio Mascarenhas. Os valores sociais do Trabalho. *In*: CANOTILHO, J.J. Gomes; SARLET, Ingo Wolfgang; STRECK, Lenio Luiz; MENDES, Gilmar Ferreira. **Comentários à Constituição do Brasil.** São Paulo: Editora Saraiva, 2018.

BRASIL. [Constituição (1988)]. **Constituição da República Federal do Brasil de 1988.** Disponível em: http://www.planalto.gov.br/ccivil_03/constituicao/constituicaocompilado.htm. Acesso em: 27 jul. 2019.

BRASIL. **Código de Defesa do Consumidor.** Lei nº 8.078, de 11 de setembro de 1990. Disponível em: http://www.planalto.gov.br/ccivil_03/_ato2004-2006/2005/lei/l11101.htm. Acesso em: 4 maio 2020.

BRASIL. **Código de Processo Civil.** Lei nº 13.105, de 16 de março de 2015. Disponível em: http://www.planalto.gov.br/ccivil_03/_Ato2015-2018/2015/Lei/L13105.htm. Acesso em: 4 maio 2020.

BRASIL. **Decreto-Lei nº 368, de 19 de dezembro de 1968.** Dispõe sobre Efeitos de Débitos Salariais e dá outras providências. Disponível em: http://www.planalto.gov.br/ccivil_03/Decreto-Lei/Del0368.htm. Acesso em: 4 maio 2020.

BRASIL. **Decreto-lei nº 5.452, de 1º de maio de 1943.** Aprova a Consolidação das Leis do Trabalho. Disponível em: http://www.planalto.gov.br/ccivil_03/decreto-lei/del5452.htm. Acesso em: 4 maio 2020.

BRASIL. **Decreto nº 10.088, de 5 de novembro de 2019**. Consolidação dos atos normativos editados pelo Poder Executivo Federal que dispõem sobre a promulgação de convenções e recomendações da Organização Internacional do Trabalho – OIT ratificadas pela República Federativa do Brasil. Disponível em: http://www.in.gov.br/web/dou/-/decreto-n-10.088-de-5-de-novembro-de-2019-226228150. Acesso em: 4 maio 2020.

BRASIL. **Lei nº 7.998, de 11 de janeiro de 1990.** Regula o Programa do Seguro-Desemprego, o Abono Salarial, institui o Fundo de Amparo ao Trabalhador (FAT), e dá outras providências. Disponível em: http://www.planalto.gov.br/ccivil_03/leis/l7998.htm. Acesso em: 4 maio 2020.

BRASIL. **Lei nº 11.101, de 9 de fevereiro de 2005.** Regula a recuperação judicial, a extrajudicial e a falência do empresário e da sociedade empresária. Disponível em: http://www.planalto.gov.br/ccivil_03/_ato2004-2006/2005/lei/l11101.htm. Acesso em: 4 maio 2020.

BRASIL. **Lei nº 8.177, de 1 de março de 1991.** Estabelece regras para a desindexação da economia e dá outras providências. Disponível em: http://www.planalto.gov.br/ccivil_03/leis/l8177.htm. Acesso em: 4 maio 2020.

BRASIL. Lei nº 7.783, de 28 de junho de 1989. Dispõe sobre o exercício do direito de greve, define as atividades essenciais, regula o atendimento das necessidades inadiáveis da comunidade, e dá outras providências. Disponível em: http://www.planalto.gov.br/ccivil_03/leis/l7783.htm. Acesso em: 10 out. 2020.

BRASIL. **Lei nº 5.584, de 26 de junho de 1970**. Dispõe sobre normas de Direito Processual do Trabalho, altera dispositivos da Consolidação das Leis do T rabalho, disciplina a concessão e prestação de assistência judiciária na Justiça do Trabalho, e dá outras providências. Disponível em: http://www.planalto.gov.br/ccivil_03/leis/l5584.htm. Acesso em: 10 out. 2020.

BRASIL. **Lei nº 10.192, de 14 de fevereiro de 2001**. Dispõe sobre medidas complementares ao Plano Real e dá outras providências. Disponível em: http://www.planalto.gov.br/ccivil_03/leis/leis_2001/l10192.htm. Acesso em: 10 out. 2020.

BRASIL. **Lei nº 8.984, de 7 de novembro de 1995**. Estende a competência da Justiça do Trabalho (art. 114 da Constituição Federal). Disponível em: http://www.planalto.gov.br/ccivil_03/leis/l8984.htm. Acesso em: 10 out. 2020.

BRASIL. **Lei nº 13.467, de 13 de julho de 2017**. Altera a Consolidação das Leis do Trabalho (CLT), aprovada pelo Decreto-Lei nº 5.452, de 1º de maio de 1943, e as Leis n º 6.019, de 3 de janeiro de 1974, 8.036, de 11 de maio de 1990, e 8.212, de 24 de julho de 1991, a fim de adequar a legislação às novas relações de trabalho. Disponível em: http://www.planalto.gov.br/ccivil_03/_ato2015-2018/2017/lei/l13467.htm. Acesso em: 10 out. 2020.

BRASIL. **Lei nº 9.868, de 10 de novembro de 1999**. Dispõe sobre o processo e julgamento da ação direta de inconstitucionalidade e da ação declaratória de constitucionalidade perante o Supremo Tribunal Federal. Disponível em: http://www.planalto.gov.br/ccivil_03/leis/l9868.htm. Acesso em: 10 out. 2020.

BRASIL. **Lei nº 9.882, de 3 de dezembro de 1999**. Dispõe sobre o processo e julgamento da argüição de descumprimento de preceito fundamental, nos termos do § 1o do art. 102 da Constituição Federal. Disponível em: http://www.planalto.gov.br/CCiVil_03/LEIS/L9882.htm. Acesso em: 10 out. 2020.

BRASIL. **Lei nº 7.701, 21 de dezembro de 1988**. Dispõe sobre a especialização de Turmas dos Tribunais do Trabalho em processos coletivos e dá outras providências. Disponível em: http://www.planalto.gov.br/ccivil_03/leis/l7701.htm. Acesso em: 10 out. 2020.

BRASIL. **Lei nº 7.347, de 24 de julho de 1985**. Disciplina a ação civil pública de responsabilidade por danos causados ao meio-ambiente, ao consumidor, a bens e direitos de valor artístico, estético, histórico, turístico e paisagístico (VETADO) e dá outras providências. Disponível em: http://www.planalto.gov.br/ccivil_03/leis/l7347orig.htm. Acesso em: 10 out. 2020.

BRASIL. **Lei nº 8.542, de 23 de dezembro de 1992**. Dispõe sobre a política nacional de salários. Disponível em: http://www.planalto.gov.br/ccivil_03/leis/L8542compilado.htm Acesso em: 10 out. 2020.

BRASIL. **Lei nº 14.020, de 6 de julho de 2020**. Institui o Programa Emergencial de Manutenção do Emprego e da Renda; dispõe sobre medidas complementares para enfrentamento do estado de calamidade pública reconhecido pelo Decreto Legislativo nº 6, de 20 de março de 2020, e da emergência de saúde pública de importância internacional decorrente do coronavírus, de que trata a Lei nº 13.979, de 6 de fevereiro de 2020; altera as Leis nos 8.213, de 24 de julho de 1991, 10.101, de 19 de dezembro de 2000, 12.546, de 14 de dezembro de 2011, 10.865, de 30 de abril de 2004, e 8.177, de 1º de março de 1991; e dá outras providências. Disponível em: http://www.planalto.gov.br/ccivil_03/_ato2019-2022/2020/lei/L14020.htm. Acesso em: 10 out. 2020.

BRASIL. **Lei 13.874, de 20 de setembro de 2019.** Institui a Declaração de Direitos de Liberdade Econômica; estabelece garantias de livre mercado; altera as Leis nos 10.406, de 10 de janeiro de 2002 (Código Civil), 6.404, de 15 de dezembro de 1976, 11.598, de 3 de dezembro de 2007, 12.682, de 9 de julho de 2012, 6.015, de 31 de dezembro de 1973, 10.522, de 19 de julho de 2002, 8.934, de 18 de novembro 1994, o Decreto-Lei nº 9.760, de 5 de setembro de 1946 e a Consolidação das Leis do Trabalho, aprovada pelo Decreto-Lei nº 5.452, de 1º de maio de 1943; revoga a Lei Delegada nº 4, de 26 de setembro de 1962, a Lei nº 11.887, de 24 de dezembro de 2008, e dispositivos do Decreto-Lei nº 73, de 21 de novembro de 1966; e dá outras providências. Disponível em: http://www.planalto.gov.br/ccivil_03/_ato2019-2022/2019/Lei/L13874.htm. Acesso em: 10 out. 2020.

BRASIL. **Medida Provisória nº 881, de 30 de abril de 2019.**-Institui a Declaração de Direitos de Liberdade Econômica, estabelece garantias de livre mercado, análise de impacto regulatório, e dá outras providências. Disponível em: http://www.planalto.gov.br/ccivil_03/_ato2019-2022/2019/Mpv/mpv881.htm. Acesso em: 10 out. 2020.

BRASIL. **Medida Provisória nº 905, de 11 de novembro de 2019.** Institui o Contrato de Trabalho Verde e Amarelo, altera a legislação trabalhista, e dá outras providências. Disponível em: http://www.planalto.gov.br/ccivil_03/_ato2019-2022/2019/Mpv/mpv905.htm. Acesso em: 10 out. 2020.

BRASIL. **Medida Provisória nº 927, de 22 de março de 2020**. Dispõe sobre as medidas trabalhistas para enfrentamento do estado de calamidade pública reconhecido pelo Decreto Legislativo nº 6, de 20 de março de 2020, e da emergência de saúde pública de importância internacional decorrente do coronavírus (covid-19), e dá outras providências. Disponível em: http://www.planalto.gov.br/ccivil_03/_ato2019-2022/2020/mpv/mpv927.htm. Acesso em: 10 out. 2020.

BRASIL. **Medida Provisória nº 936, de 1º de abril de 2020**. Institui o Programa Emergencial de Manutenção do Emprego e da Renda e dispõe sobre medidas trabalhistas complementares para enfrentamento do estado de calamidade pública reconhecido pelo Decreto Legislativo nº 6, de 20 de março de 2020, e da emergência de saúde pública de importância internacional decorrente do coronavírus (covid-19), de que trata a Lei nº 13.979, de 6 de fevereiro de 2020, e dá outras providências. Disponível em: http://www.planalto.gov.br/ccivil_03/_ato2019-2022/2020/mpv/mpv936.htm. Acesso em: 10 out. 2020.

BRASIL. **Medida Provisória nº 955, de 20 de abril de 2020**. Revoga a Medida Provisória nº 905, de 11 de novembro de 2019, que institui o Contrato de Trabalho Verde e Amarelo e altera a legislação trabalhista. Disponível em: http://www.planalto.gov.br/ccivil_03/_ato2019-2022/2020/Mpv/mpv955.htm. Acesso em: 10 out. 2020.

BRASIL. Procuradoria Geral do Trabalho. Ronaldo Fleury discute reforma trabalhista com relator do PL 6787. **Portal Nacional de Direito do Trabalho,** 18 abr. 2017 Disponível em: https://pndt.jusbrasil.com.br/noticias/431705565/ronaldo-fleury-discute-reforma-trabalhista-com-relator-do-pl-6787. Acesso em: 3 out. 2020.

BRASIL. Supremo Tribunal Federal. **ADI 5794 – DF.** Relator: Min. Edson Fachin. Redator do Acórdão: Min. Luiz Fux, 29 de junho de 2018. Disponível em: http://portal.stf.jus.br/processos/downloadPeca.asp?id=15339959032&ext=.pdf. Acesso em: 1 set. 2020.

BRASIL. Supremo Tribunal Federal. **ADC-58 – DF.** Relator: Min. Gilmar Mendes, 14 de setembro de 2020. Disponível em: http://portal.stf.jus.br/processos/detalhe.asp?incidente=5526245 Acesso em: 15 out. 2020.

BRASIL. Supremo Tribunal Federal. **ADI 4357 – DF.** Relator: Min. Ayres Britto, 9 de dezembro de 2015. Disponível em: http://portal.stf.jus.br/processos/detalhe.asp?incidente=3813700 Acesso em: 15 out. 2020.

BRASIL. Supremo Tribunal Federal. **ADI 4372 – DF.** Relator: Min. Ayres Britto, 19 de março de 2013. Disponível em: http://portal.stf.jus.br/processos/detalhe.asp?incidente=3824752 Acesso em: 15 out. 2020.

BRASIL. Supremo Tribunal Federal. **ADI 4400 – DF.** Relator: Min. Ayres Britto. Redator do acórdão: Min. Marco Aurélio, 3 de outubro de 2013. Disponível em: http://portal.stf.jus.br/processos/detalhe.asp?incidente=3858907 Acesso em: 15 out. 2020.

BRASIL. Supremo Tribunal Federal. **ADI 6.363 – DF.** Relator: Min. Ricardo Lewandoski, 7 de maio de 2020. Disponível em: http://portal.stf.jus.br/processos/detalhe.asp?incidente=5886604. Acesso em: 15 out. 2020.

BRASIL. Tribunal Superior do Trabalho. (5. Turma). RR-2079-89.2017.5.11.0012. Relator: Des. Convocado Joao Pedro Silvestrin, **DEJT** 19 de junho de 2020.

BRASIL. Tribunal Superior do Trabalho. (6. Turma). RR-1267-10.2017.5.10.0001. Relatora: Min. Katia Magalhaes Arruda, **DEJT** 26 de junho de 2020.

BRASIL. Tribunal Superior do Trabalho. RO-21836-66.2018.5.04.0000, Seção Especializada em Dissídios Coletivos. Relatora: Min. Katia Magalhaes Arruda, **DEJT** 16 de julho de 2020.

BRASIL. Tribunal Superior do Trabalho. RO-5723-07.2013.5.15.00000, Relatora: Min. Maria de Assis Calsing, **DEJT** de 17 de outubro de 2014.

BRASIL, Deilton Ribeiro; BITTENCOURT, Luiz Antonio da Silva. A proteção internacional do trabalhador *pro homine* e do pacto internacional de direitos econômicos, sociais e culturais. *In*: EÇA, Vitor Salino de Moura. **Direito Internacional do Trabalho.** Rio de Janeiro: Lume Juris, 2020.

BRITO FILHO, José Cláudio Monteiro de. **Trabalho Decente.** São Paulo: LTR, 2004.

BRITO Filho, José Cláudio Monteiro de. Comentários ao Artigo 7º, XXVI da Constituição Federal. *In*: CANOTILHO, J.J. Gomes; SARLET, Ingo Wolfgang; STRECK, Lenio Luiz; MENDES, Gilmar Ferreira. **Comentários à Constituição do Brasil.** São Paulo: Editora Saraiva, 2018.

BULOS, Uadi Lamego. **Constituição Federal anotada.** 12. ed rev. e atual. São Paulo: Saraiva, 2017.

CAMINO, Carmen. **Direito Individual do Trabalho.** 4. ed. rev., ampl., e atual. Porto Alegre: Síntese, 2004.

CANOTILHO, J. J. Gomes; CORREIA, Marcus Orion Gonçalves; CORREIA, Paula Barcha. **Direitos fundamentais sociais.** 2. ed. São Paulo: Saraiva, 2015.

CANOTILHO, J. J. Gomes. **Estudos sobre direitos fundamentais.** Coimbra: Coimbra Editora, 2004.

CANOTILHO, J. J. Gomes; MOREIRA, Vital Martins. **Constituição da República Portuguesa Anotada.** São Paulo: Revista dos Tribunais, 2007. v. 1.

CARELLI, Rodrigo de Lacerda. Ministério Público do Trabalho na Proteção do Direito do trabalho. **Caderno CRH,** Salvador, v. 24, n. spe 01, p. 59-69, 2011.

CARNEIRO, Pablo Rolim. A ultratividade das cláusulas coletivas, a Súmula n. 227 do TST e a Lei n. 13.467/2017: entre o ativismo judicial e o ativismo legislativo? **Revista do Tribunal Superior do Trabalho,** Rio de Janeiro, v. 84, n. 3, p. 190-218, jul./set. 2018.

CARVALHO, Victor Hugo Fonseca. **Inadimplemento Salarial Qualificado.** São Paulo: LTR, 2016.

CASTEL, Robert. **As metamorfoses da questão social: uma crônica do salário.** Tradução de Iraci D. Poleti. 12. ed. Petrópolis, RJ: Vozes, 2015.

CATHARINO, José Martins. **Tratado Jurídico do Salário.** São Paulo: LTR, 1994.

CAVACO, Bruno de Sá Barcelos. O Inquérito Civil como instrumento efetivo e resolutivo na tutela dos interesses transindividuais – desjudicialização, contraditório e participação. **Revista de Processo.** v. 247/2015, p. 321 – 351, set./ 2015.

CESARINO JÚNIOR, Antônio Ferreira. **Direito social.** São Paulo: LTr, 1980.

CHOHAN, Amita. Cards On The Table Please! Litigation Privilege And Adversaries. **Mondaq,** 4 fevereiro 2019. Disponível em: https://www.mondaq.com/uk/trials-appeals-compensation/777550/cards-on-the-table-please-litigation-privilege-and-adversaries. Acesso em: 23 set. 2020.

CONSELHO NACIONAL DO MINISTÉRIO PÚBLICO. **Resolução n. 118, de 1º de dezembro de 2014.** Disponível em: https://www.cnmp.mp.br/portal/images/Resolucoes/Resolu%C3%A7%C3%A3o-118.pdf. Acesso em: 8 out. 2020.

CONSELHO NACIONAL DO MINISTÉRIO PÚBLICO. **Resolução n. 23, de 17 de setembro de 2007.** Disponível em: https://www.cnmp.mp.br/portal/images/Resolucoes/Resoluo-0231.pdf. Acesso em: 8 out. 2020.

CONSELHO NACIONAL DO MINISTÉRIO PÚBLICO. **Resolução n. 164, de 28 de março de 2017.** Disponível em: https://www.cnmp.mp.br/portal/images/Resolucoes/Resolu%C3%A7%C3%A3o-164.pdf. Acesso em: 8 out. 2020.

CONSELHO NACIONAL DO MINISTÉRIO PÚBLICO. **Recomendação n. 34, de 5 de abril de 2016.** Disponível em: https://www.cnmp.mp.br/portal/images/

Recomendacoes/Recomenda%C3%A7%C3%A3o-0341.pdf. Acesso em: 8 out. 2020.

CONSELHO SUPERIOR DO MINISTÉRIO PÚBLICO DO TRABALHO. **Resolução n. 69, de 12 de dezembro de 2007.** Disponível em: https://pgt.mpt.mp.br/externo/csmpt/resolucoes/resolu69.pdf. Acesso em: 3 out. 2020.

CONSELHO SUPERIOR DO MINISTÉRIO PÚBLICO DO TRABALHO. **Resolução n. 132, de 25 de outubro de 2016.** Disponível em: https://www.in.gov.br/materia/-/asset_publisher/Kujrw0TZC2Mb/content/id/24502675/do1-2016-11-11-resolucao-n-132-de-25-de-outubro-de-2016-24502643. Acesso em: 3 out. 2020.

CORREIA, Marcus Orione Gonçalves. Intepretação dos Direitos Fundamentais Sociais, Solidariedade e Consciência de Classe. *In*: CANOTILHO, J. J. Gomes; CORREIA, Marcus Orion Gonçalves; CORREIA, Paula Barcha. **Direitos fundamentais sociais.** 2. ed. São Paulo: Saraiva, 2015.

CRUZ, Mário Luiz Vieira. O Ministério Público como garantia orgânica dos direitos fundamentais nas relações de trabalho. Brasília: ESMPU, 2019,

CUNHA, Antônio Geraldo da. **Dicionário etimológico da língua portuguesa.** Rio de Janeiro: Lexikon, 2012. 744 p. [recurso digital].

DELGADO, Gabriela Neves. **Direito fundamental ao trabalho digno.** 2. ed. São Paulo: LTR, 2015.

DELGADO, Gabriela Neves. O Trabalho Enquanto Suporte de Valor. **Revista da Faculdade de Direito da UFMG**, Belo Horizonte, n. 49, Julho, dez. 2006. Disponível em: https://www.direito.ufmg.br/revista/index.php/revista/article/view/7. Acesso em: 28 jul. 2019.

DELGADO, Gabriela Neves; PEREIRA, Ricardo José Macedo de Britto. Acordos Coletivos de Trabalho: possibilidades e limites firmados pela Constituição de 1988. *In*: DELGADO, Gabriela Neves; PEREIRA, Ricardo José Macedo de Britto (orgs.). **Trabalho, Constituição e Cidadania:** a dimensão coletiva dos direitos sociais trabalhistas. São Paulo: LTr, 2014.

DELGADO, Maurício Godinho. **Curso de Direito do Trabalho.** 18. ed. São Paulo: LTR, 2019.

DELGADO, Maurício Godinho. Democracia, Constituição Federal de 1988 e Direito do Trabalho NO Brasil. *In*: VIANA, Márcio Túlio; ROCHA, Cláudio Jannotti. **Como Aplicar a CLT à luz da constituição:** alternativas apara os que militam no foro trabalhista. São Paulo: LTR, 2016.

DELGADO, Maurício Godinho. Princípios constitucionais da dignidade da pessoa humana e da proporcionalidade. **Síntese Trabalhista,** Porto Alegre, v. 16, n.186, p. 5-20, dez. 2004.

DELGADO, Maurício Godinho. **Direito Coletivo do Trabalho.** 7. ed. rev. atual. e ampl. São Paulo: LTr, 2017.

DICKENS, Linda. **Making Employment Rights Effective.** Issues of Enforcement and Compliance. Oxford (UK) and Portland (US): Hart Publishing, 2012. Kindle edition.

DIEESE (DEPARTAMENTO INTERSINDICAL DE ESTATÍSTICA E ESTUDOS SOCIOECONÔMICOS). Balanço das greves de 2019. **Estudos e Pesquisas,** n. 93, 26 de maio de 2020. Disponível em: https://www.dieese.org.br/balancodasgreves/2019/estPesq93balancoGreves2019.html. Acesso em: 4 set. 2020.

DIEESE (DEPARTAMENTO INTERSINDICAL DE ESTATÍSTICA E ESTUDOS SOCIOECONÔMICOS). Balanço das greves de 2018. **Estudos e Pesquisas,** n. 89, abril de 2019. Disponível em: https://www.dieese.org.br/balancodasgreves/2018/estPesq89balancoGreves2018.html. Acesso em: 4 set. 2020.

DIEESE (DEPARTAMENTO INTERSINDICAL DE ESTATÍSTICA E ESTUDOS SOCIOECONÔMICOS). Balanço das greves de 2017. **Estudos e Pesquisas,** n. 87, setembro de 2018. Disponível em: https://www.dieese.org.br/balancodasgreves/2017/estPesq87balancoGreves2017.html. Acesso em: 4 set. 2020.

DIEESE (DEPARTAMENTO INTERSINDICAL DE ESTATÍSTICA E ESTUDOS SOCIOECONÔMICOS). Balanço das greves de 2017. **Estudos e Pesquisas,** n. 84, agosto de 2017. Disponível em: https://www.dieese.org.br/balancodasgreves/2016/estPesq84balancogreves2016.html. Acesso em: 4 set. 2020.

DIETERLEN, Paulette. Derechos, necesidades básicas y obligación institucional. In: ZICCARDI, Alicia. **Pobreza, Desigualdad Social y Ciudadania: Los Limites de las Politicas Sociales en America Latina**. Buenos Aires: CLACSO, Consejo Latinoamericano de Ciencias Sociales, 2001.

DINALI, Danielle de Jesus; CUNHA, Natália Xavier. A proteção dos direitos humanos como instrumento de luta contra a redução dos padrões laborais. *In*: EÇA, Vitor Salino de Moura. **Direito Internacional do Trabalho.** Rio de Janeiro: Lume Juris, 2020.

DOYAL, Len; GOUGH, Ian. O direito à satisfação das necessidades. **Lua Nova Revista de cultura e política,** São Paulo, n. 33, ago. 1994.

EÇA, Vitor Salino de Moura, MAGALHÃES, Aline Carneiro. Concretização do Direito fundamental do acesso à justiça na seara laboral através da tutela da evidência. *In*: LEITE, Carlos Henrique Bezerra, EÇA, Vitor Salino de Moura. **Direito material e processual do trabalho na perspectiva dos direitos humanos.** São Paulo: LTR, 2014.

EÇA, Vitor Salino de Moura. Código Internacional do trabalho. In: EÇA, Vitor Salino de Moura. **Direito Internacional do Trabalho.** Rio de Janeiro: Lume Juris, 2020.

FACHIN, Melina Girardi. **Direitos Humanos e desenvolvimento.** Rio de Janeiro: Renovar, 2015.

FARIA, Fernanda Nigri. A importância da permeabilidade dos ordenamentos jurídicos e do controle de convencionalidade para a densificação e concretização da essência do direito do trabalho e dos direitos humanos. *In*: EÇA, Vitor Salino de Moura. **Direito Internacional do Trabalho.** Rio de Janeiro: Lume Juris, 2020.

FERNANDEZ FILHO, Rogério Rodrguez. Um caso particular de custeio sindical derivado de contrato de prestação de serviço pelo, e para, o Sindicato. **Revista de Direito do Trabalho**, v. 202/2019, p. 263-308, jun. 2019.

FERREIRA, Cristiane Anelolito. **Termo de Ajuste de Conduta Celebrado Perante o Ministério Público do Trabalho.** Dissertação (Mestrado em Direito) – Faculdade de Direito da Universidade de São Paulo. São Paulo. 2011. Disponível em: https://www.teses.usp.br/teses/disponiveis/2/2138/tde-24042012-113140/publico/Cristiane_Aneolito_Ferreira_ME.pdf. Acesso em: 25 set. 2020

FINCATO, Denise; FELTEN, Maria Cláudia. Reforma trabalhista: contribuição sindical facultativa e futuro dos sindicatos no Brasil. **Revista eletrônica [do] Tribunal Regional do Trabalho da 9ª Região,** Curitiba, PR, v. 7, n. 71, p. 57-75, ago./set. 2018. Disponível em: https://hdl.handle.net/20.500.12178/147333. Acesso em: 1 set. 2020.

FONSECA, Ricardo Tadeu Marques da. Por uma atuação eficaz do Ministério Público na justiça do trabalho: algumas reflexões sobre a lei e o trabalho dos procuradores. **Revista eletrônica [do] Tribunal Regional do Trabalho da 9ª Região,** Curitiba, PR, v. 1, n. 1, p. 88-97, out. 2011. Disponível em: https://hdl.handle.net/20.500.12178/97920. Acesso em: 21 set. 2020.

FRANCO FILHO, Georgenor de Sousa. Direitos Humanos dos Trabalhadores. *In*: ALVARENGA, Rúbia Zanotelli de (org). **Direitos Humanos dos Trabalhadores.** São Paulo: LTR, 2016.

GARCIA, Gustavo Filipe Barbosa. Contribuição Sindical Facultativa: Modificações Decorrentes da Medida Provisória n. 873/2019. **Revista Magister de Direito do Trabalho**, Edições 89, mar./abr. 2019.

GAVRONSKI, Alexandre Amaral. **Tutela coletiva:** visão geral e atuação extrajudicial. Brasília: Escola Superior do Ministério Público da União; Procuradoria Federal dos Direitos do Cidadão, 2006a. (Manuais de Atuação ESMPU, v. 1).

GRAU, Eros Roberto. **A ordem econômica na Constituição de 1988.** 19. ed. São Paulo: Malheiros, 2018a.

GRAU, Eros Roberto. Dos Princípios Gerais da Atividade Econômica. *In*: CANOTILHO, J.J. Gomes; SARLET, Ingo Wolfgang; STRECK, Lenio Luiz; MENDES, Gilmar Ferreira. **Comentários à Constituição do Brasil.** São Paulo: Editora Saraiva, 2018b.

GUERRA, Sidney; EMERIQUE, Lilian Márcia Balmant. O princípio da dignidade da pessoa humana e o mínimo existencial. **Revista da Faculdade de Direito de Campos,** ano 7, n. 9, dez. 2006. Disponível em: http://www.fdc.br/Arquivos/Mestrado/Revistas/Revista09/Artigos/Sidney.pdf. Acesso em: 22 abr. 2020.

GUNTHER, Luiz Eduardo. A negociação coletiva do trabalho como direito fundamental: necessidade de afirmação da tutela dos direitos de personalidade na atividade empresarial mundializada. **Revista Jurídica**, Curitiba. v. 21, n. 5, 2008. Disponível em: http://revista.unicuritiba.edu.br/index.php/RevJur/article/download/118/92. Acesso em: 28 ago. 2020.

HABLICH, Fernanda Campos; GALIA, Rodrigo Wasem. **O Término do Contrato de Trabalho por Justa Causa do Empregador.** Porto Alegre: Livraria do Advogado Editora, 2014.

HIRATA ZEDES, Carolina Marzola. **O MPT e a MP:** o Ministério Público do Trabalho e a MP 881/2019. Disponível em: https://blog.grancursosonline.com.br/mpt-mp-ministerio-publico-trabalho-mp-881-2019/. Acesso em: 3 out. 2020.

HIRATA ZEDES, Carolina Marzola. **O MPT e a MP:** o Ministério Público do Trabalho e a MP 905/2019. Disponível em: https://blog.grancursosonline.com.br/mpt-mp-905-2019/. Acesso em: 4 out. 2020.

KALIL, Renan Bernardi. Avanços e perspectivas do direito constitucional do trabalho: uma análise sob a ótica do direito coletivo do trabalho. **Revista do TST**, Brasília, v. 79, n. 3, 2013.

KALIL, Renan Bernardi. O Ministério Público do Trabalho e a liberdade sindical: a tênue linha entre a promoção e a interferência. *In*: KALIL, Renan Bernardi; SILVA, Sofia Vilela de Moraes (orgs.). **Temas relevantes da atuação do Ministério Público do Trabalho.** Brasília: ESMPU, 2017.

KANT, Immanuel. **Fundamentação da metafísica dos costumes.** Tradução de Paulo Quintela. Lisboa: Edições 70, 2002.

KEATING, Mark. **Introduction to Tax Disputes in New Zealand.** University of Auckland (September 2, 2012). Disponível em: https://ssrn.com/abstract=2140530. Acesso em: 23 set. 2020.

LEÃO XIII, Papa. **Carta Encíclica Rerum Novarum (Sobre a condição dos operários).** São Paulo: Loyola, 1991, item 27. Disponível em: https://w2.vatican.va/content/leo-xiii/pt/encyclicals/documents/hf_l-xiii_enc_15051891_rerum-novarum.html. Acesso em: 27 out. 2019.

LEITE, Carlos Henrique Bezerra. A negociação coletiva no direito do trabalho brasileiro. **Revista LTR**, São Paulo. v. 70, n. 07, jul. 2006.

LEITE, Carlos Henrique Bezerra. **Direitos Humanos.** Rio de Janeiro: Lumen Juris Editora, 2011.

LEITE, Carlos Henrique Bezerra. **Ministério Público Do Trabalho:** Doutrina, Jurisprudência e Prática. São Paulo: Saraiva, 2017. Edição do Kindle.

LIMA, Francisco Gérson Marques de. **Greve trabalhista:** um direito antipático. Fortaleza: Premius, 2014.

LIMA, Bruno Choairy Cunha de. Inquérito Civil como Instrumento de Tutela Coletiva. **Revista de Processo.** v. 267/2017, p. 407-28, maio/2017.

LOBATO, Márcia Regina. Ação de cumprimento. **Revista Fórum Trabalhista – RFT.** Belo Horizonte, ano 3, n. 10, p. 37-66, jan./fev. 2014. Disponível em: https://as1.trt3.jus.br/bd-trt3/bitstream/handle/11103/11453/A%C3%A7%C3%A3o%20de%20cumprimento.%20Marcia%20Regina%20Lobato.pdf. Acesso em: 14 set. 2020

LOPES, Otavio Brito. A nova contribuição sindical facultativa: análise legal e constitucional. **Revista Ltr: legislação do trabalho,** v. 82, n. 5, maio 2018.

LUÑO, Antonio-Enrique Perez. **Los Derechos Fundamentales.** Madrid: Tecnos, 2013, Edição do Kobo.

MACHADO, Herminegilda Leite. Convenção n. 95 da OIT: proteção ao salário. In: **Revista eletrônica [do] Tribunal Regional do Trabalho da 9ª Região,** Curitiba, PR, v. 8, n. 81, p. 178-185, ago. 2019.

MAGALHÃES, Theresa Calvet de. A atividade humana do Trabalho (Labor) em Hannah Arendt. **Revista Ensaio,** São Paulo, n. 14, 1985.

MALLET, Estêvão; FAVA, Marcos. Comentários ao inciso X do artigo 7º da Constituição Federal. *In*: CANOTILHO, J.J. Gomes; SARLET, Ingo Wolfgang; STRECK, Lenio Luiz; MENDES, Gilmar Ferreira. **Comentários à Constituição do Brasil.** São Paulo: Editora Saraiva, 2018.

MARINONI, Luiz Guilherme; ARENHART, Sérgio Cruz; MITIDIERO, Daniel. **Código de Processo Civil Comentado.** São Paulo: Thomson Reuters Brasil Conteúdo e Tecnologia Ltda, 2018.

MARTINS, Sérgio Pinto. Alguns aspectos sindicais da reforma trabalhista. **Rev. TST,** São Paulo, v. 83, n. 4, out./dez. 2017. Disponível em: https://juslaboris.tst.jus.br/bitstream/handle/20.500.12178/128112/2017_martins_sergio_alguns_aspectos.pdf?sequence=1&isAllowed=y. Acesso em: 02 set. 2020.

MARX, Karl. **O Capital.** Rio de Janeiro: Zahar, 1967.

MAX-NEEF, Manfred; ELIZALD, Antonio; HOPENHAYN, Martin. **Desarrollo a Escala Humana:** uma opción para el futuro. Santiago: Centro de Alternativas de Desarollo (CEPAUR), 1986.

MAZILILLI, Hugo Nigro. **Regime Jurídico do Ministério Público.** 9. ed. São Paulo: Saraiva Educação, 2018.

MCCRUDDEN, Cristopher. Human Dignity and Judicial Interpretation of Human Rights. **The European Journal of International Law,** v. 19, n. 4, 2008. Disponível em: http://www.ejil.org/pdfs/19/4/1658.pdf. Acesso em: 15 jun. 2020.

MEIRELES, Edilton. Contribuição sindical e a força normativa da constituição: inconstitucionalidade da lei que cria uma situação de Inconstitucionalidade por omissão superveniente. **Revista de Direito do Trabalho,** v. 192/2018, p. 149-163, ago. 2018.

MEIRELLES, Davi Furtado. **Negociação Coletiva em Tempos de Crise.** São Paulo: LTR, 2018.

MELO, Raimundo Simão de. O Ministério Público do Trabalho na Constituição Federal de 1988. In: O Ministério Público do Trabalho pós Constituição de 1988. *In*: VON ZUBEN, Catarina, VALENTIM, João Hilário (org). **30 anos da Constituição Federal:** atuação do MPT 1988-2018. Brasília: Gráfica Movimento, 2018. Disponível em: https://mpt.mp.br/pgt/publicacoes/livros/30-anos-da--constituicao-federal-atuacao-do-mpt-1988-2018/@@display-file/arquivo_pdf. Acesso em: 18 set. 2020.

MELO, Raimundo Simão de. **Processo coletivo de trabalho:** dissídio coletivo, ação de cumprimento, ação anulatória. São Paulo: LTr, 2013.

MELO, Raimundo Simão de. **Ação Civil Pública na Justiça do Trabalho.** São Paulo: LTr, 2014.

MELO, Raimundo Simão de. **A greve no direito brasileiro.** 4. ed. São Paulo: LTr, 2017.

MELLO, Celso Antônio Bandeira de. **Eficácia das Normas Constitucionais E Direitos Sociais.** São Paulo: Malheiros Editores, 2015.

MENEZES, Cláudio Armando Couce de. **O direito fundamental de greve sob uma nova perspectiva.** São Paulo: LTr, 2013.

MERCANTE, Carolina. As raízes autoritárias da atual lei de greve brasileira. **Revista Direito Mackenzie**, São Paulo, v. 7, 2013.

MESQUITA, Eduardo Melo de; CAVALCANTE Filho, Raimundo Paulino. **Perspectivas de Direito e Processo do Trabalho.** Curitiba: Juruá Editora, 2010.

MIESSA, Elisson. Honorários Advocatícios nas Ações Coletivas em que o Sindicato atua como substituto processual. *In*: MIESSA, Élisson (org.). **Honorários advocatícios na justiça do trabalho.** São Paulo: Editora JusPodivm, 2019.

MINISTÉRIO PÚBLICO DO TRABALHO. **Temário MPT:** tabela taxonômica e glossário. Brasília: Ministério Público do Trabalho, [2011?]. 286 p.

MINISTÉRIO PÚBLICO DO TRABALHO. **Portaria n. 211,** de 28 de maio de 2009. Publicação 03/06/2009. Disponível em: https://intranet.mpt.mp.br/pgt/coordenadorias-nacionais/conalis/conalis-portarian211-pgt-28-05-2009-bs6-a-03-06-2009-1.pdf. Acesso em:1 out. 2020.

MINISTÉRIO PÚBLICO DO TRABALHO. **Cartas de Serviços.** Brasília: Ministério Público do Trabalho, 2020. Disponível em: https://mpt.mp.br/pgt/publicacoes/outros/carta-de-servicos-do-mpt/@@display-file/arquivo_pdf. Acesso em: 3 out. 2020.

MINISTÉRIO PÚBLICO DO TRABALHO. **Plano de Gestão Nacional.** Brasília: Ministério Público do Trabalho, maio de 2020.

MINISTÉRIO PÚBLICO DO TRABALHO. **Nota Técnica sobre o Projeto de Lei de Conversão n. 17 2019**. Brasília: Ministério Público do Trabalho, 26 de julho de 2020. Disponível em: https://mpt.mp.br/pgt/noticias/nota-tecnica-sobre-a-mp-881-final.pdf. Acesso em: 3 out. 2020.

MINISTÉRIO PÚBLICO DO TRABALHO. **Nota técnica nº 01 sobre a medida provisória nº 905/2019.** Brasília: Ministério Público do Trabalho, 12 de novembro de 2019.

MINISTÉRIO PÚBLICO DO TRABALHO. Notícia. **PGT Participa de audiência pública sobre a MP 905/2019.** Brasília: Procuradoria-Geral do Trabalho, 21 nov. 2019. Disponível em: https://mpt.mp.br/pgt/noticias/pgt-participa-de-audiencia-publica-sobre-a-mp-905-2019-no-senado. Acesso em: 08 out. 2020.

MINISTÉRIO PÚBLICO DO TRABALHO. Notícia. **Preservação do emprego é foco de acordo entre Ministério Público do Trabalho e BNDES.** Brasília: Procuradoria-Geral do Trabalho, 23 de julho de 2020. Disponível em: https://mpt.mp.br/pgt/noticias/preservacao-do-emprego-e-foco-de-acordo-entre-ministerio-publico-do-trabalho-e-bndes. Acesso em: 5 out. 2020.

MINISTÉRIO PÚBLICO DO TRABALHO. **Nota à imprensa sobre a MP 927/2019.** Brasília: MPT, 23 de março de 2020. Disponível em: https://mpt.mp.br/pgt/noticias/nota-a-imprensa-mpt-ve-com-extrema-preocupacao-trechos-importantes-da-mp-927. Acesso em: 04 out. 2020.

MIRAGLIA, Livia Mendes Moreira. O Direito Do Trabalho Como Instrumento De Efetivação Da Dignidade Social Da Pessoa Humana No Capitalismo. **Rev. Trib. Reg. Trab. 3ª Reg.,** Belo Horizonte, v. 49, n. 79, p. 149-162, jan./jun. 2009. Disponível em: https://www.trt3.jus.br/escola/download/revista/rev_79/livia_mendes_moreira_miraglia.pdf. Acesso em: 5 jul. 2019.

MONTAL, Zélia Maria Cardoso. A ação anulatória de cláusulas normativas: algumas reflexões. **Rev. Fac. Dir. Uberlândia,** MG, v. 44, n.1, p. 169-194 jan./jun. 2016. Disponível em: http://www.seer.ufu.br/index.php/revistafadir/article/view/40407. Acesso em: 1 out. 2020

MUNIZ, Mirella Karen de Carvalho Bifano. **O direito fundamental ao salário mínimo digno:** uma análise à luz do princípio da dignidade da pessoa humana. São Paulo: LTR, 2010.

MUSSE, Luciana Barbosa; PESSOA, Olivia Alves Gomes; SOUZA, Selma Leite do Nascimento Sauerbronn. Entre Judicialização e Juridicização: Por Um Ministério Público Resolutivo Nas Políticas Públicas De Saúde Mental. **Texto para Discussão.** n. 2524, nov. 20019. Rio de Janeiro: IPEA, 2019. Disponível em: http://repositorio.ipea.gov.br/bitstream/11058/9479/1/td_2524.pdf. Acesso em: 20 set. 2020.

NASCIMENTO, Amauri. História do Direito do Trabalho no Brasil. *In*: FERRARI, Irany; NASCIMENTO, Amauri Mascaro; MARTINS FILHO, Ives Gandra da Silva. **História do Trabalho, do Direito do Trabalho e da Justiça do Trabalho.** São Paulo: LTr, 2011.

NASCIMENTO, Amauri Mascaro. **Manual do Salário.** São Paulo: LTR, 1985.

NERY, Ana Luiza. Teoria Geral do Termo de Ajustamento de Conduta. São Paulo: Editora Revista dos Tribunais, 2017.

OFICINA INTERNACIONAL DEL TRABAJO. **La Libertad Sindical. Recopilación de decisiones del Comité de Libertad Sindical**. 6. ed. Ginebra: OIT, 2018.

OLIVEIRA NETO, Raimundo Dias de. Ministério Público do Trabalho: atuação extrajudicial. São Paulo: LTR, 2008.

ORGANIZAÇÃO INTERNACIONAL DO TRABALHO. **Constituição da Organização Internacional do Trabalho (OIT) e seu anexo (Declaração da Filadelfia).** Disponível em: https://www.ilo.org/wcmsp5/groups/public/---americas/---ro-lima/---ilo-brasilia/documents/genericdocument/wcms_336957.pdf. Acesso em: 27 ago. 2019.

ORGANIZAÇÃO DAS NAÇÕES UNIDAS. **Pacto Internacional de Direitos Econômicos, Sociais e Culturais, de 16 de dezembro de 1966.** Disponível em: https://www.ohchr.org/SP/ProfessionalInterest/Pages/CESCR.aspx. Acesso em: 21 abr. 2020.

ORGANIZAÇÃO DAS NAÇÕES UNIDAS. **Pacto Internacional de Direitos Civis e Políticos, de**

ORGANIZAÇÃO INTERNACIONAL DO TRABALHO. Conselho de Administração. **Recomendaciones del Grupo de Trabajo especial tripartito relativas al examen del texto de la Declaración tripartita de principios sobre las empresas multinacionales y la política social, incluidos el anexo y las adenda, así como el procedimiento de interpretación.** Genebra, 9-24 de março de 2017. Disponível em: https://www.ilo.org/wcmsp5/groups/public/---ed_norm/---relconf/documents/meetingdocument/wcms_546873.pdf. Acesso em: 30 abr. 2020.

ORGANIZAÇÃO INTERNACIONAL DO TRABALHO. **Convenção 173: Proteção dos Créditos Trabalhistas na Insolvência do Empregador,** de 23 de junho de 1992. Disponível em: https://www.ilo.org/dyn/normlex/es/f?p=NORMLEX PUB:12100:0::NO::P12100_ILO_CODE:C173. Acesso em: 2 abr. 2020.

ORGANIZAÇÃO INTERNACIONAL DO TRABALHO. **Declaración tripartita de principios sobre las empresas multinacionales y la política social,** de 17 de março de 2017. Disponível em: https://www.ilo.org/wcmsp5/groups/public/---ed_emp/---emp_ent/documents/publication/wcms_124924.pdf. Acesso em 10 out. 2020.

ORGANIZAÇÃO INTERNACIONAL DO TRABALHO. **Declaração da OIT sobre Princípios e Direitos Fundamentais no Trabalho.** Disponível em: https://www.ilo.org/public/english/standards/declaration/declaration_portuguese.pdf. Acesso em: 24 ago. 2020.

PAIXÃO, Cristiano. Reforma trabalhista e direito de greve no Brasil. **JOTA: Opinião e Análise,** 02 dez. 2016. Disponível em: https://www.jota.info/opiniao-e-analise/artigos/reforma-trabalhista-e-direito-de-greve-no-brasil-27072016. Acesso em: 3 set. 2020.

PAIXÃO, Cristiano; LOURENÇO FILHO, Ricardo. O STF e o Direito do Trabalho: as três fases da destruição. **Artigos ANAMATRA,** 30 de junho de 2020. Disponível em: https://www.anamatra.org.br/artigos/30068-o-stf-e-o-direito-do--trabalho-as-tres-fases-da-destruicao. Acesso em: 2 set. 2020.

PAMPLONA FILHO, Rodolfo Mário Veiga; AMARAL, Felipe Marinho. Anulação de Cláusulas Normativas e Atuação do Poder Judiciário na Autonomia Privada Coletiva. **Revista dos Tribunais,** São Paulo, v. 1011, p. 139-160, jan. 2020.

PAMPLONA FILHO, Rodolfo; FERNANDEZ, Mariana Aquino Corcino. Liberdade, Autonomia Privada e Sindicatos no Brasil: Alguns Comentários À Luz Das Recentes Alterações Legislativa e Jurisprudencial quanto à Contribuição Sindical Compulsória. **Direito Unifacs [recurso eletrônico]: debate virtual,** n. 226, p. 1-14, abr. 2019. Disponível em: http://biblioteca2.senado.gov.br:8991/F/?func=direct&doc_number=001149289&local_base=SEN01. Acesso em: 28 ago. 2020.

PASSOS, João Pedro Ferraz dos. O Ministério Público do Trabalho pós Constituição de 1988. *In*: VON ZUBEN, Catarina, VALENTIM, João Hilário (org). **30 anos da Constituição Federal:** atuação do MPT 1988-2018. Brasília: Gráfica Movimento, 2018. Disponível em: https://mpt.mp.br/pgt/publicacoes/livros/30-anos-da--constituicao-federal-atuacao-do-mpt-1988-2018/@@display-file/arquivo_pdf. Acesso em: 18 set. 2020.

PEGO, Rafael Foresti. **Fundamentos do Direito Coletivo do trabalho e o paradigma da Estrutura Sindical Brasileira.** Porto Alegre: Livraria do Advogado Editora, 2012.

PEREIRA, Ana Lucia. **Reserva do Possível:** judicialização de políticas públicas e jurisdição constitucional. Curitiba: Juruá, 2014.

PEREIRA, Ricardo José Macedo de Britto. Ministério Público do Trabalho: Os Princípios Institucionais No contexto das relações constitucionais. **Revista do Ministério Público do Trabalho do Rio Grande do Norte,** n. 11, p. 107-122, dez. 2012

PEREIRA, Viviane Santos. **Desenvolvimento à Escala Humana:** uma análise em São Tomé das Letras – MG. 203p. Tese (Doutorado em Administração) – Universidade Federal de Lavras: Lavras, MG, 2011. Disponível em: http://repositorio.ufla.br/bitstream/1/3123/1/TESE_Desenvolvimento%20%C3%A0%20escala%20humana.pdf. Acesso em: 18 ago. 2019.

PEREIRA, Ricardo José Macedo de Britto. A atuação do Ministério Público do Trabalho em matéria sindical e de relações coletivas de trabalho. **Revista do Ministério Público do Trabalho,** Brasília, n. 39, ano 20, p. 466-480, mar. 2010.

PEREIRA, Ricardo José Macedo de. **Ação Civil Pública no Processo do Trabalho.** 2. ed. rev. ampl. e atual. Salvador: JusPODIVM, 2016.

PEREIRA, Ricardo José Macedo de. **Constituição e Liberdade Sindical.** São Paulo: LTr, 2007.

PIOVESAN, Flávia. **Direitos Humanos e o Direito Constitucional Internacional.** 18. ed. rev. e atual. São Paulo: Saraiva Educação, 2018.

PLÁ RODRIGUEZ, Américo. **Princípios de direito do Trabalho.** São Paulo: LTR, 1978.

PORTO, Noemia. **O Trabalho como Categoria Constitucional de Inclusão.** São Paulo: LTr, 2013.

PRITSCH, Cesar. **Análise da MP 936 após a Decisão do Pleno do STF na ADI 6363.** Porto Alegre: Páginas de Direito, 2020. Disponível em: https://www.paginasdedireito.com.br/index.php/artigos/427-artigos-mai-2020/8066-analise-da-mp-936-apos-a-decisao-do-pleno-do-stf-na-adi-6363. Acesso em: 02 set. 2020.

RAO, Neomi. Three Concepts of Dignity in Constitutional. **Notre Dame Law Review**, v. 86, Issue 1, p. 183-272, Feb. 2011. Disponível em: https://scholarship.law.nd.edu/ndlr/vol86/iss1/4/. Acesso em: 15 jun. 2020.

RAO, Neomi. The Trouble with Dignity and Rights of Recognition (August 21, 2013). **Virginia Law Review Online,** v. 99, n. 1, p. 29-38, Aug. 2013. Disponível em: https://ssrn.com/abstract=2313234. Acesso em: 9 jul. 2020.

ROBORTELLA, Luiz Carlos Amorim. Modernas reformas laborais: redução do intervencionismo estatal: aumento do poder de gestão do empregador. **Revista do Tribunal Superior do Trabalho,** Rio de Janeiro, v. 84, n. 3, p. 89-99, jul./set. 2018.

RODGERS, Gerry; LEE, Eddy; SWEPSTON, Lee; VAN DAELE, Jasmien. **International Labour Organization and the quest for social justice, 1919–2009.** Geneva: ILO, 2009. Disponível em: https://www.ilo.org/wcmsp5/groups/public/---dgreports/---dcomm/---publ/documents/publication/wcms_104643.pdf. Acesso em: 30 abr. 2020.

RODRIGUES, Geisa de Assis. **Ação Civil Pública e Termo de Ajustamento de Conduta:** Teoria e Prática . 3. ed. Rio de Janeiro: Forense, 2011. Edição do Kindle.

ROMITA, Arion Sayão. **Direitos Fundamentais nas Relações de Trabalho.** 5. ed. rev. e aum. São Paulo: LTR, 2014, p. 310.

ROMITA, Arion Sayão. A Reforma (?) Trabalhista. **Revista LTr: Legislação do Trabalho.** São Paulo, v. 66, n. 4, p. 395-401, abr. 2002.

SANTOS, Boaventura de Sousa. Uma cartografia simbólica das Representações Sociais: prolegômenos a uma concepção pós-moderna do direito. **Revista Crítica de Ciências Sociais,** n. 24, mar. 1988. Disponível em: http://www.boaventuradesousasantos.pt/media/pdfs/Cartografia_simbolica_RCCS24.PDF. Acesso em: 30 abr. 2020.

SANTOS, Ronaldo Lima dos. **Sindicatos e ações coletivas:** acesso à justiça, jurisdição coletiva e tutela dos interesses difusos, coletivos e individuais homogêneos. São Paulo: LTr, 2019.

SANTOS, Ronaldo Lima. Autonomia Privada Coletiva: Negociação Coletiva, Acordos e Convenções Coletivas – na Lei n. 13.467/2017. MARTINS, Juliane Caravieri (Org.).; BARBOSA, Magno Luiz (Org.).; MONTAL, Zélia Maria Cardos (Org.). **Reforma trabalhista em debate:** direito individual coletivo e processual do trabalho [recurso eletrônico]. São Paulo: LTr, 2017.

SARLET, Ingo Wolfgang. **Dignidade da Pessoa Humana e Direitos Fundamentais na Constituição Federal de 1988.** Porto Alegre: Livraria do advogado, 2001.

SARLET, Ingo Wolfgang. Os Direitos dos Trabalhadores como Direitos Fundamentais e a sua Proteção na Constituição Federal Brasileira de 1988. *In*: VIANA, Márcio Túlio; ROCHA, Cláudio Jannotti. **Como Aplicar a CLT à luz da constituição:** alternativas apara os que militam no foro trabalhista. São Paulo: LTR, 2016, p. 35.

SARMENTO, Daniel. **Dignidade da pessoa humana:** conteúdo, trajetórias e metodologia. 2. ed. Belo Horizonte: Fórum, 2016. ISBN 978-85-450-0175-1

SARTORI, Régis Rogério Vicente; BIALLE, Letycia. O Instituto da Recomendação. **Revista Jurídica do Ministério Público do Estado do Paraná,** Curitiba, Paraná, ano 3, n. 5, dez./ 2016.. Disponível em: https://escolasuperior.mppr.mp.br/arquivos/File/Biblioteca/RevistaJuridicaMPPR_5.pdf. Acesso em: 22 set. 2020.

SAVAGET, Júnia Castelar. O Papel Do Ministério Público Perante A Justiça Do Trabalho. **Rev. Trib. Reg. Trab. 3ª Reg.,** Belo Horizonte, v. 31, n. 61, p. 119-130, jan./ jun. 2000. Disponível em: https://www.trt3.jus.br/escola/download/revista/rev_61/Junia_Savaget.pdf. Acesso em: 2 out. 2020.

SEN, Amartya. **Desenvolvimento como Liberdade.** São Paulo: Comp. De Bolso, 2010.

SENADO FEDERAL. **Tramitação da MP 905/2019.** Disponível em: https://www.congressonacional.leg.br/materias/medidas-provisorias/-/mpv/139757. Acesso em: 04 out. 2020.

SILVA, Virgílio Afonso da. **A Constitucionalização do Direito:** os direitos fundamentais nas relações entre particulares. São Paulo: Malheiros Editores, 2014.

SOARES, Thiago Moraes Raso Leite. **As faces ocultas do Salário.** Dissertação (Mestrado em Direito Privado) – Universidade Católica de Minas Gerais, Belo Horizonte, 2016. 173p. Disponível em: http://www.biblioteca.pucminas.br/teses/Direito_SoaresTMRL_1.pdf. Acesso em: 22 abr. 2020.

SOMEK, Alexander. **The Cosmopolitan Constitution**. Oxford: Oxford University Press, 2014.

SOUTO MAIOR, Jorge Luiz . Ação civil pública e execução de termo de ajuste de conduta: competência da Justiça do Trabalho. **Jornal Trabalhista Consulex,** Brasília, v. 729, 29 set. 1998. Disponível em: https://www.jorgesoutomaior.com/justiccedila-do-trabalho.html. Acesso em: 30 set. 2020.

SOUTO MAIOR, Jorge Luiz; SEVERO, Valdete Souto; YAMAMOTO, Paulo de Carvalho. Quem Tem Medo de Mudanças e da Liberdade Sindical? **Fórum Just. do Trabalho.** Belo Horizonte, ano 36, n. 423, p.11-31, mar. 2019.

STF e a destruição do direito de trabalho: a ADI 6363. Publicado pelo canal Percursos UnB, 29 jun. 2020. [Webinar realizado pela Clínica em Direito do Trabalho da UFPR. Participação dos professores José Dari Krein, da Unicamp, Cristiano Paixão, da UnB, Sidnei Machado e Miguel Godoy, da UFPR.]. Disponível em: https://www.youtube.com/watch?v=bZMftbLcPDA&feature=youtu.be. Acesso em: 02 set. 2020.

TEIXEIRA, Rodrigo Valente Giublin; BUSIQUIA, Thais Seravali Munhoz Arroio. A tutela coletiva sob o viés do acesso à Justiça. **Revista Brasileira de Direitos Fundamentais & Justiça,** v. 11, n. 37, p. 151-184, 30 dez. 2017.

TIRAPELLI, Amanda. A proteção dos créditos trabalhistas na insolvência do empregador vista sob dois planos: breves reflexões sobre a Convenção n. 173 da OIT e a Lei n. 11.101/2005 – Lei de Falências e Recuperação Judicial. *In*: ALVARENGA, Rúbia Zanotelli de; COLNAGO, Lorena de Mello Rezende (coord). **Direito internacional do trabalho e convenções internacionais da OIT comentadas**. São Paulo: LTr, 2014.

UNIÃO EUROPEIA. **Carta dos Direitos Fundamentais da União Europeia,** de 18 de dezembro de 2000. Disponível em: https://www.europarl.europa.eu/charter/pdf/text_pt.pdf. Acesso em: 10 out. 2020.

UNITED NATIONS. **Universal Declaration on the Human Genome and Human Rights**. 1997. Disponível em: http://portal.unesco.org/en/ev.php-URL_ID=13177&URL_DO=DO_TOPIC&URL_SECTION=201.html. Acesso em: 27 jul. 2019.

UNITED NATIONS. **Declaração Universal dos Direitos Humanos.** 1948. Disponível em: https://nacoesunidas.org/wp-content/uploads/2018/10/DUDH.pdf. Acesso em: 27 jul. 2019.

URIARTE, Oscar Ermida. Aplicação judicial das normas constitucionais e internacionais sobre direitos humanos trabalhistas. **Rev. TST,** Brasília, v. 77, n. 2, abr./jun. 2011. Disponível em: https://juslaboris.tst.jus.br/bitstream/handle/20.500.12178/25360/011_uriarte.pdf?sequence=4&isAllowed=y. Acesso em: 20 abr. 2020.

VECCHI, Ipojucan Demétrius. **Noções de Direito do Trabalho:** um enfoque constitucional. 2. ed. Passo Fundo: Ed. Universidade de Passo Fundo, 2010.

VIANA, Márcio Túlio. **Para entender o salário.** São Paulo: LTR, 2014.

VIANA, Márcio Túlio. Greve e Direitos humanos. *In*: SILVA, Alessandro; SOUTO MAIOR, Jorge Luiz; FELIPPE, Kenarik Boujikian; SEMER, Marcelo. **Direitos Humanos:** essência do Direito do Trabalho. São Paulo: LTr, 2007.

VIANA, Márcio Túlio; ROCHA, Cláudio Janotti da (coords). **Como aplicar a CLT à luz da Constituição:** alternativas para os que militam no foro trabalhista. São Paulo: LTr, 2016.

VIDEOAULA ESMPU: a greve como direito: aula 3. Publicado pelo canal Escola Superior do MPU, 25 jun. 2015. [Nesta aula, o Procurador Regional do Trabalho Gérson Marques, coordenador nacional da Coordenadoria de Liberdade Sindical do Ministério Público do Trabalho (MPT), apresenta as dificuldades práticas enfrentadas pelos tribunais e pelos sindicatos no exercício do direito de greve]. Disponível em: https://www.youtube.com/watch?v=9lNwVGXBCuo&list=PL_CIj1wqvg30CGZWY4XE-Jhg-bfMwELah&index=3. Acesso em: 2 set. 2020.

VILLELA, Fábio Goulart. As formas de atuação do Ministério Público do Trabalho no regime democrático. **Consultor Jurídico,** nov. 2015. Disponível em: https://www.conjur.com.br/2015-nov-21/fabio-villela-formas-atuacao-ministerio-publico-trabalho. Acesso em: 01 out. 2020.

VITORELLI, Edilson. **Processo Civil Estrutural:** Teoria e Prática. Salvador: Editora JusPodivm, 2020.

WAKAHARA, Roberto. Prova Colhida no Inquérito Civil sem a Observância do Contraditório perante o Novo Código de Processo Civil. **Rev. do Trib. Reg. Trab. 10ª Região,** Brasília, v. 21, n. 1, 2017, p. 125-140. Disponível em: https://juslaboris.tst.jus.br/bitstream/handle/20.500.12178/110533/2017_wakahara_roberto_prova_colhida.pdf. Acesso em: 20 set. 2020.

WANDELLI, Leonardo Vieira. **O Direito Humano e Fundamental ao Trabalho.** São Paulo: LTr, 2012.

WANDELLI, Leonardo Vieira. Comentários ao Artigo 7º da Constituição Federal. *In*: CANOTILHO, J.J. Gomes; SARLET, Ingo Wolfgang; STRECK, Lenio Luiz; MENDES, Gilmar Ferreira. **Comentários à Constituição do Brasil.** São Paulo: Editora Saraiva, 2018.

WEBER, Thadeu. Dignidade Humana e Liberdade em Hegel. **Espaço Jurídico Journal of Law (EJJL),** Chapecó, v. 15, n.2, jul./dez. 2004.